コメンタール資本論

貨幣・資本転化章

山内 清

八朔社

凡　例

一　本書の翻訳の底本は、『資本論』第一部第二版（マイスナー版、一八七二年。極東書店リプリント本、一九六九年）である。「第二版」と略記した。原語の引用ではWerthとをWertのように現代の正書法になおし、本文上欄の丸括弧の原頁と引用の頁数は普及の度合いを考え、マイスナー版ではなくヴェルケ現行版の当該原頁を採用した。

一　現行版『資本論』全三部、『経済学批判』、さらに『剰余価値学説史』全三部の引用文と頁数はDiets-Werke版のもので、それぞれ「現行版」あるいはKⅠ、KⅡ、KⅢ、『批判』あるいは（批）、さらに『学説史』あるいはMwⅠ、MwⅡ、MwⅢのように略記し、ヴェルケ版の原頁を採用した。訳文はいずれも基本的に大月書店版によった。

一　『資本論』第一部初版の本文と原頁は青木書店刊のリプリント本により、「初版」あるいは（初）と略記し、「価値形態」論の本文と付録の二重の叙述は（初本）あるいは（初付）と略記した。訳文は岡崎次郎訳『資本論第一巻初版』（国民文庫）を基本的に採用した。

一　仏語版『資本論』第一部の本文と原頁は青木書店刊のラシャトル版リプリント本により、「仏語版」あるいは（仏）と略記し、訳文は江夏・上杉訳法政大学出版局版を基本的に採用した。

一　英語版『資本論』第一部の本文は、エンゲルス編集のゾンネンシャイン版による、モスクワのマルクス＝レーニン主義研究所版の本文により、「英語版」あるいは（英）と略記した。訳文は山内である。

一　『資本論』の草稿では、一八六一―六三年草稿は『草稿』と略記し、大月書店刊の『資本論草稿集』の訳文と原頁を基本的に採用した。『経済学批判要綱』は『要綱』あるいはGrと略記し、高木監訳『経済学批判要綱』（大月書店、一九五八―六五年）の翻訳と原頁を基本的に採用した。

一　マルクスの他の著作は大月版『マルクス＝エンゲルス全集』の巻数（「全集⑲」等で表記）と訳文・原頁を採用した。

一　原文で隔字体、イタリック体になっている箇所は訳出では省略した。

一　以上の翻訳文でも筆者が独自に手を入れた箇所がある。特に『資本論』第一部第一、二章は、拙書『資本論商品章詳注』（草土文化、一九八七年、「詳注」と略記）の訳文にした。

一　論点で引用または参照を指示した文献と頁数は、［久留間２ 27］のように略記した。［久留間２］の正確な文献名は巻末に示してあり、横組みの数字は頁数である。

はじめに

二〇〇八年アメリカ発の「一〇〇年に一度の金融危機」はグローバル実体経済の過剰生産体質を露わにした。格差の拡大、医療年金等のセフティネットの危機をかかえ、外需頼みの日本経済はダブルパンチを受けている。貨幣や金融は経済の血液であり、この血行不良は資本主義的生産の矛盾そのものに由来する。『資本論』はとっくにそのことを指摘している。マスコミでも今回の金融危機の「真の原因は資本主義」との論調であり、「資本主義の限界」が叫ばれている。今ほど『資本論』貨幣論の理解が必要とされている時はない。

本書は、『資本論』第一部第三章「貨幣または商品流通」と第四章「貨幣の資本への転化」の注釈書である。前書『資本論商品章詳注』（草土文化、一九八七年）の続刊にあたる。前書では、第一、二章の段落ごとに要点をまとめ、頭注は初学者を、脚注はやや進んだ読者を想定し、初学者と研究者とを同時に満足させる三段組の書とした。国文出身の私には『資本論』でもこういう形の注釈書が一番必要だと思っていたからである。幸い一行一行丹念に読むスタイルが好評で早く第三章以下も刊行せよと要請されていたが、やっとその任務を果たすことができた。本書ももちろん前書のスタイルを基本的に踏襲している。しかし、大きな変更点もある。

第三、四章を丹念に読もうとする人は『資本論』をかなり読んでいることが予想される。それで、段落ごとの論点は研究者むけの諸説批判にして章節末にまとめてある。また、貨幣・資本転化章には、『資本論』体系における方法論上の大論点が存在するので、補論として「『資本論』の方法と貨幣の資本への転化」を付し、解釈の助けになるようにしてある。

『資本論』は、本来、冒頭の商品論から一行一行丹念に読めば注釈は要らないように書いてある。だから、まず本文を私の脚注を無視して読んでほしい。その上で、なぜマルクスはこのような書き方をしているのかと疑問に思った箇所で脚注を見てほしい。脚注はそれに答えるような形で書いたものである。同時に、第三章は『経済学批判』(以後『批判』と略記)の貨幣論の「要約」の性格から『批判』と合わせて読む必要があり、また第四章にはマルクスがフランスの労働者向けに苦心して叙述変更を加えた『仏語版』もあり、重ねて読むことで理解が深まる。脚注で『批判』や『仏語版』の字句に数多く言及したのはそのためである。

日本は『資本論』の研究では世界一であるが、貨幣・資本転化論の研究の蓄積は商品論(価値論)に比べると質量ともに貧弱である。価値論の専門家はせいぜい価値尺度論まで言及するだけであり、貨幣論の専門家は価値論を対象外にしており、資本転化論の専門家は方法論に特化する傾向があり、価値論―貨幣論―資本転化論まで一貫して研究する人は本当に少ない。筆者は諸説批判の際この点を痛感した。しかし、マルクスの商品論(価値論)は貨幣論をやらないと本当に分からないし、「商品と貨幣」篇は「貨幣の資本への転化」篇をきちんと読まないとその意義をつかめない。同じように『資本論』第一、二篇は同三篇をやらないと真に把握したとは言えない。そもそも『資本論』は後続の部・篇・章が先行する部・篇・章の真理を示しているような構成と論理の本なのである。だから、マルクス価値論を深めたいと思う人は是非、貨幣・資本転化章の本書を読んでほしい。同時に私には第三篇以下も注釈していく任務があると思っている。

＊

私は高校の国語の教師時代に故宮川実先生の「資本論講座」で『資本論』に魅了され、教員を辞めて経済学の学部生・大学院生の生活を送り、工業高専に再就職した。『資本論』も教えたが、学校の性格から十分に専門的に講義したとは言えない。しかし、数年前から宮川実先生が創始された東京学習会議の「資本論講座」で『資本論』そのものを教える機会を与えられた。母校に戻ったような感じである。社会人を相手に『資本論』そのものを読んでいくことができ、本当に楽しい。資本主義の酷薄さを経験した人生の諸先輩には鋭い質問で勉強させられることが多く、また労働者階級に『資本論』を普及させることでマルクスへ「最大の報酬」を与えることができ、喜んでいる。この機会を紹介して下さった宮川彰教授（首都大学東京）や「資本論講座」の奥村修一氏はじめ運営委員の皆さんには心から感謝申し上げる次第である。

最後に、マルクスにかぎらず経済理論書の出版状況が厳しい折、採算を度外視して本書の刊行を強く勧めて下さった八朔社の片倉和夫さんには、改めてお礼申し上げる。いつもながらの私の妻や妹の協力にも感謝したい。

二〇〇九年六月

山内　清

目次

商品流通への移行の可能性と必然性

第一節　段落ごとの論点　27

[1]段落――貨幣論の対象と方法　[2]段落――宇野の「価値尺度＝価値と価格の量的不一致解消機能」説と久留間の批判　[3]段落――価値尺度論は価値形態論の「裏返し」とする三宅義夫　[4]段落――価値尺度貨幣の観念性から生ずる「観念的度量単位」説　[5]段落――過大評価された金属だけが価値尺度として役立つ　[6]段落――Masseinheit の訳語は尺度単位か度量単位か　[7]段落――マルクスのベーリー評価の変遷　[8]段落――度量単位である金分量の価値変動　[9]段落――金価値の変化は物価上昇と関係ないとするヴァルガ　[10]段落――金の価値変動の原因（承前）　[11]段落――一般商品と金との価値変動の組み合わせ　[12]段落――価格度量標準機能に関する飯田繁説と今宮説　[13]段落――貨幣度量標準とは　[14]段落――三宅の計算貨幣論　[15]段落――高須賀鋳造価格論　[16]段落――田中菊次による三種の価格規定論批判　[17]段落――田中菊次の質的背離説批判　[18]段落――観念的貨幣の現実の貨幣姿態への移行　[19]段落――流通手段への移行に関する平田清明説

第二節　流通手段　41

a　商品の変態　41

[1]交換過程の矛盾――商品の運動の形態を作り出す　[2]交換過程――内容的には労働の変換、形態的には商品の形態変換　[3]形態変換の理解困難――一商品の変態が商品と金との交換で現象　[4]商品と貨幣との交換――商品の内的対立の外化　[5]商品の交換過程――売りと買いの統一、買うための売り　[6]商品の交換過程――W―G―Wの形態変換　[7]W―G――価値の実現は命がけの飛躍　[8]社会的分業――独立な人々の関係を物的依存関係にする　[9]分業ではW―Gは偶然――理論では正常な形態変換を想定　[10]W―G――売りは同時に買いであるという二面的過程　[11]W―Gにおける貨幣――別のW―Gで実現された商品価格　[12]G―Wの

貨幣――売られた商品および買われる商品を表現　13一商品のG―W――多くのW―Gに分岐　14W―G―Wの総変態――売り手と買い手は固定的な役割でない　15一商品の最も単純な総変態――四つの極と三人の登場人物が必要　16W―G―Wは循環――当該のWもGも循環から最終的に消失　17商品流通の定義――商品の変態循環の総過程　18商品流通は物々交換の制限を打破――しかし当事者は制御できない　19商品流通での貨幣――流通部面に留まり出没する　20商品に内在する対立が商品流通で運動――恐慌の抽象的可能性　21貨幣の流通手段機能――商品流通の媒介者

第二節a　段落ごとの論点　66

1段落――流通手段機能は価値尺度機能から導かれていないとする鎌倉孝夫説　2段落――W―G―Wを「商品変態」と見ることを批判する宇野弘蔵説　3段落――形態変化を価値の生成・機能だとする河上肇説　4段落――交換過程の矛盾から流通手段としての貨幣生成を説く武田信照説　5段落――なぜG―W―Gを考察しないのか　6段落――W―G―Wを「価値の変態」ととらえる三宅義夫説　7段落――ダニエルソンあて手紙の意味　8段落――流通過程の物神性を否定する宇野派　9段落――「W―G―Wの正常な進行」という前提を批判する宇野弘蔵　10段落――W―Gで商品に内在する矛盾が解決されるか　11段落――「商品所持者たちの関係」とはどういう意味か　12段落――『批判』にある「休止点」としての貨幣　13段落――社会的分業と商品流通　14段落――河上肇の「W―G―W＝無階級関係」説　15段落――ル・トローヌの評価　16段落――仏語版の異文の意味　17段落――W―G―Wは循環過程とはいえないとする宇野説　18段落――商品流通の物神性　19段落――原注七二の意義、W―G―Wの貨幣は流通の連続性を保障する　20段落1――商品流通に恐慌の一般的・抽象的可能性を見る富塚良三説　20段落2――Ding と Sache の問題　21段落――交換手段・購買手段・流通手段の用語の区別

b　貨幣の通流　82

[1]流通手段としての貨幣の運動——たえず出発点から遠ざかる　[2]貨幣通流が生む反対の外観——商品流通が貨幣運動の結果のようにみえる　[3]貨幣の通流——商品自身の形態運動の反映　[4]貨幣は流通部面を駆け回る——そこはどれだけの貨幣を吸収するか　[5]流通手段の必要量——まず商品の価格総額で決まる　[6]流通手段の量1——各商品の価格与件なら各商品量に比例　[7]流通手段の量2——商品量与件なら主要商品の価格変動で　[8]貨幣流通必要量の法則——(商品価格総額)÷(貨幣の流通速度)　[9]流通速度に商品変態の速さが反映——流通停滞を貨幣不足で説明する謬論　[10]流通手段量の決定三要因——商品価格・商品量・通流速度　[11]決定要因組み合わせ1——商品価格不変の場合　[12]決定要因組み合わせ2——商品価格が上がった場合　[13]決定要因組み合わせ3——商品価格が下がった場合　[14]諸要因の変化は相殺される——一国の流通貨幣量の平均水準の存在　[15]貨幣数量説——「価格は流通手段の量で規定される」と法則を逆に理解

第二節b　段落ごとの論点　105

[1]段落——貨幣の通流を商品の形態転換の結合機能とする宇野説　[2]段落——流通手段を購買手段と規定する宇野説　[3]段落——貨幣＝「商品価値の独立化」を批判する山口重克説　[4]段落——Umlauf の訳語問題　[5]段落——「正常な過程想定」への宇野の批判　[7]段落——遊部久蔵の「金貨もまた紙幣流通法則に服する」について　[8]段落——通流貨幣の受動的性格を強調する日高晋説　[9]段落——流通速度の可変性に関する高須賀説　[12]段落——価格騰落と流通貨幣増減の関係　[15]段落——貨幣流通法則を貨幣数量伸縮法則とする岡橋説　原注七八段落——ヒュームの貨幣数量説　原注八〇段落——労働価値説のリカードが貨幣数量説におちいった理由

c　鋳貨、価値章標　117

①鋳貨の形態——貨幣の流通手段機能から発生　②鋳貨の名目純分と実質純分の分離——金が現実の等価物でなくなる　③補助鋳貨出現の歴史的、技術的事情——流通そのものに内在　④金の鋳貨機能は象徴貨幣でも——補助鋳貨から紙幣へ　⑤考察対象——強制通用力のある国家紙幣だけ　⑥紙幣流通の独自法則——紙幣発行は金が現実に流通する量に制限されるべき　⑦紙幣は金量を代表する金章標——そのかぎりで価値章標　⑧なぜ金は紙幣で置き換えられるか——流通で瞬間的契機の最低必要金量の存在

第二節c　段落ごとの論点　129

①段落——鋳貨論を技術的・便宜的に説く大内力説　②段落——日高晋の「鋳貨＝金のある量」説　③段落——鋳貨論における大内力の「通用最軽量目」説　④段落——金鋳貨から紙幣を導出する論理と大内力説　⑤段落——不換銀行券に関する飯田—岡橋論争　⑥段落——三宅義夫の「事実上の価格度量標準変更」説　⑦段落——ヒルファディングの「社会的流通必用価値」について　⑧段落——第三節への移行、山口重克の「マルクスの瞬間的契機論」批判

第三節　貨　幣　137

①金の価値尺度・流通手段以外の機能——貨幣としての貨幣

第三節冒頭　段落ごとの論点　138

①段落——第三章第三節「貨幣」の考察対象

a　貨幣蓄蔵　140

①商品変態W—G—Wの中断——鋳貨は貨幣蓄蔵へ　②流通の目的が変化——貨幣形態が自己目的になる　③商品流通の初期段階での貨幣蓄蔵——富の社会的表現　④商品生産の拡大

──貨幣蓄蔵の必要が増える　[5]蓄蔵はなぜ無際限──蓄蔵の量的制限と質的無制限の矛盾　[6]貨幣蓄蔵者の哲学──勤勉、節約、吝嗇　[7]蓄蔵貨幣の美的形態──金持ちらしく見せかけよう　[8]蓄蔵の経済的機能──支払手段を予定した流通手段の貯水池

第三節 a　段落ごとの論点　151

[1]段落──表題「貨幣蓄蔵」の「蓄蔵貨幣」への改題を主張する小林威雄　[2]段落──『要綱』でいう「自己目的としての貨幣」　[3]段落──インドでなぜ金ではなく銀を蓄蔵するか　[4]段落1──価値保蔵機能をもっと重視すべきだとする大内力説　[4]段落2──『批判』にある「鋳貨準備金」をどう扱うか　[5]段落──　貨幣蓄蔵の流通からの「必然性」を説く鈴木鴻一郎　[6]段落──　貨幣蓄蔵者の哲学とルター　[7]段落──『批判』「第四節　貴金属」が『資本論』では消えた理由　[8]段落1──貨幣蓄蔵から支払手段への移行　[8]段落2──蓄蔵貨幣を貨幣の独自機能と認めない久留間説

b　支払手段　157

[1]商品の譲渡と価格実現の分離──商品の価値形態の展開を変える　[2]債権者と債務者──商品流通の場合と古・中代世界の場合　[3]支払手段の機能──流通過程を媒介しないのに完結させる貨幣　[4]商品変態の順序が変更──第一変態より第二変態が先になる　[5]支払手段の必要量──支払われる価格総額を修正する諸要因　[6]支払手段の節約──振替え集中による債権・債務の相殺　[7]支払手段機能の無媒介矛盾──貨幣恐慌で爆発　[8]支払手段まで含めた流通必要貨幣量──その出し方　[9]信用貨幣の出自──債務証書の移転での支払手段の機能から　[10]商品流通の部面を越えた貨幣──支払手段としての機能　[11]支払手段の通流速度──支払期間の長さに正比例　[12]支払手段準備金の蓄蔵──資本制社会の進歩につれて必要性増大

第四章　貨幣の資本への転化……………197

第一節　資本の一般的定式　199

[1]資本の出発点――第一篇の「商品流通」　[2]何から資本を考察するか――第一篇の「貨幣」　[3]資本の歴史はここでは無視――資本の成立は日常現象　[4]貨幣としての貨幣と資本としての貨幣の最初の区別――流通形態の違い　[5]資本の流通形態――G―W―G　[6]G―W―GとW―G―Wと類似点――二つの反対の段階の統一　[7]G―W―Gを量捨象で形態W―G―Wと比較――内容的相違も明らか　[8]形態からすぐいえること――二つの段階の順序が逆　[9]両形態を媒介物の観点から見ると――商品か貨幣か　[10]両形態を貨幣の役割から見ると――決定的支出か前貸しか　[11]両形態を場所変換の担い手から見ると――貨幣か商品か　[12]G―W―Gの還流の特徴――循環G―W―Gが成立しさえすればよい　[13]貨幣の還流の意義――W―G―Wでは目的外、G―W―Gでは最初から条件　[14]循環の最終目的――W―G―Wは使用価値、G―W―Gは交換価値　[15]「剰余価値」の最初の規定――前貸しされた価値の超過分　[16]両極の価値差の意義の違い――W―G―Wの場合とG―W―G　[17]G―W―G′――W―G―Wと違い更新運動が無限の自己目的　[18]資本家の貨幣蓄蔵者との違い――流通を利用して致富　[19]G―W―Gでの自動的な運動主体――価値　[20]資本としての価値――貨幣形態とともに商品形態をも取らねばならない　[21]W―G―Wと区別されたG―W―Gでの価値の役割――過程を進行し運動する実体　[22]本節の総括――資本とは自己増殖する価値　[23]資本の一般的定式――G―W―G′

第一節　段落ごとの論点　223

[1]段落1――宇野の三資本形式の歴史＝論理転化説　[1]段落2――花井益一の異生産関係の歴史＝論理転化説　[1]段落3――宮川実の資本主義の弁証法的発展を反映する論理＝歴史転化説　[2]段落――見田の弁証法的方法一貫否定論　[4]段落――二つの流通形態の同次元性を批判する

鈴木鴻一郎　5段落――G―W―G′にG―W―Gを「見いだす」松石勝彦　6段落――『批判』貨幣論にあったG―W―Gが『資本論』では消えている理由　18段落――貨幣としての貨幣の「矛盾」からG―W―G′を引き出す尾崎芳治　19段落――「実体」と「主体」の違い　22段落――資本とは「自己増殖する価値」

第二節　一般的定式の矛盾　230

1G―W―G′はW―G―Wと順序が逆――それが価値増殖を可能にするか　2順序の逆転は無意味――真の問題は単純な流通で価値増殖が可能か　3交換は使用価値に関しては双方が得――交換価値に関しては得をしない　4単純な商品流通では――商品の変態や貨幣形態の変転しかない　5商品流通を剰余価値の源泉とする謬論――使用価値と価値の混同　6小括――等価物どうしの交換では剰余価値は生まれない　7所持者の観点を入れる――商品と貨幣の区別が再現するだけ　8売り手に価格つり上げの特権想定――彼は次は買い手で損　9買い手に安く買う特権想定――買い手の前は売り手で損　10小括――特権の想定では剰余価値を説明できず　11生産者・消費者観点の持ち込み――売り手特権想定と同じ　12買うだけで売らない階級の想定――だましあいは致富にならない　13経済的範疇の人格化ではなく――個人の狡猾さの観点を導入　14不等価交換――交換での価値の総量は不変で分配を変えるだけ　15小括――流通または商品交換は価値を創造しない　16古い商業資本と高利資本を考慮しない理由――等価交換ではないから　17商業資本――等価交換の下では商業は詐取のように現象　18高利資本――G―G′は商品交換から説明できない　19小括――近代的な商業資本と利子生み資本は資本の派生形態　20流通以外の生産を想定――新価値の付加ではあるが自己増殖する価値ではない　21総括　22資本定式の矛盾――等価物の交換と価値増殖との同時的説明という課題

第三節　段落ごとの論点　258

①段落——資本の定式の矛盾を「認識上の主観的矛盾」とする平野喜一郎　⑳段落——自営生産者の労働の付加は剰余価値の説明にはならない　㉒段落１——原注三七は事実上の移行規定　㉒段落２——「価値と価格の偏差」を資本転化論に生かそうとする宇野派

第三節　労働力の売買　261

①流通部面でＧ—Ｗ—Ｇ′成立——Ｗの消費が価値の源泉である商品の必要　②労働力の定義——生きた人格のなかに実在する能力　③労働力が商品になるための第一条件——労働力の自由な所持者の存在　④労働力が商品になる第二の条件——その所持者は他に売る商品がない　⑤労働力をなぜ売らざるをえない——生産手段、生活手段をもたないから　⑥総括——二重の意味で自由な労働者の存在　⑦自由な労働者が発生する歴史的過程——本源的蓄積過程はあとで考察　⑧一般の商品の存在——低い生産段階でも社会的分業があれば成立　⑨資本主義的な商品生産——労働力が市場にあることを前提　⑩労働力という特有な商品——他の商品と同じく一つの価値をもつ　⑪労働力の価値——労働者の維持に必要な生活手段の価値　⑫生活手段の総額——労働者の子どもの生活手段も含む　⑬修業費——労働力の価値の一部をなす　⑭労働力の一日分の価値量の規定——その具体例　⑮労働力の価値の最低限——労働力萎縮　⑯労働力の価値は生活手段の価値から規定——それに対するロッシの感傷　⑰賃金が後で払われる理由——労働力の販売と現実の発現が時間的に分離　⑱考察は労働力の消費過程へ——流通部面から生産部面へ　⑲流通部面のイデオロギー——自由、平等、所有、功利主義　⑲流通から生産過程へ——平等ではない従属関係の予感

第三節　段落ごとの論点　285

①段落——労働力商品の独自性と宇野の「労働力商品の特殊性」　②段落１——労働力商品規定は冒頭商品規定と矛盾するという平野厚生　②段落２——労働力一般と労働力商品とを区別する伊部正之　③段落——労働力の商品化は仮象だとする宇野弘蔵　④段落——労働力は

第三章　貨幣または商品流通

第一節　価値の尺度①

1 価値尺度とは――商品を価格として量的比較できるように表示

簡単にするために、本書ではいつでも金を貨幣商品②として前提する。

金の第一の機能は、商品世界③に価値表現の材料を提供すること、または、諸商品価値を同名の大きさ、すなわち質的に同等で量的に④比較できる大きさとして表示することにある。こうして、金は価値の一般的尺度⑤として機能し、この機能によって金、すなわち独自な⑥等価物商品は、さしあたり⑦、貨幣になるのである。

① この第三章での貨幣は資本が登場する前の「商品と貨幣」世界の貨幣である。「以下の研究でかたく守っておかなければならないことは、商品の交換から直接に発生する貨幣の諸形態だけを問題にし、生産過程のもっと高い段階に属する貨幣の諸形態、たとえば信用貨幣のようなものは問題にしない、ということである。」（批四九）

② 「貨幣の機能を果たす商品」（仏）。

③ 「商品の全体」（仏）。

④ 「量的関係では」（仏）。

⑤ 共通に通用する尺度。「普遍的 universelle, universal 価値尺度」（仏、英）。

⑥ specifische 独特な。貨幣金は一般的等価形態が「商品金の独自な自然形態と癒着している」（ＫⅠ八四）もの。

⑦ 分析対象は「貨幣または単純流通」（批の表題）におけるＷ―Ｇ―Ｗの第一段階Ｗ―Ｇでの貨幣ある。

[2] 価値を貨幣で尺度するとは――労働時間の必然的な現象形態

諸商品は貨幣によって通約可能になるではない。逆である。[①] すべての商品が価値としては対象化された人間労働[②]であり、それゆえ、それら自体として通約可能であるからこそ、すべての商品は、自分たちの価値を同じ独自な商品[③]で共通に計ることができるのであり、またそうすることによって、この独自な商品[④]を自分たちの共通な価値尺度または貨幣に転化させることができるのである。価値尺度としての貨幣[⑤]は、諸商品の内在的な価値尺度の、すなわち労働時間の、必然的な現象形態である。[五〇]

五〇 なぜ貨幣は直接に労働時間そのものを代表しないのか[⑥]、なぜ、たとえば一枚の書き付けが労働時間を表示するというようにならないのか、という問いは、まったく簡単に、なぜ商品生産の基礎の上では労働生産物は商品として表示されなければならないのか、という問いに帰着する。[⑦] なぜならば、商品という表示は商品と貨幣商品とへの商品の二重化を含んでいるからである。[⑧] または、なぜ私的労働は、直接に社会化された労働として、つまりその反対物として、取り扱われることができないのか[⑨]、という問いに帰着する。商品生産の基礎の上での「労働貨幣」という浅薄なユートピア主義[⑩]については、私は別のところで詳しく論じておいた。(カール・マルクス『経済学批判』、六一ページ[批六六]以下を見よ。) ここで、もう一度注意しておきたいことは、オー

① 表面的には貨幣によって商品は「通約可能」=「量的に比較可能な大きさ」になるように見える。しかし、これは「流通過程の外観」(批五二)。

② 価値=抽象的人間労働の凝固。「物質化された労働」(仏)、「実現された人間労働」(英)。

③ an und für sich 絶対的に。

④「何らかの第三の一商品」(初)。

⑤ 貨幣でもって価値を尺度するということは。「貨幣をもってする価値尺度」(仏)。

⑥ なぜなら、商品生産には物神的性格、すなわち「その時間継続による人間労働力の支出の測定は労働生産物の価値の大きさという形態を受け取る」(詳注一二二、KⅠ八六) 性格があるから。

⑦ ↓「使用対象が総じて商品になるのは、それらが互いに独立に営まれる私的労働の生産物であるからにほかならない」(詳注一二五、KⅠ八七)。

⑧ 商品生産では必然的に、「有用物と価値物とへの労働生産物の分裂」(詳注一二六、KⅠ八七)、あるいは「商品と貨幣とへの商品の二重化」(詳注一七〇、KⅠ一〇二) の過程が進行するから。

⑨ 労働生産物が商品形態をとるときは、「私的諸労働の二重の社会的性格」表示関係があるから。↓詳注一二八、KⅠ八七。

⑩「労働貨幣とは、貨幣を、貨幣とともに交換価値を、交換価値とともに商品を、商品とともに生産のブルジョア的形態を免れようという敬虔な願望を、経済学的にひびく空語で表したもの」(批六六)。

エン⑪の「労働貨幣」が「貨幣」でないのは、劇場の切符のようなものが「貨幣」でないのと同じことだ、ということである。オーエンは、直接に社会化された労働、すなわち商品生産とは正反対の生産形態を前提にしている。労働証明書は、ただ、共同労働における生産者の個人的参加分と、共同生産物の消費割当部分に対する彼の個人的請求権を確証するだけである。⑫しかし、オーエンにとっては、商品生産を前提にしておきながら、しかもその必然的な諸条件⑬を貨幣的小細工で回避しようとするということは、思いも寄らないことなのである。

3 価格とは——商品価値の転化形態

一商品の金での価値表現——x量の商品A＝y量の貨幣商品——は、その商品の貨幣形態または価格である。一トンの鉄＝二オンスの金　のような一つの個別化された等式でも、今では、鉄価値を社会的に通用するように表示するうえで十分である。①この等式は、もはや、他の諸商品の価値等式といっしょに列をつくって行進する②必要はない。というのは、等価物商品である金は、すでに貨幣の性格をもっているからである。③それゆえ、諸商品の一般的相対的価値形態は、今では再びその最初の単純な、または個別的な相対的価値形態の姿態をもっているのである。④他方、展開された相対的価値表現、⑤または相対的価値表

⑪　英の協同組合主義者（一七七一—一八五八）。一八二五年から数年間米で工場を経営し、「共産主義的実験」（マルクス）を試みたが、失敗。

⑫　オーエンは、一八三〇年代、労働時間を単位として労働生産物を交換する「国民衡平労働交換所」のアイデアを提唱した。

⑬　商品交換や商品流通。

①　すでに貨幣である金でのただ一式の「単純な」相対的価値表現が価格形態。↓詳注一一七、KⅠ八四

②　一般的価値形態や貨幣形態では相対的価値形態の左辺商品は多数の商品から構成されている。

③　交換過程論が一般的等価物が最終的に金に骨化される過程を扱っている。「ただ社会的な行為だけが、ある特定の商品を一般的等価物にすることができる」（詳注一六八、KⅠ一〇一）。

④　仏語版はここで段落分け。

⑤　形態Ⅱのこと。「一商品の価値が無限の等式列のうちに表現された形態Ⅱ」（仏）。

⑥　一般的価値形態あるいは貨幣形態では「展開された相対的価値形態すなわち形態Ⅱが、等価物商品の独自な相対的価値形態として現象する」（詳注一一二、KⅠ八三）。

⑦　初版はこのあとに独自に、金が物価表

現の無限の列は、貨幣商品の独自な相対的価値形態になる。⑥ しかし、この列は、今ではすでに諸商品価格のうちに社会的に与えられている。物価表の値段書きを逆に読めば、貨幣の価値の大きさがありとあらゆる商品で表示されているのが見出される。⑦ これに反して貨幣⑧はなんら価格をもたない。⑨ 他の諸商品の統一的な相対的価値形態⑩に参加するためには、貨幣はそれ自身の等価物としてのそれ自体に関係させられなければならないであろう。

4 価値の価格表現――貨幣（金）の観念的機能で十分

商品の①価格または貨幣形態は、商品の価値形態一般②と同様に、商品の手でつかめる実在的な物体形態から区別された、したがって単に観念的な、または表象された③形態である。鉄やリンネルや小麦などの価値は、目に見えないとはいえ、これらの物そのもののうちに存在する。これらの価値は、これらの物と金との同等性によって、いわばただこれらの物の頭のなかにある④だけの金との連関によって、表象される。それだから、商品の番人⑤は、これらの物の価格を外界に伝えるためには、自分の舌をこれらの頭のなかに突っ込む⑥か、またはこれらの

中の諸使用価値と直接に交換できることを指摘している。「この列はまた新たな意味をも得たのである。金は、貨幣であるがゆえに、すでにその自然形態において一般的な等価形態を、または一般的な直接的交換可能性の形態を、その相対的な価値表現に関わりなくもっているのである。それゆえ、これらの価値表現の列は、今では同時に、金の価値の大きさの他に、素材的な富すなわち諸使用価値の展開された世界を表しているのであって、金は直接にこれらの使用価値に置き換えられうるのである。」（五六）

⑧ 「貨幣商品」（仏）。

⑨ 価値形態に特徴的な「対極性」があり、価格で価格を表現することはできないから。

⑩ 一般的価値形態の左辺商品群のこと↓「商品世界の統一的な相対的価値形態」（詳注一一三、KⅠ八三）。

① 初版はまったくちがう出だしである。「価格の確定されている商品は二重の形態をもっている。実在的な形態と表象されたまたは観念的な形態とである。その商品の現実の姿態は、使用対象の姿態、具体的有用労働の生産物の姿態、たとえば鉄である。その価値姿態、すなわち、一定量の同等種類の人間労働の物体化としてのその現象形態は、その価格であり、ある量の金である。」（五六―五七）

② überhaupt 全般。generally（英）。

③ vorgestellete 想像された、思い浮かべられた。

④ こう表現したのは、商品を価値＝抽象的

物に紙札をぶら下げるか、しなければならないのである。⑦[五〇] 商品価値の金による表現は観念的なものだから、この機能のためにも、ただ表象されただけの、または観念的にすぎない金⑧を用いることができる。商品の番人⑨なら誰でも知っているように、彼が自分の商品の価値に価格という形態または表象された金形態を与えても、まだまだ彼は彼の商品を金化したわけではないし⑩、また、彼は、何百万の商品価値を金で評価するために⑪、現実の金は一片も必要としないのである。それゆえ、貨幣の価値尺度機能においては、貨幣は、ただ表象されただけのまたは観念されただけの貨幣として役立つのである。この事情はまったくばかげた理論を生み出した。[五一]⑫ 価値尺度機能のためには、ただ表象されただけの貨幣が役立つとはいえ、価格は実在の貨幣材料によってまったく定まる。たとえば一トンの鉄に含まれている価値、すなわち人間労働の一定量は、同じ労働を含むと表象された貨幣商品の一定量で表現される。だから、金や銀や銅のどれが価値尺度として役立つかによって、一トンの鉄の価値はまったくちがった価格表現を与えられる。すなわちまったくちがった量の金や銀や銅で表象されるのである。

五一　未開人や半未開人は変わった舌の使い方をする。たとえば、船長パリは「グ

人間労働の対象化として表象するためには、自然素材がまとわりつく商品を頭のなかだけでの思考物にしなければならないから。「それ自身抽象的であってそれ以外の質ももたない人間労働の対象性は、必然的に抽象的な対象性であり、一つの思考物である。こうして亜麻織物は頭脳織物になる。」（初一七）

⑤「交換者」（仏）。

⑥ 商品は自分で価値を表現できないから。「商品の代弁をする」（仏）。

⑦ 初版は次の一文がある。「それだから、商品の価値の形態は、商品の使用価値の手ごたえのある実在的な物体形態とは違う表象された、観念的な貨幣形態なのである。」（五七）

⑧「観念的な金、すなわち想像のなかだけで存在する金」（仏）。

⑨「商品所持者」（初）。

⑩「彼は少しの金も現実に使用しはしない」（初）。

⑪ schätzen。実は「何百万の商品」の価値を金で観念的に「評価する」機能は、あとの「計算貨幣」の機能。計算貨幣も価値尺度機能の一つ。

⑫ 仏語版はここで段落分けしたうえで、次段落と一緒の段落にしている。

リーンランドの――山内〕パッフィン湾の西岸の原住民について次のように述べている。「この場合に」（生産物交換の際に）「……彼らは取引が満足に終わったと思っているかのように見えたあと彼らはそれ」（彼らに提供されたもの）「を二度舌でなめた。」同様に、東部のエスキモー人の場合にも、交換者は品物を受け取るたびにそれをなめた。[13]このように北方では舌が取得のための器官としてみなされるとすれば、南方では腹が蓄積された財産の器官とみなされ、カフィル人[14]が一人の男の富を彼の太鼓腹の大きさで評価するというのも少しも不思議ではない。カフィル人はなかなか利口な奴らだ。というのは、一八六四年のイギリス政府の衛生報告は、労働者階級の一大部分に脂肪形成物質が欠乏しているのを嘆いているのに、ドクター・ハーヴィという男、血液循環を発見したハーヴィではないが、この男は、同じ年にブルジョアジーや貴族の脂肪過多を取り除くと約束したいかさま処方によって産を成したからである。

五三　カール・マルクス『経済学批判』のなかの「貨幣の度量単位に関する諸学説」五三ページ以下[15]を見よ。

5 二重の価値尺度――価値尺度機能に矛盾

それゆえ、もし二つの違った商品[1]、たとえば金と銀とが同時に価値尺度として役立つとすれば、すべての商品は二種類の違った価格表現、すなわち金価格と銀価格とをもつことになる。これらの価格表現は、銀と金との価値比率が、たとえば一対一五のようにそれが不変であるかぎり無事に相並んで行われる。

⑬　W・E・パリ『大西洋から太平洋への北西航路を発見するための航海の日誌―ウィリアム・エドワード・パリの指揮のもとに帝国軍艦ヘクラ号およびグライペーアー号によって一八一九―一八二一年に行われた』一八二一年、による。

⑭　南東アフリカの黒人。

⑮　批五九以下。

①　価値尺度として役立つには必ず商品出身でなければならないから。

しかし、この価値比率の変動②が起こるたびに、それは諸商品の金価格と銀価格との比率を攪乱して、価値尺度の二重化はその機能と矛盾することを事実でもって証明するのである。[五三]

五三　第二版への注。「金と銀とが法律上貨幣として、すなわち価値尺度として並存する場合には、これらを一つの同じ物質として取り扱おうとする無駄な試みがたえずなされてきた。もし、同じ労働時間が常に同じ割合の銀と金とに対象化されると想定するならば、それは、事実上、銀と金とが同じ物質であるということ、そして価値の低い方の金属である銀の一定量は一定量の金の量の不変の一部分をなしているということを想定するものである。エドワード三世の治世からジョージ二世の時代に至るまで、③イギリスの貨幣制度の歴史は、金と銀との価値比率の法律による固定と現実の価値変動との衝突から生じる絶え間のない混乱の連続をなしている。あるときは金が、あるときは銀が、高すぎる評価を受けた。低すぎる評価を受けた金属は流通から引き上げられ、溶融され、輸出された。そして、両金属の価値比率は再び法律によって変更されたが、この新しい名目価値も古い名目価値と同様に現実の価値比率と衝突するようになった。――われわれ自身の時代では、インドや中国の銀需要の結果として銀に対して金がほんのわずかばかり一時的に価値下落したことが、フランスで同じ現象を、すなわち銀の輸出と金による銀の流通からの駆逐を、最大の規模で生み出した。④一八五五年、一八五六年、一八五七年にはフランスからの金輸出にたいするフランスへの金輸入の超過は、四一、五八〇、〇〇〇ポンド・スターリングだったが、銀輸入にたいする銀輸出の超過は、一四、七〇四、〇〇〇［正しくは三四、七〇四、〇〇〇――全集版］ポンド・

② 金と銀は、それぞれの生産に必要な社会的労働時間が変動すれば、それぞれに価値量は変動する。当然以前の価値比率は違ってくる。

③ エドワード三世（在位一三二七―七七）〜ジョージ二世（在位一七二七―六〇）。ただし、ジョージ二世は三世の誤記であろう。マルクスは『批判』の別の箇所で、「金と並んで銀を価値尺度として用いることは、なるほど一八一六年にジョージ三世の治世第五六年法律第六八号によって初めて正式に廃止された」（批五七）とあり、ジョージ二世治世ではこの事実はないからである。↓批五七編集者注

④ 商品としては、たとえば金一g＝銀一五gの価値比率で交換されていた金と銀が、価値変動の結果　金一g＝銀一四gのように交換されるとしよう。しかし、貨幣材料としては、相変わらず金一g＝銀一五gの固定的・法的評価を受けるから、貨幣として銀は「低すぎる評価」をうけ、反対に金は「高すぎる評価」を受けることになる。銀は貨幣であるより商品にしたほうが有利であるから、流通から引き上げられ、溶融され、輸出に回される。過大評価された金だけが価値尺度になり、流通に残る。

スターリングだった。両金属が法定の価値尺度である諸国、したがって、どちらで支払われても受け取らなければならないがだれでも金銀どちらでも任意に支払うことのできる諸国では、実際には価値が上がる金属⑤にはプレミアがついて、他の各商品と同じに、過大評価された方の金属⑥で自分の価格を計るのであって⑦、この過大評価された金属だけが価値尺度として役立つのである。この分野での一切の歴史的経験は、簡単に次のことに帰着する。すなわち法律によって二つの商品に価値尺度機能が認められているところでは、事実上はつねに一方の商品だけが価値尺度としての地位を維持する、ということである。」（カール・マルクス『経済学批判』、五二、五三ページ⑧）

⑤ このフランスでの例でいえば、銀。
⑥ ここでは金。
⑦ 商品市場では金一g＝銀一四gの時、貨幣流通としては金一g＝銀一五gであるから、流通から銀一五gを引き上げれば、その銀に商品市場で金一・〇七gという金価格がつく。
⑧ 批五八、五九。

（112）

6 価格比較のため——金量の度量単位と度量標準が発展

価格の決まっている商品は、すべて、a量の商品A＝x量の金、b量の商品B＝z量の金、c量の商品C＝y量の金　というような形態で表示される。ここでは、a、b、c、はそれぞれ商品種類A、B、Cの一定量を表しており、x、z、yはそれぞれ金の一定量を表している。それだから、商品価値はいろいろな大きさの表象された①金量に転化されているのであり、つまり、商品体が種々雑多であるにもかかわらず、金の大きさという同名の大きさに転化されているのである。このようないろいろな金量として、諸商品の価値は互いに比

① vorgestellte 想像された。価格付けの価値尺度貨幣は実物の金量でなくて観念的に頭で思い浮かべられた金量でも機能できるから。

較され、計られるのであって、技術上②、これらの金量を、それらの度量単位③としての一つの固定された金量④に関連させる必要性が発展する。この度量単位そのものはさらに可除部分に分割されることによって、度量標準に発展する。⑤金や銀や銅は、それらが貨幣になる以前に、すでにこのような度量標準をそれらの金属重量においてもっている。たとえば、一ポンドは度量単位として役立ち、それが一方ではさらに分割されてオンスなどとなり、他方では合計されツェントナー⑥などとなるのである。[五四] それだから、すべての金属流通では、重量の度量標準の以前にあった名称⑦がまた貨幣度量標準または価格の度量標準⑧の最初の名称にもなっているのである。

五四　第二版への注。イギリスにおける貨幣度量標準の単位⑨としての一オンスの金が、可除部分に分割されていないという奇妙さは、次のように説明される。「わが鋳貨制度は、元来はただ銀の使用だけに適合したものだった。それゆえ、一オンスの銀は、いつでも、ある適当な個数の鋳貨に分割することができるのである。ところが、金は、あとの時代に銀だけに適合していた鋳貨制度のなかに持ち込まれたので、一オンスの金は、割り切れる個数に鋳造することはできないのである。」（マクラレン『通貨史』、ロンドン、一八五八年、一六ページ）

② 価値が金量で表現されるから技術上の必要として。「このような、価値の価格への転化が、ひとたび実現されたならば、価値の尺度をさらに価格の度量標準として規定することが技術的に必要になる」（初）。

③ Masseinheit 尺度単位。英 unit measure。

④ 金本位制下の日本では、金一匁（＝三・七五g）が貨幣の度量単位となった。

⑤ 一匁の金が度量単位なら、十分の一が一分、さらに十分の一が一厘と、「匁―分―厘」の体系が度量標準になる。

⑥ 一ツェントナー＝約五〇Kg、もともとはドイツ・デンマークの重量単位。

⑦ 江戸時代には、時期により多少違うが、一斤（＝一六〇匁＝６００g）が一六両、一両が四分、一分＝四朱の重量の度量標準があった。その比率が貨幣の呼称に持ち込まれた。「両」を俗に「円」ともいった。明治時代には、円が価格の単位とされた。

⑧ 日本でいえば、円を度量単位として、「円―銭―厘」の体系を貨幣度量標準または価格の度量標準という。

⑨ 「貨幣の度量単位」（批）。

(113)

7 価値尺度と価格度量標準――前者は可変性、後者は固定性がポイント

価値の尺度および価格の度量標準として、貨幣①は二つのまったく違った機能をおこなう。貨幣が価値の尺度であるのは、人間労働の社会的化身としてである②。価格の度量標準であるのは、固定した金属重量としてである。貨幣は、価値尺度としては、種々雑多な商品の価値を価格に、すなわち表象された金量に転化させるのに役立ち、価格の度量標準としては、この金量を計る。価値の尺度では、諸商品が価値として計られるのであるが、これにたいして、価格の度量標準は、いろいろな金量をある一つの金量で計るのであって、ある金量の価値③を他の金量の重量で計るのではない。価格の度量標準のためには、一定の金重量が度量単位として固定されなければならない。この場合には、すべての他の同名の大きさの度量規定の場合と同じく④、度量比率⑤の固定性が決定的である。したがって、価格の度量標準は、一つの同じ量の金が度量単位として役立つことが不変的であればあるほど、その機能をよりよく果たすのである。価値の尺度として金が役立つことができるのは、ただ、金そのものが労働生産物、つまり可能性から見て一つの可変的な価値であるからである。⑥五五

① 「金」（仏）。次の二文の「貨幣」も仏語版は「金」。価格度量標準は現物の金を対象にしているから、「金」のほうが論理が通る。
② 「一般的等価物として」（仏）。一般的等価物は「いっさいの人間労働の目に見える化身」（詳注一〇六、KⅠ八一）。
③ 「価値」がポイント。ある単位量の金は、金の重量を計るのであって、「金の価値」を計るのではない。
④ 「同じ名称の大きさの間で尺度を決めるというあらゆる場合のように」（仏）。
⑤ 「度量単位」（仏）。
⑥ 『批判』は以上を端的に次のように言う。「金が価値尺度であるのは、金の価値が可変的であるからであり、価格の度量標準であるのは、それが不変の重量単位として固定されるからである。」

五五⑦　第二版への注。イギリスの著述では、価値の尺度（measure of value）と価格の度量標準（stanndard of value）とについての混乱が、何とも言えないほどひどい。諸機能が、したがってまたそれらの名称も、たえず混同されている。

8 金の価値変動——価格度量標準機能を妨げない

まず第一に明らかなことは、金の価値変動は、金の価格の度量標準機能をけっして妨げないということである。金価値がどんなに変動しても、いろいろな金量はつねに相互に同じ価値関係を保っている。金価値が一〇〇〇％下落したとしても、一二オンスの金は相変わらず一オンスの金の一二倍の価値を持っているであろう。そして、価格ではいろいろな金量相互の比率①だけが問題なのである。他方、一オンスの金がその価値の増減につれて②その重量を変えることはけっしてないのだから、同様にその可除部分③の重量も変わらないのであり、したがって、金は、その価値がどんなに変動しても、諸価格の固定した度量標準としては、つねに同じ役立ちをするのである。

⑦　この注は、仏語版ではこの位置になく、原注六二の文末に移動している。

①　Verhältniss 関係。
②　「その価値が騰貴または低落したからといって」（仏）。
③　二分の一、十分の一、十二分の一など。

(114)

⑨金の価値変動——それは価値尺度機能も妨げない

金の価値変動はまた金の価値尺度としての機能も妨げない。金の価値変動はすべての商品にたいして同時に起きるから、その他の事情が同じならば①、諸商品の相互の相対的価値②は変化しない。③といっても、その相対的価値は、今ではすべて、以前に比べてより高い、またはより低い金価格で表現されてはいるが。

① ラテン語 caeteris paribus で表記。
② 「相互の相対的価値量」（仏）。
③ 仏語版は、以下の文章を欠いている。その代わりにここに次の『批判』を引用した注が付されている。「貨幣はその価値がたえず変動しても、しかもその価値がぜんぜん変動しないままでいるのと同様に価値の尺度でありうる。」（ベーリー『貨幣とその価値変動』、ロンドン、一八三七年、一一ページ）

⑩商品価格の変動——単純な相対的価値形態の量的規定性が適用

一商品の価値をある別の一商品の使用価値で表示する場合と同様に①、諸商品を金で評価する場合にも②、そこに前提されているのは、ある所与の時期には一定量の金を生産するに一定量の労働が費やされるということだけである。商品価格の運動③に関しては、総じて以前に展開された単純な相対的価値表現の諸法則が妥当する。

① 第1章第3節価値形態論の「相対的価値形態の量的規定性」（詳注六一、ＫⅠ六七）。なお仏語版は以上の表現がない。
② Schätzung。「金で評価」とは商品価値を観念的に金重量表示すること。
③ 「変動 fluctuations」（仏）。

11 価格の一般的な変動――商品と金との価値変動の種々の組み合わせ

諸商品価格[①]が一般的に上がるのは、貨幣価値が同等不変ならば諸商品価値が上がる場合だけ、諸商品価値が同等不変ならば貨幣価値が下がる場合だけである。逆に、諸商品価格が一般的に下がるのは、貨幣価値が同等不変のならば諸商品価値が下がる場合だけ、諸商品価値が同等不変ならば貨幣価値が上がる場合だけである。だから、貨幣価値の上昇は諸商品価格の比例的な低下に結果し、貨幣価値の低下は諸商品価格の比例的な上昇に結果するということには、けっしてならないのである。こうしたことは、価値が変動しなかった諸商品にだけあてはまることである。[②]たとえばその価値が貨幣価値と同程度に同時に上がる商品は、同じ価格を保っている。もし商品の価値が貨幣価値よりおそく上がるかはやく上がるかすれば、その商品の価格の低下または上昇[③]は、商品の価値運動と貨幣の価値運動との差によって規定される。等々。

① 初版では以下の記述は本節3段落のあとにあったが（初五六）、第二版でここに移され、9段落の「金の価値変動は金が価値尺度して機能することを妨げない」の具体的叙述になっている。
② 『批判』五一もここと同趣旨のことを扱っているが、価値形態論が未整備なため、以上の観点がない。
③ 「低下または上昇の程度」（仏）。

12 貨幣名——本来の金属重量名から離れる歴史的原因

さて、また価格形態の考察に帰るとしよう。

金属重量の貨幣名は、いろいろな原因によって、しだいにそれらの元来の重量名から離れてくるのであるが、その原因のうちで次のものが歴史的に決定的である。[①]（一）発展程度の低い諸国民のもとへの外国貨幣の輸入。たとえば、古代ローマでは金銀の鋳貨は最初は外国商品として流通していた。このような外国貨幣の名称は国内の重量名とは違っている。（二）富の発展につれて、あまり高級でない金属はより高級な金属によって価値尺度の機能から駆逐される。銅は銀によって、銀は金によって。たとえこの順序がすべての詩的年代記[②]と矛盾していようとも。[英] たとえば、ポンドは、現実の一ポンドの銀を表す貨幣名であった。金が価値尺度としての銀を駆逐するやいなや、同じ名称が、金と銀との価値比率にしたがって、おそらく一五分の一ポンド、等々の金につけられるであろう。貨幣名としてのポンドと、金の普通の重量名としてのポンドとは、今では別なものになっている。[毛] （三）何世紀にもわたって引き続き行われた王侯による貨幣変造。これは鋳貨の元来の重量から実際にはただ名称だけをあと

(115)

① 以上の仏語版はかなり違う。「すでに見たように、金属重量のための慣用の度量標準は、その名称とその下位区分をもって、価格の度量標準として役立つ。しかし、若干の歴史的事情が修正をもたらす。」

② 古代の神話では、人類の歴史は黄金時代、銀時代、青銅時代、英雄時代、鉄時代と分けられた。この年代記は、古代ギリシャのヘシオドスの作品に、また古代ローマのオウィディウスの詩に取り入れられている。

に残した。[五六]

五六　ついでだが、この順序はまた一般的、歴史的な妥当性をもつものではない。

五七　第二版への注。③こうして、イギリスのポンドはその元来の重量の$\frac{1}{3}$よりもわ④ずかを、連合以前のスコットランドのポンドはたった$\frac{1}{36}$を、フランスのリーブルは$\frac{1}{74}$を、スペインのマラベーディは$\frac{1}{1000}$よりもわずかを、ポルトガルのレアルはもっとずっと小さな割合を表している。⑤

五八　第二版への注。⑥「その名称が今日ではもはや観念的でしかない鋳貨は、どの国民にあっても最も古いものである。だが、どの鋳貨もかって実在していた。⑦それらが実在していたからこそ、それらで勘定がなされていたのである。」（ガリアニ⑧『貨幣について』、前掲書、一五三ページ）

13 貨幣の度量標準――法律によって規制

このような歴史的過程は、金属重量の貨幣名がそれらの普通の重量名から分離することを国民的慣習①にする。貨幣度量標準②は、一方では純粋に慣習的であるが、他方では一般的な妥当性を必要とするので、結局は法律によって規制されることになる。貴金属の一定の重量部分、たとえば一オンスの金は、公式に可除部分に分割されて、それらの部分にポンドとかターレル③とかいうような法

③ 以下はもともとは『批判』の叙述であるが、最初に次の一文があった。「あとで金属流通の性質から説明するつもりの歴史的過程は、価格の度量標準としての貴金属の重量がたえず変動して減少していったのに、同じ重量名がそのまま保たれたという事情をもたらした。」

④ 「ほぼ$\frac{1}{4}$」（仏）。元来は一重量ポンド＝一二オンス＝約四五四g。逆に、貨幣重量では、一オンス＝約四ポンド。

⑤ 仏語版は次の段落の注五九のアッカードへの言及と合体してここの注。

⑥ もともとは『批判』にある叙述。

⑦ 『批判』ではここに「（これはこんなに拡張して言ったのでは正しくない）」という注意書きが入っている。仏語版はこの注意書きを採用。

⑧ イタリアの神父、外交官（一七二八―一七八七）。

① 国民が慣れて当たり前のように感じること。「共同体の慣習」（英）。

② 英では，一ポンド（一ソヴリン貨）を度量単位にして、ポンド―シリング―ペンスの貨幣度量標準になっている。→批五七（これを仏語版は注に採用）。

③ 一六世紀から一八世紀まで広く流通したドイツの銀貨。

④ 本来の重量名（ポンド）とは別に法律上の貨幣名（ポンド・スターリング略してポンド）を与える。本名のほかに神父が洗礼名を与えてキリスト教徒として認めることになぞらえた。

定の洗礼名が与えられる。④ そこで貨幣のこのような可除部分は貨幣の本来の⑤度量単位として意義をもつのであるが、それはさらにシリングやペニーなどのような法定の洗礼名のついた別の可除部分に分割される。五九 それでもやはり一定の金属重量が金属貨幣の度量標準である。変わったのは分割と命名⑥である。

五九　第二版への注。デーヴィト・アーカート氏⑦は、その『常用語』の中で一ポンド（スターリング）というイギリスの貨幣度量標準の単位が今日では約1/4オンスの金に等しい⑧という奇怪事⑨（！）について述べている。「これは尺度の変造であって、度量標準の確定ではない⑩」と。彼は、このような金重量の「虚偽の命名」のうちに、他のどこでも同じように、文明の偽造する手⑪を見出すのである。

14 貨幣名は商品以外にも適用——観念的存在で計算貨幣の機能

こうして、諸価格、または商品の価値が観念的①に転化されている金量は、今では金の度量標準の貨幣名または法律上有効な計算名②で表現される。そこで、一クォーターの小麦は一オンスの金に等しいと言うのに代わって、イギリスでならば、それは三ポンド・スターリング一七シリング一〇・五ペンスに等しいと言われることになるだろう。このようにして、諸商品は、それがどれだけに

⑤ eigentliche 固有な。金属重量単位との関係を残した本来の。
⑥ 「細分割 subdivision」（仏、英）。
⑦ イギリスの外交官、政治家（一八〇五—一八七七）。
⑧ この段の注②にあるように一オンスの金＝約四ポンド・スターリングである。一オンスは普通は1/16重量ポンド＝約二八g、貴金属の場合は1/12重量ポンド＝約三一g。
⑨ 「彼をおそれさせるような事実」（仏）。
⑩ アーカートは価値尺度と価格の度量標準を逆にとらえている。
⑪ 「偽造者の手」（仏）。

① ideell。手でつかめるような実在的なものではない、の意。→4段落
② 初版は「金度量標準の同じ社会的に通用する計算名」とある。「同じ」がポイント→論点。
③ 「このように、すべての価格は同じ名称で表現される」（批の補足）。
④ Sache 物象。商品以外の国富、予算など。仏 chose、英 article。
⑤ そのためには貨幣の観念的機能で十分である。「頭のなかや、紙の上や、言葉のうえでの商品の計算貨幣への転化は、何らかの種類の富が交換価値の観点から固定され

値するかを、それらの貨幣名で互いに語り合うのであり[③]、そして貨幣は、あるもの[④]を価値として、したがって貨幣形態に固定することが必要な場合には、いつでも計算貨幣として役立つのである。[⑤][六〇]

六〇　第二版への注。「ひとがアナカルシスに、ギリシア人は何のために貨幣を用いるのか、と問うたとき、彼は答えた。計算のために、と。」（アテナイオス[⑥]『学者の饗宴』、第一部、第四篇、第四九節、一八〇二年、第二版）

15 貨幣名の物神性——価値関係の痕跡が消える、国家が金の価値を法定

ある物象の名前は、そのものの性質にとってはまったく外的なものである。ある人がヤコブと呼ばれていることを知っても、その人については何もわからない。それと同じように、ポンドやターレルやフランやドゥカートなどという貨幣名では、価値関係の痕跡はすべて消えてしまっている。これらの神秘的な[①]章標[②]の秘密[③]に関する混乱は、貨幣名が商品の価値を表現すると同時に、ある金属（116）重量すなわち貨幣度量標準の可除部分をも表現するので、ますますはなはだしくなる。[六一]他面では、価値が、商品世界の雑多な体[④]から区別されて、この没概念的で物象的な、しかしまた単純に社会的な形態[⑤]に達するまで発展をつづけると

るたびにすぐ行われる。この転化のためには、金という材料が必要であるが、しかしただ表象された金としてだけである。」（批五七）

⑥　古代ギリシャの修辞学者、言語学者。

①　kabbalistische 不可思議な。カバラ（ユダヤ神秘説）から。

②　Zeichen しるし。

③　Geheimsinn 秘義。なおよく出てくる「秘密」は Geheimnis。仏語版は「隠されていると人が思うような意味」。

④　諸商品の使用価値のこと。ちなみに、初版は「諸商品の雑多な体 Körper」で仏語版もほぼ同様。「諸商品の雑多な物的形態」（英）。

⑤　貨幣形態およびその派生形態の貨幣名のこと。「奇妙ではあるが純粋に社会的な形態」（仏）。貨幣形態が社会的形態でなければならないことは、「諸商品の価値形態は社会的に妥当な形態でなければならない」（詳注一〇四、KＩ八二）で言及。

いうことは、必然的なのである。[六二]

六二　第二版への注。「価格の度量標準としての貨幣⑥は、商品価格と同様に計算名で現象し、したがって、たとえば一オンスの金は一トンの鉄の価値と同じに三ポンド一七シリング一〇・五オンスで表現されるので、このような金の計算名は金の鋳造価格⑦と呼ばれてきた。このことから、あたかも金（または銀）はそれ自身の材料で評価され、すべての商品とは違って国家によってある固定した価格を与えられるかのような、驚くべき表象が生じた。一定の金重量の計算名を固定させることが、この重量の価値を固定させることと間違えられたのである。⑧」（カール・マルクス『経済学批判』、五三ページ⑨）

六三　『経済学批判』のなかの「貨幣の度量単位に関する諸学説」五三ページ以下参照。「鋳造価格」の引上げや引下げ、すなわち、法律で固定された金または銀のいろいろな重量部分を表す法定貨幣名を、国家の側から、より大きい、またはより小さい重量部分に転用すること、したがって、たとえば1/4オンスの金を将来は二〇シリングではなく四〇シリングに鋳造するというようなことになる—このような引上げや引下げについてのいろいろな幻想は、それらが国家的債権者や私的債権者にたいする拙劣な財政操作を目的としないで経済的「奇跡療法」を目的とする限りでは、ペティが『貨幣小論—ハリファックス侯爵閣下に』（一六八二年）、のなかで十分に論じつくしたので、すでに彼の直接の後継者たち、サー・ダットリー・ノースやジョン・ロックでさえも、その後の人はまったく問題にならないが、ただペティを平板化することしかできなかったのである。特にペティは次のように言っている。「もし一国の富を一片の布告で一〇倍にすることができるなら、我が国の統治者がもうずっと以前にそのような布告

⑥ 第二版から第四版までは「貨幣」、出典の『批判』は「金」。
⑦ Münzpreis 鋳貨価格、mint-price（英）。
⑧ 仏語版はさらに一文。「イギリスの文献には、この取り違えが際限もなくくだくだと述べられている著作が無数にある。これらの文献は、海峡の向かい側にいる著述家に、同じ狂気を伝染させた。」
⑨ 批五九。

を発しなかったということは奇妙なことであろう。」（同前書、三六ページ）

16 価格と価値の量的不一致の可能性——価格形態そのもののうちにある

価格は、商品に対象化されている労働の貨幣名である。① それだから、商品と、その名が商品の価格である貨幣量②とが等価であるということ③は、一つの同義反復である。[六三] それはちょうど、一般に一商品の相対的価値表現はつねに二つの商品が等価であるということの表現であることと同様である。④ しかし、商品の価値量の指標としての価格⑤は、その商品と貨幣との交換割合の指標⑥だとしても、逆にその商品と貨幣との交換割合の指標は必然的にその商品の価値量の指標だということにはならないのである。同じ量の社会的必要労働が一クォーターの小麦と二ポンド・スターリング（約〇・五オンスの金）とで表示されるとしよう。二ポンド・スターリングは一クォーターの小麦の価値量の貨幣表現、またはその価格である。今、もし事情が一クォーターの小麦に三ポンド・スターリングの値段をつけるのを許すか、またはそれに一ポンド・スターリングの値段をつけるの⑦を強いるとすれば、一ポンド・スターリングと三ポンド・スターリ

① 前段落で「貨幣名が商品の価値を表現」とある。価値は抽象的人間労働の凝固　であるから、価格は「労働の貨幣名」。
② 商品の妥当な（価値どおりの）価格。「商品価格のうちに表現されている貨幣量」（仏）、「その価格の本質をなしている貨幣総額」（英）。
③ Aequivalenz 等価性。似たことばの「等価物」は Aequivalent。
④ 「相対的な価値が価値の表示形態であるならば、二つの商品の等価 Aequivalenz の表現は……相対的価値の単純な表現である」（初一五）。
⑤ 価値どおりの価格。
⑥ 「指標 Exponent」は説明者、解説者の意味もある。
⑦ notieren 相場がつく。

ングとは、この小麦の価値量の表現としては過小または過大であるが⑧、それにもかかわらずそれらはこの小麦の価格である。というのは、第一にそれらは小麦の価値形態、貨幣⑨であり、第二には小麦と貨幣との交換割合の指標⑩だからである。生産条件が変わらないかぎり、または労働の生産力が変わらないかぎり、相変わらず一クォーターの小麦の再生産には同じだけの社会的労働時間⑪が支出されなければならない⑫。このような事情は、小麦生産者の意志にも他の商品所持者たちの意志にも関わりがない⑬。だから、商品の価値量は、社会的労働時間にたいするある必然的な、その商品の形成過程に内在する関係を表現しているのである。価値量が価格に転化されるとともに、この必然的な関係は、一商品とその外部にある貨幣商品との交換割合として現象する。しかし、この割合では、商品の価値量が表現されうるとともに、また、与えられた事情のもとでその商品が譲渡される場合⑭の価値量以上または以下も表現されうる。だから、価格と価値量との量的不一致の可能性、または価値量からの価格の偏差の可能性は、価格形態そのもののうちにあるのである。このこと⑮は、けっしてこの形態の欠陥ではなく、むしろ逆に、この形態を、一つの生産様式の、すなわちそこでは規律がただ無規律性の盲目的に作用する平均法則としてのみ貫かれうるよ

⑧ なぜなら、小麦にも金にも生産力の変動がなく、双方価値変動がないときでも、生産量と社会的欲望量とが不一致なら市場価格変動は起こりうるから。
⑨ 過大もしくは過小な表現でも価値に制約された貨幣形態であることに変わりないから。「小麦の価値の貨幣形態」（仏）、「そのもとで価値が現れる形態、すなわち貨幣」（英）。
⑩ 価格が価値どおりでなくとも、交換はその価格にしたがって行われる。
⑪ 社会的必要労働時間のこと。「労働支出」（仏）。
⑫ したがって価値量は変わらない。
⑬ 社会的必要労働時間による価値量の決定は客観的なもの。
⑭ 「商品の譲渡が偶然にもたらす」（仏）。
⑮ 「曖昧さは」（仏）。

うな⑯生産様式の、適当な形態にするのである。

六三「そうでなければ、貨幣での一〇〇万には、商品での同じ価値よりも多くの価値があることを、すでに認めなければならない。」（ル・トローヌ⑰『社会的利益について』、九一九ページ。）つまり、「ある価値には、同じ大きさの他の価値よりも多くの価値がある」ということを認めなければならない。

17 良心や名誉にも価格——価格が価値の表現であることをやめる

しかし、価格形態は、価値量と価格との、すなわち価値量とそれ自身の貨幣表現との、量的不一致の可能性を許すだけではなく、一つの質的な矛盾、すなわち、貨幣はただ商品の価値形態でしかないにもかかわらず、価格がおよそ①価値表現であることをやめるという矛盾を宿すことができる。それ自体けっして商品ではないもの②、たとえば良心や名誉などは、その所持者が貨幣と引き替えに売ることができるものであり、こうしてその価格をつうじて商品形態を受け取ることができる。それゆえ、あるものは、価値をもつことなしに、形式的に③価格をもつことができるのである。ここでは、価格表現は、数学上のある種の量④のように、想像的なもの⑥になる。他方、想像的な価格形態⑦、たとえば未開墾地の価

⑯「平均して相互に相殺しあい無力にしあい害しあうような不規則性の盲目的な作用」（仏）。
⑰ フランスの経済学者、重農主義者（一七二八—一七八〇）。↓KⅠ五一の原注六

① überhaupt 総じて。
② Dinge 諸物。
③ formell 形態上。
④ たとえば虚数。
⑤ 初版は「または論理学の『無限判断』のように」の付け加えがある。
⑥ imaginär 想像的な表現。
⑦ 初版は「われわれは本質的な諸生産関係についてそのような想像的な価格形態を見いだすことがあるのであって」とふくらんだ表現。

格のように、そこには人間労働が少しも対象化されていないので少しの価値のないようなものも、ある現実的な価値関係あるいはそれから派生した関係⑧を潜ませているということがありうるのである。

18 交換価値の作用をするとは——表象された金から現実の金へ

①相対的価値形態一般②がそうであるように、価格は、ある商品たとえば一トンの鉄の価値を、③一定量の等価物たとえば一オンスの金が鉄と直接に交換されう④るということによって表現するのであるが、逆に、けっして、鉄のほうが金と直接に交換されうるということによって表現するのではない。⑤だから、実際に交換価値の作用をするためには、⑥商品はその自然の肉体を脱却して、ただ表象された⑦だけの金から現実の金に転化しなければならない。たとえ商品にとって
(118) この化体⑧が、ヘーゲルの「概念」にとっての必然から自由への移行や、⑨ザリガニにとっての殻破りや、教父ヒエロニュムス⑩にとっての原罪の脱却⑪よりも、「もっとつらい」ことであろうとも。商品は、その実在の姿態、たとえば、鉄という姿態の他に、価格において観念的な価値姿態または表象された金姿態をもつ

⑧ 「たとえ間接的であろうと実在の価値関係」（仏）。「直接的または間接的な価値関係」（英）。

① 初版は冒頭に次の文章。「しかし、われわれは、ここではまだわれわれに知られている唯一のものであるところの正常な商品価格に立ち返ることにしよう。価格は商品の単に観念的な価値姿態である。だから、それと同時に価格が表現しているのは、商品がまだ実在的な価値姿態をもっていないということ、または、商品の自然形態は商品の一般的な等価形態ではないということである。」

② überhaupt 総じて。相対的価値形態には価格形態のそれを含めると五種ある。

③ 「人が望むなら」（仏の挿入）

④ 「直接的交換可能性の形態」とは使用価値という現物のままで他商品と交換可能な形態であるが、相対的価値形態にある商品（鉄）が等価形態にある商品（金）に押しつける性格である。↓詳注六九、KⅠ七〇。

⑤ なぜなら、価値形態の対極性により、相対的価値形態にある商品（鉄）は「直接に交換されうる」形態から排除されているから。↓詳注一一一、KⅠ八二の原注二四。

⑥ 「他の諸商品にたいして交換価値または一般的等価物の作用をするためには」（初）。

ことはできるが、しかし、現実に鉄であると同時に現実に金であることはできない⑫。商品に価格付けをするためには、表象された金を商品に等置しさえすればよい。商品がその所持者のために一般的等価物の役を果たそうとするならば、それは金によって置き換えられなければならない。たとえば、鉄の所持者がある享楽商品の所持者に対面して、彼に鉄価格を指し示して、これが貨幣形態だと言うならば、享楽商品の所持者は、天国で聖ペテロが自分の前で信仰箇条を暗誦したダンテに答えたように、答えるであろう。

「この貨幣《かね》の混合物《まぜもの》とその重さとは
汝すでによく調べたり
されど言え、汝はこれを己が財布のなかにもつや⑬」

六四　ヒエロニュムスが若いときに物質的な肉欲と激しく戦わねばならなかったことは、砂漠で美しい女人の幻像を相手にする彼の闘争が示しているが、彼はまた晩年には精神的な肉欲と戦わねばならなかった。たとえば、彼は次のように言う。「私は魂においては世界審判者の前にいると信じました。」「汝はだれか?」と一つの声が聞いた。「私はキリスト者です。」世界審判者はどなりつけた。「偽り者。汝はキケロ⑭の徒にすぎない!⑮」

⑦ vorgestellte 想像された。
⑧ Transsubstantiation.。ある実体から他の実体に転化すること。キリスト教で聖餐のパンと葡萄酒がキリストの肉と血になること。ここでは値札で表象された価格から現実に売れて金（貨幣）になること。
⑨ ヘーゲル『小論理学』概念論一五八節の補遺に次のようにある。「必然性の過程は次のようなものである。すなわち、それは最初に存在している硬い外面を克服して、その内面を啓示し、かくして互いにつなぎあわされているものが、実際互いに無縁ではなく、一つの全体の諸モメントにすぎないこと、そしてこれらのモメントの各々は、他と関係しながらも、自分自身のもとにとどまり、自分自身と合致するということを示すのである。これが必然性の自由への変容であって、この自由は単に抽象的否定の自由ではなく、具体的で肯定的な自由である。」（松村一人訳、岩波文庫）マルクスはこの論理をわかりやすく「ザリガニの殻破り」のようなものだとしている。
⑩ 西方教会四教父の一人、聖書のラテン語訳を完成（三四七頃―四二〇）。
⑪ das Abstreifen des alten Adam 更正してすっかり人が変わる。
⑫ 交換なしに金姿態を現実にもつことはできない。
⑬ ダンテ『神曲』山川丙三郎訳岩波文庫、下一五六ページ。
⑭ 古代ローマ共和制最後期の政治家、哲学者（前一〇六―四三）。
⑮ マルクスが引用しているのは、聖ヒエロ

19 商品の価格形態と貨幣——商品流通への移行の可能性と必然性

価格形態①は、②貨幣とひきかえにした商品の譲渡可能性③とこの譲渡の必然性を含んでいる。他方、金は、ただそれがすでに交換過程④で貨幣商品としてうろつきまわっているからこそ、⑤観念的な価値尺度⑥として機能するのである。それゆえ、観念的な価値尺度のうちには堅い貨幣⑦が待ち伏せしているのである。

ニュムス『エウストキウムへの手紙—純潔のまもりについて』の独訳。ヒエロニュムスはそこで瀕死の病気の際夢で見た自分への審判を書いている。

① 商品に値札がついていること。
② 「それ自体のうちに」（仏の挿入）。
③ Veräusserlichkeit。
④ 「市場で」（仏）。
⑤ 交換過程で貨幣商品（金）が成立している。この箇所の初版「他方では、諸商品の価格規定は、交換過程にある一商品、金をすでに貨幣にしている。」
⑥ 「諸商品は価格としては、観念的に金に、したがって金は観念的に貨幣に転化している」（批五九）。
⑦ 現実の金貨。「実在する貨幣すなわち正貨」（仏）、「hard cash」（英）。「堅い」とあるのは前段落の注⑨のヘーゲル『小論理学』の一節をもじったから。

第一節　段落ごとの論点

1段落——貨幣論の対象と方法

第三章貨幣論の対象は、資本主義的生産様式の表面から下向＝捨象の方法でたどり着いた単純な「商品と貨幣」の領域での「商品流通」である。資本主義社会では、商品流通W—G—Wは資本主義的商品流通G—W……P……W′—G′の一部としても、貨幣は貨幣資本としても存在しているから、下向＝捨象をしっかりやらないと、単純流通での貨幣の機能と資本流通での貨幣の機能を混同するおそれがある。この点で『批判』の「貨幣または単純な流通」の学説史部分の最後の文章を参考にすべきである。

「総じてこれらの著述家たちは、まずもって、単純な商品流通の内部で展開されるような、そして、過程を経る諸商品それ自体の関連から生じてくるような抽象的な姿で、貨幣を考察することをしない。だから彼らは、貨幣が商品との対立のなかでうけとる抽象的な諸形態規定性と、資本や収入などのような、もっと具体的な諸関係をうちに隠している諸規定性とのあいだを、たえずあちこちと動揺するのである。」（批一六〇）

この第一節ではW—G—Wの第一段階W—Gが研究対象である。商品価値に価格を付与する過程が分析される。『資本論』初版付録や第二版では価値形態論ですでに「価格形態」にふれているので、価値尺度論は価格形態の再説のように思われるが、初版本文では「価格」の登場は価値尺度論ではじめてであり、理論的にもそれが正しい。価値形態論では初版本文独自の「形態Ⅳ」があるように一般的等価物の可能性にふれることができても、「逆の連関」論理で形態Ⅲと形態Ⅳを導くかぎり、その並立を否定できず、理論的には貨幣形態や価格形態に至らないものである。さらに交換過程を経ないと、一般的等価物が最終的に金に骨化して、商品世界が商品と貨幣とへ二重化することが論証できない。しかも、貨幣を析出した交換過程はW―Wの商品交換をW―GとG―Wに分裂させただけで、W―G―Wの運動を開始したわけではない。価格が決まっていないからだ。だから第一節では商品価値に価格を与える貨幣の「価値尺度」機能が分析されて、第二節でW―WがW―G―Wに転化した場合の流通手段機能が続いていくことになる。そして第三節ではW―G―Wに根拠を置きながら、それを超出する貨幣としての貨幣が考察される。

2段落――宇野の「価値尺度＝価値と価格の量的不一致解消機能」説と久留間の批判

『資本論』は、貨幣の第一の機能を、価値に価格としての表示を与える機能としている。これがないと、商品交換は商品流通に発展できないからだ。

これに対し、宇野弘蔵は、価格表示機能は価値形態論の貨幣形態に解消されるもので、それでは金自身の「積極的機能」を解明したものではない。価値尺度貨幣は、当初は当事者間の主観的評価にすぎない価格付けを、繰り返しの売買によって、「結局は生産過程自身によって」、価値に一致するように修正していく機能だとする。『資本論』がこれを指摘しなかったのは、貨幣論の前に内在的価値尺度として労働時間を直ちに前提してしまったために、金を外在的価値尺度にせざるを得なかったからだと批判した。↓［宇野4］

久留間鮫造は、右の宇野説に対して、宇野理論では、商品や貨幣を価値実体抜きに流通形態として把握するのが眼目であるが、価値の実体規定をしないから価値の大きさの規定ができないはずで、それなのに、価値と価格の不一致解消を云々するのはおかしい、と批判した。また、貨幣を「流通形態」で把握する宇野が、「生産過程」に言及せざるを得ないこと自体、その方法論が破たんしていることを示すものとした（↓［久留間3］）。的確な批判である。宇野の「生産過程」への言及は、宇野学派内部からも、宇野の原論の方法に反するとして批判がでた。

以上に対し、宇野は、繰り返しの売買では「基準がでてくるような形態のことをいっているので、基準を決定する生産過程のことをいっているのではない」［宇野・筑摩 *279*］として「生産過程による訂正」論点を後退させた。

山内は、価値尺度論は価値とは量的に一致しない生産価格の成立まで妥当するのであり、そこでは価値と価格の不一致はむしろ温存されて価値が生産価格に転化することから、価値体系の価格と生産価格体系の価格とを同次元で比較できるとした点に価値尺度貨幣の意義を認めている。↓［山内4 *237*］

③段落──価値尺度論は価値形態論の「裏返し」とする三宅義夫

初版本文では、価値形態論に「価格形態」はなく、価値尺度論で「価格」が最初に本格的に登場する。しかし、初版付録を継いだ第二版改訂では、価値形態論ですでに価格形態が論じられているので、価値尺度論でもう一度価格形態を議論する意味が問われることになる。

三宅義夫は、価値尺度論は「価値形態論のいわば裏返しとも見うるもの」と理解する。その「裏返し」の意味としては、貨幣形態では、諸商品は金でその価値を表現するが、価値尺度論では「貨幣の方を主格として、金が諸商品に価値表現の材料を提供する」というように主客の逆転ととらえている。↓［三宅1 *16*］。しかし、三宅のこの理解は不十分である。

価値形態論の価格形態は、貨幣形態の派生形態として言及されているにすぎない。そこでは「価格」の定義も行われない。それに反し、価値尺度論では、金はすでに貨幣であり、その分量が「価格」として商品の価値を現実に表示していく。「価格とは諸商品の交換価値［価値のこと──山内］が流通過程の内部で現象する転化形態である」（批五一）。価格は価値の転化形態として、現象的には金の分量の機能であることによって、逆に価値が労働の対象化であることを隠蔽する。第一章の価値形態論や物神性論では、価格形態は価値の必然的な形態であり、同時に労働↓価値↓価格の形態転化に伴う物神的な形態であることを暴露した。ここ価値尺度論では逆である。価値に代わって価格が商品に対象化された労働量を表示するものとして機能することによって、価格と価値の関係、価格と労働との関係を隠蔽していく過程であることが跡づけられる。価格のもつ物的隠蔽性の解明が価値尺度論独自の課題であり、三宅「裏返し」説はこの点にふれるべきである。

4段落――価値尺度貨幣の観念性から生ずる「観念的度量単位」説

すでに、交換過程論で、貨幣の物神性に幻惑されて貨幣価値想像説と貨幣単なる表象説が発生することが指摘されている↓詳注一七九、KＩ一〇五。価値尺度論では、貨幣生成・本質論を前提にした上で、貨幣の具体的諸機能が分析されるが、ここでは、価格表示での貨幣の観念的存在と価格決定における貨幣材料の実在性の混同が「まったくばかげた理論を生み出した」点が指摘される。その具体例として、マルクスは『批判』でスチュワートらの「観念的度量単位説」をあげている。

「諸商品は価格としては、ただ観念的に金に、したがって金はただ観念的に貨幣に転化しているという事情は、貨幣の観念的度量単位説を生む動機となった。価格規定にあっては、ただ表象された金か銀かが機能するだけであり、金と銀はただ計算貨幣として機能するだけだから、ポンド、シリング、ペンス、ターレル、フラン等々の名称は金または銀の重量部分、または何らかのしかたで対象化された労働を表現するものではなく、むしろ観念的な価値諸原子を表現するものである、と主張された。それで、たとえば一オンスの銀の価値が増加したとすれば、一オンスの銀はより多くのこういう原子を含むことになり、したがってより多くのシリングに計算され、鋳造されなければならない、というのである。」(五九―六〇)

観念的度量単位説のばかばかしさは、貨幣を商品として見ない点に、すなわち貨幣価値が「何らかのしかたで対象化された労働を表現する」(同上)ことを見逃す点に生じる。

5段落――過大評価された金属だけが価値尺度として役立つ

初版はこの段落の叙述がない。初版は『批判』で詳しく述べたことは、それを指示して「粗略に扱った」からである。だから第二版で叙述を整備した際、その叙述を「第二版への注」に採用した。

最後にある「価値尺度の二重化はその機能に矛盾する」という命題は、仏語版もほぼ同一であるが、英語版では「価値の二重の度量標準 standard はその度量標準の機能に矛盾する」とある。「価値尺度 Wertmass」は英語版では the measure of value であり、ここであえて「標準 standard」と訳した理由がよくわからない。なぜなら、後の「注五五（第二版への注）」で見るように、「イギリスの著述では、価値の尺度 Mass der Wert（measure of value）と価格の度量標準 Massstab der Preise（standard of value）とについての混乱が、何とも言えないほどひどい」とわざわざあるからだ。

ここでいう「過大評価された金属だけが価値尺度として役立つ」は歴史的教訓である。その一つは、いわゆる「悪貨が良貨を駆逐する」である。金銀の複本位制の他に、貨幣改鋳により、金の量目の違う同一名称の金貨が同時に流通した場合、金の量目の多い金貨は退蔵され、悪鋳により過大評価された金貨だけが流通する。

6段落――Masseinheit の訳語は尺度単位か度量単位か

注③にあるように、Masseinheit は邦訳では、「度量単位」とも「尺度単位」とも訳されてきた。いままで Wertmass を「価値尺度」と訳してきた経過から、一語一訳では、「尺度単位」の訳が一貫するが、ここでは次の理由で「度量単位」と訳すことにする。

価値を尺度するということは、対象化された社会的必要労働時間である価値量を金の使用価値量で表示すること、しかも現物の金量でなくて想像上の金量でもって表示することである。その意味では、「価値尺度」とは経済学の概念であり、価格度量標準とちがい現実にそういう尺度があるわけではない。価値尺度の場合は、たとえば一労働時間はyグラムの金にあたるなどの「尺度単位」を現象的に示せないのである。これに対し、商品社会の価格比較では、いろいろな金量、たとえば金の重量を、ある金重量を単位にして、その何倍あるいは何分の一かを表示することは、その金量が現実のものであっても想像上のものであっても、技術的に必要なことである。その意味で特定の金量が「度量単位」になり、それを基にして度量単位の体系、すなわち「度量標準」が発達する。この両者の違いをはっきりさせるために、本書はあえて一語一訳にこだわらなかった。なお、訳語の問題では→［三宅1 45 以下］。

7段落――マルクスのベーリー評価の変遷

マルクス以前の古典派経済学は、諸物で商品の価値を尺度する際、「不変の価値尺度」にふさわしいものを追求してきた。それに一応の終止符を打ったのはベーリーであるが、実は「不変の価値尺度」論は、古典派とベーリーの両者の論争を遙かに越える価値論上の重大な問題―価値と価値形態との関係―を抱えていた。マルクスのベーリー評価の変遷にそれが現れている。

『批判』五五では、マルクスはベーリーを、本文＊印にあるような規定を最初に行ったとして、ベーリーの「ある物が価値の尺度としてすぐれているかどうかは、それ自身の価値が可変であるかということとは、まったく無関係である」（『貨幣とその価値変動』、一八三七年）を引用している。

ところが、『剰余価値学説史』では、「ベーリーは、『不変の価値尺度』を、価値の内在的尺度の追求すなわち価値そのものの概念と同一視している。この二つの事柄がごったまぜにされるかぎりでは、『不変の価値尺度』を追求することは理性の本能でさえもある。可変であることこそが、まさに価値の特徴なのである」（MwⅢ一五四）とベーリー評価を変えている。ベーリーの「不変の価値尺度」否定論は、彼の価値否定論、内在的価値尺度否定論につながっているからである。

『資本論』ではじめて価値形態論を整備したので、ベーリー評価はさらに下がる。第一章の原注一七では、ベーリーは「価値形態と価値とを混同」し、価値形態の考察でも「実際的のブルジョアの粗雑さの影響のもとで、はじめからただ量的規定性だけに着目している」との評価である。↓詳注五〇、KⅠ六四。

以上により、『資本論』では、『批判』のベーリーを評価した注を再掲しなかったのであろう。

8段落――度量単位である金分量の価値変動

前段落で、金の価格の度量標準機能では金の分量間の「固定性」が必須であることが指摘された。しかし、そのことは、金のある分量の価値が固定しているというのではない。金の度量単位や度量標準が固定しているということと、その分量の金の価値が変動することとは無関係に両立しうる。だから、金の価値がどんなに変動しても価格度量標準機能を妨げない。このことを混同すると、観念的度量単位説のスチュワートのように、「度量単位として役立つ一定分量の金は、尺度として他の金分量に関係しているのではなく、価値そのものに関係していると信じる」（批六三）ことになる。

9段落――金価値の変化は物価上昇と関係ないとするヴァルガ

マルクスはこの段で「金の価値変動はすべての商品にたいして同時に起きるから」、金の価値低下は「すべて」の商品の「より高い金価格」、すなわち一般商品の物価騰貴として表現されるとしている。これに対し、「ヴァルガ」は、一九一二年、金の価値は限界原理で決まるし、発券銀行が金を従来の価格で無限に買い入れるから、「金生産における変化は物価騰貴に何らの影響をも及ぼし得ない」として貨幣価値論争を巻き起こした。

⑩段落――金の価値変動の原因（承前）

マルクスが金の価値を一般商品と同じく「社会的必要労働時間」＝同じものの再生産に必要な社会的労働時間で規定していることは明らかである（過去の金ストックにも無条件で適用される特殊性はあるが）。したがって、金の価値変動は産金業の「現実的労働の生産力の変動」（批五一）に限られる。これに対し［ヴァルガ］は、限界産金地での生産力の上昇があって価値が下がる場合でも、発券銀行が従来の価格で金を買い入れてくれれば、より劣等の限界産金地が開発され金の価値低下がとまるだけで、金の価値は不変であるとした。しかしヴァルガの議論は、金の買入価格の不変性を頭から前提にしたもので一般的ではない。

⑪段落――一般商品と金との価値変動の組み合わせ

注②でも指摘したように、一般商品と金との価値変動の組み合わせに関し、『批判』は一般商品か金のどちらかを価値不変として固定した単純な想定になっており、したがって、一般商品と金が同じ方向で、しかし違った程度で生産性が変動する場合（詳注六六、ＫⅠ六九の「Ⅳ」の場合）にふれることができなかった。この点、第二版は大きく前進している。しかし、実際にはもっと複雑である。この「商品と貨幣」篇ではふれることはできないが、一般商品もその生産に際し、いわゆるｃとｖの有機的構成の比率が違い、一般商品は大きく高度構成商品（Ａ）、社会的平均構成商品（Ｂ）、低位構成商品（Ｃ）に分けられる。金を社会的平均構成商品とした場合、社会的生産力の上昇は金を含めたすべての商品に及ぶのであり、生産性の上昇が、Ａで四倍、Ｂで二倍、Ｃで一倍、金で二倍という場合があり得る。結果として、価格表現としては以前に比して、Ａで二分の一、Ｂは不変、Ｃは二倍となる。価値どおりの販売であっても、生産性の不均等な変動により価値と価格双方の必ずしも一致しない変動を背後に含むことになる。詳しくは［山内４ *106*］。

12段落――価格度量標準機能に関する飯田繁説と今宮説

価格度量標準機能に関しては、次のような見解の相違がある。

［飯田1］は、貨幣の価格度量標準機能とは、価値尺度貨幣の観念的存在でも果たしうる論理的性格を前提にした「法律的・技術的規定」であるとした。すなわち、価値尺度の観念的金量に各国固有の法定貨幣名、価格名、計算名を与えることに「つきる」とした。

これに対し、［今宮謙二］は、価格度量標準には二つの過程が、すなわち第一の価値尺度の現象形態になる過程と第二の金量への法定貨幣名、計算名付与の過程があり、第二の過程だけを重視した飯田説は「歪曲」であると批判した。

価値尺度貨幣は一応完全量目の金を想定して、その重量が表象的・観念的な金量であっても機能できる。価値尺度が価格度量標準機能に転化しても、この段落までのマルクスの叙述は完全量目の金量を想定したものである。しかし、ここからは、本来の金の重量名がまったく名目的になった貨幣名、あるいは金の含有量が少量でも法定で認められる貨幣名が問題になっている。その意味で、価格度量標準を二つの過程に分ける今宮説は首肯できる。しかし、すでに3段落で述べたように、価値尺度論とは、金が価値尺度の諸機能を果たすことにより、せっかく解明した労働↓価値↓価格の物神性を逆に補強、隠蔽する過程を取り扱ったものであり、それは国家が貨幣価値を決定できるかのような貨幣価値法定説で頂点に達する。価格度量標準のもつ無概念性・物神性は、価値尺度貨幣のもつ金量の観念性から発展したとどのつまりである。その意味で飯田説は「歪曲」というほどのことではない。飯田説と今宮説は大きな差はないといえる。

13段落――貨幣度量標準とは

価値尺度貨幣の物神性あるいは隠蔽性は、価格度量標準から進んで「貨幣度量標準」が確立されると、さらにはなはだしくなる。今や、たとえばポンド―シリング―ペンスという英貨幣度量標準は、下位標準のシリングやペンスが「法定」で一ポンド＝二〇シリングになったり、＝一〇シリングにしたりすることが可能になるから、金属重量名の痕跡まで失い「法的」関係だけになる。それでも貨幣ポンドが金属重量オンスの約四分の一の関係をかろうじて保っているかぎりでは、「一定の金属重量が金属貨幣の度量標準である」ことは確保される。金属重量は生産に必要な労働量との関係をわずかにつないでいるが、しかし、これも「金の鋳造価格」が法定で決められると切断されることになる。→本節15段落

14段落――三宅の計算貨幣論

三宅義夫は計算貨幣を次のようにいう。「計算貨幣というのは、貨幣が価値尺度として機能し、さらに価格の度量標準として機能するという二つの機能にもとづくものである。この二つの機能が結びついて計算貨幣という機能が形成されるのであって、この二つの機能にたいして第三の機能として計算貨幣という機能があるわけではない。」［三宅2 *132*］

しかし、商品を貨幣名で価格計算することは当たり前のことにすぎない。国富や予算などの非商品でも価格による計算があること、また『批判』五八の例にあるように、辺境地帯や植民地での物々交換でイギリスの貨幣がただ計算のためにだけ使われている例で判断すると、計算貨幣とは、商品の他に非商品まで含めた価格度量標準の派生的・包括的な機能とすべきであろう。

15 段落――高須賀鋳造価格論

高須賀義博は、鋳造価格の経済学的な意味を考察する。金貨流通下で金の鋳造価格が成立すれば、「金に関しては実現の必要がないという意味で過剰生産はない」、あるいは、鋳造価格が一定で金生産コストは一般商品の利潤率で他律的に決まるから、「金生産の利潤率と一般商品の利潤率は逆相関の関係にある。両者がほぼ同一の利潤率を実現するといえるのは、産業循環の一周期を通してである」［高須賀1 *97-98*］とした。しかし、後者の論点には、金生産のコストは金鉱山の富鉱から貧鉱への限界生産力低下という部門内のコスト上昇要因もあるから、一義的に「金生産の利潤率と一般商品の利潤率は逆相関の関係」とはいえない。

16 段落――田中菊次による三種の価格規定論批判

田中菊次は、本文の叙述を批判し、マルクスの価格規定では、「統一的、体系的な解明は、なんら示されていない」（［田中 *80*］）とした。田中によれば、マルクスの価格規定には三種類あり、⑴価値形態としての価格、⑵商品の価値量の指標としての価格、⑶商品と貨幣との交換関係の指標としての価格、があり、この段の冒頭にある「価格は商品に対象化されている労働の貨幣名」は⑴に含められる。その上で、⑴と⑵はその価格は価値量からの量的背離だけで「質的背離をもともと内蔵していない」が、⑶の価格は「商品価値からの量的ならびに質的背離を含みうる」もので、二つの価格規定には「内容上の断層」があるとした。

田中説は当初の三種類の規定が、展開のなかで⑴と⑵が価値形態的価格、⑶が交換過程的価格としてくくられ、事実上二種類になる。実は、これは貨幣形成論に関わる大問題から由来している。拙書『価値形態と生産価格』でみたように、マルクスの貨幣形成論では、価値形態論で「いかにして商品は貨幣であるか」が、物神性論で「なぜ労働生産物は貨幣形態を受け取るか」が、交換過程論で「何によって全面的持ち手交換の矛盾は乗り越えられるのか」が、論じられている。貨幣形成論が三論で行われるから、価格の三つの規定が存在するのである。すなわち、価値形態論的貨幣形成論からは、(1)の「商品に対象化されている労働の貨幣名」としての価格が、つまり価値の貨幣名としての価格、価値どおりの価格が論じられる。物神性論的貨幣形成論からは、社会的労働配分のもと私的労働の社会的性格の獲得如何では冒頭価値規定への補足修正を含む価格、すなわち(2)の「商品の価値量の指標としての価格」の規定が導かれる。ここでの価格は実は生産価格まで展望したもので、そこでの生産価格は必ずしも価値と量的に一致しないが、価値によって規制されている。交換過程論的貨幣形成論からは、(3)の「商品と貨幣の交換割合の指標」としての価格、いわゆる市場価格が発生する。このうち、価値どおりの交換から論理展開できる諸範疇を取り扱う「資本一般」段階、特にまだ資本も登場しない「商品と貨幣」篇では、冒頭価値規定を生産価格として修正した価格は、その可能性にふれておくだけでよい。価値形態論ですでに価値どおりの交換を前提にしてもそれは「価値と価格の量的偏差」の可能性を含むものであることが証明されているからだ。↓［山内4 *110*］。そこで、(1)と(2)の価格規定を一緒にして「商品の価値量の指標としての価格」としたものである。(3)の交換過程論的価格は、「必然的にその商品の価値量の指標だということにはならない」もので、(2)とはまったく別の、商品所有者の主観にも左右される価格であり、市場価格といってよいものである。マルクスの三種の価格規定が、この段落で二種に絞り込まれているのは、以上の理由からである。

⑰段落——田中菊次の質的背離説批判

前段落で述べたように、田中菊次はマルクスの価格規定を二種類に分けたが、ここの「質的矛盾」（田中では「質的背離」）の有無が論拠であった。すなわち、価格の価値からの質的背離を「内蔵していない」場合は価値形態論的価格であり、「含みうる」場合は交換過程論的価格としたのである。たしかに、商品経済の社会では、良心や名誉が売買され、価値をもつことなく価格をもつことがあるが、商品経済の理論では、例外的、派生的な事例として無視してよい「質的矛盾」である。「質的矛盾」はいわば言葉のあやである。また、未開墾地などが「想像的な価格形態」をもつが、それは生産価格が成立し、資本主義での地代が説明されれば価値論の応用として解決できる。価値ー価格論の体系に関わるような「質的矛盾」ではない。田中の「質的矛盾」論は些末的なことを不当に強調した議論である。しかしそのその深淵は田中の交換過程論にある。田中は、『資本論』の交換過程論では価値形態論とは区別した独自の内容がないと批判して、「物と物、所有物と所有物との交換関係にも共通する一般的な関係」（[田中 *101*]）の議論に再編すべきであるとしていた。しかしこれは、商品から展開する「資本一般」の論理を逸脱する点で間違った議論である。

18段落——観念的貨幣の現実の貨幣姿態への移行

今まで見てきたように、商品の価格形態の進行は、価格の価値からの量的背離を含み、非商品への価格付けがあるなど、「観念的な価値姿態」という表象を補強するものであった。しかし、価格表示は、「現実の流通のための、いわば理論的な準備過程である」（批四九）。すなわち、商品流通W—G—Wという現実の過程の一部W—Gに関する議論である。貨幣はW—G—W遂行のために観念的存在から現実の存在に戻らなければならない。この当然のことがここで確認される。「商品がその所持者のために一般的等価物の役を果たそうとする」なら、商品は「表象されただけの金から現実の金へ転化」しなければならない。まさにヘーゲルがいうごとく、「堅い外面（＝現物金）を克服して」「内面を啓示」しても最終的には「自分自身と合致する」ようなものである。

19段落――流通手段への移行に関する平田清明説

［平田清明 *156*］は、価値尺度論には、価格の度量標準と価値尺度の「二つの機能的定在が同時存在」し、「その両者の相克もまた、この貨幣の本源的実在性によって媒介されている」として、価値尺度貨幣から流通手段貨幣へ移行させる。価値尺度の二つの機能が「相克」し、それにとどまり得ないから流通手段に移行するというのである。しかし、この段落にあるように、移行は「価格形態は、貨幣とひきかえにした商品の譲渡可能性とこの譲渡の必然性を含んでいる」から説明されるべきである。交換過程はW―Wの交換をW―GとG―Wに分裂させたが、交換過程では商品に「価格形態」を付与できないのでW―G―Wを導けない。貨幣の価値尺度機能ではじめて価格が決まったので、W―GとG―Wは統一されてW―G―Wの運動ができるようになる。しかし、価値尺度は「観念」＝表象でも機能できるが、観念的な貨幣ではW―G―Wの運動をすることができないので、「堅い貨幣」が必要となり、価値尺度貨幣はもう一度現実の金量での貨幣の性格を回復して流通手段に転化するのである。

第二節　流通手段

a　商品の変態[1]

[1]交換過程の矛盾——商品の運動の形態を作り出す

すでに見たように、[2]諸商品の交換過程は、矛盾した互いに排除しあう諸連関[3]を含んでいる。商品の発展[4]はこれらの矛盾を止揚しはしないが、これらの矛盾が(119)それによって運動できるような形態を作り出す。これは総じて現実[5]の矛盾が解決される方法である。たとえば、一物体がたえず他の物体に落下しながら、また同様にたえず飛び去るということは、一つの矛盾である。楕円は、この矛盾が実現されるとともに解決される諸運動形態の一つである。

① Metamorphose 姿態変換。
② 以下の仏語版。「商品の交換は、相互に排除しあう矛盾した条件を満たすことによってしか、実現することができない。」
③ 交換過程は一面においては使用価値としての実現の過程であり、それは価値としての実現を条件にし、他面では価値としての実現の過程であり、それは使用価値として実証することを条件にする、ところの相互前提関係の「悪循環」（批三〇）である。→詳注一六三、ＫＩ一〇〇。
④ 商品交換の発展は、の意。「商品が発展した交換価値であるのは、商品の世界と、それとともに実際に発達して分業が前提される場合だけであるが」（批）。「交換の発展は、商品を使用価値と交換価値という二面をもつ物として出現させるが」（仏）。
⑤ wirkliche 現実にある。「reelle,real」（仏、英）。

②交換過程——内容的には労働の変換、形態的には商品の形態変換

交換過程が諸商品を、それらが非使用価値であるところの手から、それらが使用価値であるところの手に移すかぎりでは、この過程は社会的素材変換[①]である。ある有用な労働様式[②]の生産物が、他の有用な労働様式の生産物と入れ替わるのである。ひとたび、商品が使用価値として役立つ場所に達すれば、それは商品交換の部面から消費の部面に落ちる。ここでわれわれが関心を持つのは前者だけである。そこで、われわれは全過程を形態の面から、すなわち社会的な素材変換を媒介する諸商品の[③]形態変換または変態だけを、考察しなければならない。

① gesellschaftlicher Stoffwechsel 社会的物質代謝、社会的質料変換。「社会的物質流通 a social circulation of matter」（英）。少し後に「社会的労働の素材変換」（KⅠ一二〇）とあるのと同じ。商品交換の内実は社会的労働の交換。
② 「有用労働」（仏）。次も同様。
③ 仏語版はここに「一連の」を補足。

③形態変換の理解困難——一商品の変態が商品と金との交換で現象

[①]この形態変換[②]の理解がまったく不十分だということは、価値概念そのものについての不明瞭さを度外視すれば、ある一つの商品の形態変換は、つねに二つの商品の、普通の一商品と貨幣商品との交換において行われるという事情のせ

① この段の仏語版はまったく独自。「運動のこの形態学的側面は、一商品のどんな形態変化も二商品の交換によって実現されるために、少し理解が難しい。たとえば、一商品は使用形態を脱いで貨幣形態をとる。どのようにしてこのことが起こるのか。金とのその交換によってである。二商品の単純な交換は、手で触れることのできる事実であるが、これをもっとこまかに観察する

いである。人は、商品と金との交換というこの素材的な契機だけに固執するならば、まさに見るべきもの、すなわち形態について起きることを見落とすことになる。金は単なる商品としては貨幣ではないこと③、そして他の諸商品は、それらの価格において、それら自身の貨幣姿態としての金に自分自身を連関させる④のだということ⑤を、見落とすのである。

4 商品と貨幣との交換——商品の内的対立の外化

商品はさしあたり金めっきもされず、砂糖もかけられないで①、ありのままの姿で、交換過程にはいる。交換過程は、商品と貨幣への商品の二重化、すなわち商品がその使用価値と価値との内的な対立をそこに表示するところの外的な対立を生み出す。この対立では、使用価値としての諸商品が交換価値としての貨幣に相対する。他方、対立のどちらの側も商品であり、使用価値と価値との統一である。しかし、差別のこの統一は、両極のそれぞれに逆に表示されていて、そのことによってその相互連関を表示している。商品は実在的には使用価値であり、その価値存在②は価格においてただ観念的にだけ現象している③。そ

必要がある。」
② 初版はこの「形態変換」を拡張し、「形態変換、貨幣の諸機能、貨幣がそのさまざまな諸機能からくみ出すさまざまな形態規定性」とある。
③ 二商品の交換過程W—G（金）での金は商品にすぎず、まだ貨幣ではない。商品世界から金が貨幣として排他的に生成してはじめてW—Gの金は貨幣になる。
④ 価値尺度論で、商品は「価格において観念的な価値姿態または想像された金姿態をもつ」（KⅠ一一八）とある。
⑤ 初版の付け加え「および、他方貨幣は、諸商品が総じて自らに一つの一般的相対的価値形態を与えなければならないからこそ、一般的な直接的等価形態を受け取るにすぎないということ」。

① 金めっき（貨幣に替わる）とも、砂糖漬（貨幣蓄蔵）されるともわからずに。
② Wertsein 価値であること。なお初版は「価値定在 Wertdasein」。
③ 価値存在は商品の価値関係のうちでだけ現出あるいは現象する。↓詳注五一。この場合は価格で観念的に。仏語版は以上の一文—「商品の使用上の usuelle 形態は商品の実在上の形態であるが、その交換価値は想像された金で、その価格で、観念的にしか表現されない」。
④ 価値尺度の最後[19]参照。
⑤ Goldmaterial 金という材料。「金の自然形態、すなわち金属形態」（仏）。
⑥ Wertmateriatur 価値の物質化。交換過

して、この価格が商品を、その実在の価値姿態としての対立的な金に、連関させているのである。[4]逆に、金材料[5]は、価値体化物[6]として、貨幣として、意義をもつだけである。それゆえそれは実在的には交換価値[7]である。その使用価値は、それが、その実在の使用姿態の範囲としての対立的な諸商品にみずからを連関させる一連の相対的価値表現[8]において、ただ観念的にのみ現象する。[9]商品のこのような対立的な形態が、商品の交換過程の現実の運動形態なのである。[10]

(120)

5 商品の交換過程――売りと買いの統一、買うための売り

[1]そこで、われわれは商品所持者のだれかといっしょに、たとえばわれわれの旧知のリンネル織職といっしょに、商品交換の場面に、商品市場に行ってみることにしよう。彼の商品、二〇エレのリンネルは、価格が規定されている。その価格は二ポンド・スターリングである。彼は、それを二ポンド・スターリングと交換し、次に、実直な男として、この二ポンド・スターリングをさらに同じ価格の家庭用聖書と交換する。彼にとってはただ商品であり、価値の担い手でしかないリンネルが、その価値姿態である金とひきかえに譲渡され、そし

程の一極の貨幣の自然形態は「価値体化物」、すなわち自然形態が価値を表している物、として意義を持つ。

⑦「一般的等価物、交換価値」(初)。

⑧ 諸商品と貨幣(金)との交換は、金の立場からは相対的価値形態、諸商品は特殊的等価形態。それをまとめて「一連の相対的価値表現」とした。

⑨ 仏語版は、以上の、交換過程の両極の商品と貨幣とのそれぞれの使用価値と価値の役割が逆転していることを指摘。「商品が金と交換される場合、この商品はそれと同時に、自己の使用上の形態を価値形態に変える。金が商品と交換される場合、金もまた同様に自己の価値形態を使用上の形態に変える。」(仏)

⑩ W―Gの交換過程がこのような対立的な諸形態からなっているからこそ、商品流通W―G―Wという運動が始まるのである。

① 仏語版の挿入「こういった予備的な叙述について」。

② もはや商品ではなく消費に落ちる使用価値として。

て、この姿態からさらに他の一商品、聖書とひきかえに再譲渡されるのであるが、この聖書は使用対象として②織職の家に入っていき信仰欲望を満足させることになる。こうして、商品の交換過程は、対立しつつ互いに補うあう二つの変態―商品の貨幣への転化と貨幣から商品へのその再転化とにおいて行われるのである。[六五] 商品変態の諸契機は、同時に、商品所持者の諸取引③―売り、すなわち商品の貨幣との交換、買い、すなわち貨幣の商品との交換、そして両行為の統一、すなわち買うための売り―である。

六五 「④ヘラクレイトスは言った。火が万物となり、万物がまた火となること、あたかも黄金が諸財貨となり、諸財貨がまた黄金となるごとくである、⑤と。」（F・ラサール⑥『暗中模索のヘラクレイトスの哲学』、ベルリン、一八五八年、第一巻、二二二ページ）この箇所へのラサールの注（二二四ページの注三）は、貨幣を間違って単なる価値章標だとしている。

6 商品の交換過程――W―G―Wの形態変換

いま、リンネル織職が取引の最終結果を調べて見るとすれば、彼は、リンネルの代わりに聖書を、つまり、彼の最初の商品の代わりに価値は同じだが有用

③ 「その所有者の観点からすれば、二つの行為」（仏語版の言い替え）。
④ 以下第二版原文はギリシャ語、独語訳は全集版による。
⑤ これではG―W―Gのイメージであり、むしろ仏語版訳「商品が金に変わり金が商品に変わる」の方がよい。
⑥ ドイツの社会主義者・思想家（一八二五―一八六四）。

性の違う別の一商品をもっている。同じやり方で、彼はそのほかの生活手段や生産手段①も手に入れる。彼の立場から見れば②、全過程は、③ただ彼の労働生産物と他人の労働生産物との交換、生産物交換を媒介しているだけである。

したがって、商品の交換過程は次のような形態変換において行われる。

商品―貨幣―商品

W―　G―　W

④その素材的内容から見れば、この運動はW―W、商品と商品の交換であり、その結果のうちに過程⑤そのものが消失するところの社会的労働の素材変換⑥である。

7 W―G―価値の実現は命がけの飛躍

W―G、商品の第一変態または売り。商品価値が商品体から金体へ飛び移ることは、私が別のところで特徴づけた①ように、商品の命がけの飛躍②である。それが失敗すれば、商品は打撃をこうむらない③が、商品所持者はたしかに打撃を受ける。社会的分業④は彼の労働を一面的にすると同様に彼の欲望を多面的にし

① 生活手段＝消費財、生産手段＝生産財。→詳注四、KⅠ四九。
② 商品所持者の立場では媒介する運動は消えているから。
③ 右の②のようなことがあるから、初版の補足「リンネルの貨幣生成と貨幣の商品生成、売りと買いであり」は第二版で削除。なお、仏語版はここに「究極的には」を補足。
④ 「純粋に」（仏の補足）。
⑤ 「現象」（仏）。
⑥ Stoffwechsel der gesellschaftlichen Arbeit　社会的労働の物質代謝。商品交換は生産物の形を借りた実は労働の変換。

① 『経済学批判』。→批七一。
② Salto mortale 反復宙返り。「商品の命がけの飛躍は、この単純な流通の分析で想定されているように、売りが実際に行われれば克服される。」（批七一）
③ nicht prellen 足をくじくことはない。
④ 「社会的分業は商品生産の存在条件である」（詳注二五、KⅠ五六）。

(121)

ている。それだからこそ、彼の生産物は彼にとってただ交換価値⑤としてのみ役立つのである。しかし、一般的・社会的に妥当する等価形態⑥を、彼の生産物は貨幣においてのみ受け取るのであり、しかもその貨幣は他人のポケットにある。それを引き出すためには、商品は何よりもまず貨幣所持者にとっての使用価値でなければならず、したがって、商品に支出された労働は社会的に有用な形態で支出されていなければならない。すなわち社会的分業の一環として実証されていなければならない。しかし、分業は一つの自然発生的な生産有機体であって⑦、その繊維は商品生産者たちの背後で織られたものであり、また織りつづけられていくのである⑧。その商品は、ひょっとすると、新たに生まれた欲望を満足させると思いこんでいるものであるか、またはある欲望をこれから自力で呼び起こそうとするある新しい労働様式の生産物であるかもしれない。昨日までは、まだ同じ一人の商品生産者の多くの機能のうちの一つの機能だったある特殊な労働作業は、今日はひょっとするとこの連関から切り離され、独立化されて、まさにそれゆえにその部分生産物を独立の商品として市場に送ることになるかもしれない。この分離過程のために事情はすでに熟していることもまた熟していないこともあるだろう。⑨生産物は今日はある一つの社会的欲望を満足

⑤ 「交換価値、一般的等価物」（初、仏）。
⑥ 貨幣が一般的社会的妥当な等価形態であることは↓詳注一一三、KⅠ八九。
⑦ 分業の自然発生性の指摘は、詳注一二七、KⅠ八七。
⑧ 商品生産では、社会的総労働の諸環が私的諸労働の「私事」でになわれているから、社会的分業は無政府性、無計画性、自然発生性を免れない。↓詳注一三一、KⅠ八九。
⑨ 仏語版はここで段落替え。

させる。明日はひょっとしたらその全部または一部が類似の種類の生産物によってその地位から追われるであろう。労働が、われわれの織職のそれのように、社会的分業の公認された一環だとしても、まだそれだけでは彼の二〇エレのリンネルそのものの使用価値⑩はけっして保証されてはいない。リンネルにたいする社会的欲望、それにはすべての他の社会的欲望と同じにその限度があるのであるが、それがすでに競争相手のリンネル織職たちによって満たされているならば、われわれの友人の生産物は過剰になり、よけいになり、したがって無用になる。もらった馬の口をのぞいて見るものはない⑪が、しかし彼は贈り物をするために市場を歩くのではない。だが、彼の生産物の使用価値が実証され⑫、したがって貨幣がこの商品によって引き寄せられるとしよう。ところが、今度は、どれだけの貨幣が？　という問題が起きてくる。答えは、もちろん、すでに商品の価格によって、商品の価値量の指標によって、予想されている。われわれは、商品所持者がやるかもしれない純粋に主観的な計算の間違い⑬は無視するとしよう。それは市場ですぐに客観的に訂正されるのだ。彼は自分の生産物にただ社会的に必要な平均労働時間だけを支出したはずである。だから、その商品の価格は、その商品に対象化されている社会的労働⑭の貨幣名でしかない。しか

⑩　二〇エレのリンネルに買い手があるということ。

⑪　贈り物にはケチをつけられない、の意のドイツのことわざ。馬の口中をみると馬齢がわかる。

⑫　「使用価値の実証」とは、その使用価値が他人の欲望の対象で、交換過程にはいる資格を持っている、ということ。→詳注一六五、KI一〇〇。

⑬　「いくつかの価値の偶発的な計算違い」（英）。

⑭　「同種の物品のどれもが平均して必要とする労働分量」（仏）。

(122)

し、われわれのリンネル織職の同意なしに、しかも彼の背後で、古くから保証されていたリンネル織物業の生産条件が激変したとしよう。昨日までは疑いもなく一エレのリンネルの生産に社会的に必要な労働時間だったものが、今日は、そうではなくなる⑮のであって、そのことは、貨幣所持者が、われわれの友人の何人もの競争相手の価格表からもっとも熱心に立証するところである。われわれの友人にとっては不幸なことだが、世の中にはたくさんの織職がいるのである。⑯最後に、市場にあるリンネルは、どの一片もただ社会的に必要な労働時間だけを含んでいるとしよう。それにもかかわらず、これらのリンネル片の総計は、余分に支出された労働時間を含んでいることがあり得る。もし市場の胃袋がリンネルの総量を一エレ当たり二シリングという正常価格で吸収できないならば、それは、社会の総労働時間の大きすぎる一部分がリンネル織物業の形態で支出されたということを証明している。結果は、それぞれのリンネル織職が自分の個人的生産物に社会的必要労働時間よりも多くの時間を支出したのと同じことである。ここでは、死なばもろとも、というわけである。市場にあるすべてのリンネルが一つの取引物品としか意義を持たず、どの一片もその可除部分としてしか意義を持たない。⑰そして実際に、どの個別的な⑱一エレの価値も、

⑮　たとえば彼の競争相手の大部分が新生産方法を突然採用して、旧の生産方法が「社会的標準」でなくなった場合のように。

⑯　ここから仏語版は段落替え。

⑰　仏語版は以下の一文がない。

⑱　individualle 個々別々の（向坂訳）。each（英）。長谷部訳、大月全集訳、宮川訳はこの言葉を訳出していない。

⑲　gleichartiger 同等な種類の人間労働。価値の実体である。↓「価値としては、上衣とリンネルとは同等な実体をもつ物であり、同等な種類の労働の客体的な表現である。」（詳注三〇、KⅠ五八）

⑳　Materiatur 物質化されたもの。

＊　マルクスは『資本論』のロシア語訳者であるN・F・ダニエルソンにあてた一八七八年一一月二八日付けの手紙のなかで、この最後の文章を次のように変えている。「そして、実際にどの個別的な一エレの価値も、各エレ Ellen の総量に支出された社会的労働量の一部分 eines Teils の物体化されたものでしかないのである。」これと同じ訂正は、『資本論』第一部のドイツ語第二版のマルクス自用本のなかにも見いだされるが、しかしそれは彼の手で書かれたものではない。（ヴェルケ版全集編集者注）

ただ、同種の人間労働⑲の社会的に規定された同じ量の体化物⑳でしかないのである。＊

8 社会的分業——独立な人々の関係を物的依存関係にする

このように、商品は貨幣を恋しているが、「まことの恋はけっしてなめらかに進まない①」。分業体制のうちにそのばらばらな四肢を示している②社会的生産有機体③の量的な編制は、その質的な編制と同じに、自然発生的で偶然的である。したがって、われわれの商品所持者たちは、彼らを独立の私的生産者にする同じ分業が、社会的生産過程とこの過程における彼らの諸関係④とを彼ら自身から⑤独立なものにするということを発見するのであり、人々の相互の独立性⑥が全面的な物象的な依存性⑦の体制で補われていることを発見するのである。

9 分業ではW—Gは偶然——理論では正常な形態変換を想定

分業は、労働生産物を商品に転化させ①、そうすることによって、労働生産物

① 原文英語。シェイクスピア『真夏の夜の夢』第一幕第一場。
② アメーバーが偽足を出して進むように、でたらめのように見えて方向はある。
③ 商品生産者たちの社会のこと。前に「四肢」とあるので「有機体」という体にたとえた。→詳注二六、KⅠ五七。
④ Verhältniss 比率。（量的）諸関係のこと。「比例関係」（仏）。
⑤ 「彼らの意志から」（仏）。
⑥ Unabhängigkeit 非依存性。
⑦ sachlicher Abhängigkeit 物的非独立性。ここは⑥と対になっている表現。商品生産には、独立な私的生産者の労働関係が彼らの外に存在する物の関係で現れる物神性があるから。→詳注一二三、KⅠ八六。

① ↓「社会的分業は商品生産の存在条件である。」（詳注二五、KⅠ五六）
② 労働生産物の貨幣形態が「商品世界の完成形態」→詳注一三四、KⅠ九〇。
③ Transsubstantiation。ある実体から他の

の貨幣への転化を必然的にする。[2] 分業は、同時に、この化体[3]が成功するかどうかを偶然にする。[4] とはいえ、ここでは現象を純粋に考察しなければならず、したがってその正常な進行を前提しなければならない。[5] ともかく、事態が進行して、したがって商品が[6]売れないということがないならば、商品の形態変換はつねに行われている。といっても、この形態変換では、[7]異常な場合には実体―価値量―が減らされたり加えられたりすることがあるのだが。

10 W―G――売りは同時に買いであるという二面的過程

(123) 一方の商品所持者にとっては金が彼の商品にとって代わり、他方の商品所持者にとっては商品が彼の金にとって代わる。すぐに目につく現象は、商品と金との、二〇エレのリンネルと二ポンド・スターリングとの、持ち手変換または場所変換、すなわちそれらの交換である。しかし、商品は何と交換されるのか？ それ自身の一般的な価値姿態[1]とである。そして、金は何と？ その使用価値の一つの特殊な姿態[2]とである。なぜ金はリンネルに貨幣として相対するのか？ 二ポンドというリンネルの価格またはリンネルの貨幣名が、すでにリン

実体へ転化すること。ここでは、労働生産物が貨幣になること。→KⅠ一一八

④ 前段落参照。

⑤ 「このことはもちろん、商品の市場価格が、その価値以上または以下になりうることを妨げるものではない。けれども、こういう顧慮は、単純流通には無関係であって、あとで考察されるようなまったく別の領域に属する。そこでわれわれは、価値と市場価格との関係を考察するであろう。」（批七三の注）

⑥ 「絶対に」（仏の補足）。どんなに値下げをしても、の意。

⑦ 以下は、「たとえ商品の販売価格がどうあろうと」（仏）、「実現された価格が異常に価値より高かろうと低かろうと」（英）。KⅢの生産価格論では価値と価格の偏差は価値実体量の移転で説明される。

① 貨幣を指す。貨幣は実は「それ自身の交換価値形態、すなわち一般的等価物」（仏）、「それ自身の価値がとっている形態、すなわち一般的等価物」（英）である。

② →「他のすべての商品はただ貨幣の特殊的等価物でしかない」（詳注一七八、KⅠ一〇四）。

ネルを貨幣としての金に連関させているからである。③ もとの商品形態からの離脱④は、商品の譲渡によって、すなわち、商品の価格ではただ表象されているだけの金を商品の使用価値が現実に引き寄せる瞬間に、行われる。⑤ それゆえ、商品の価格の実現、⑥ または商品のただ観念的にすぎない⑦価値形態の実現は、同時に、逆に貨幣のただ観念的にすぎない使用価値の実現⑧であり、商品の貨幣への転化は、同時に貨幣の商品への転化である。一つの過程が二面的な過程なのであって、商品所持者の極からは売りであり、貨幣所持者の反対極からは買いである。言いかえれば、売りは買いであり、W—GはG—Wである。六六

六六 「すべての売りは買いである。」（ドクトル・ケネー『商業および手工業の労働に関する対話』所収、『重農学派』デール編、第一部、パリ、一八四八年、一七〇ページ。）または、ケネーが彼の『一般準則』のなかで言っているところでは、「売ることは買いである」。

11 W—Gにおける貨幣——別のW—Gで実現された商品価格

これまでのところでは、われわれの知っている人間の経済関係は、商品所持者たちの関係以外にはない。それはただ彼らが自分の労働生産物を手放すこと

③ ↓「価格形態は、貨幣とひきかえにした商品の譲渡可能性とこの譲渡の必然性とを含んでいる。」（KI一一八）
④ Entäusserung 脱皮。
⑤ 仏語版はここで段落替え。
⑥ 価格の実現とは、売られて「実際に交換価値の働きをすること」（KI一一七）。
⑦ 「純粋に観念的な」（仏）。次の行のも同様。
⑧ 本節4段落に、貨幣の使用価値が「（金の）一連の相対的価値表現において、ただ観念的にのみ現象する」（KI一一九）とある。
⑨ フランスの医師で重農派を創始した経済学者（一六九四—一七七四）。

① 「商品と貨幣」篇では生産と流通における資本主義的形態は捨象されている。↓詳注三四、KI五九
② あとにあるように、消費に落ちるのではなく、その商品が売られてW—Gが終了し

によってのみ他人の労働生産物を自分のものにするという関係である。[①]それゆえ、ある商品所持者に他の人が貨幣所持者として相対することができるのは、ただ彼の労働生産物が生来貨幣形態をもっており、したがって金やその他の貨幣材料であるからか、または、彼自身の商品がすでに脱皮していてその元来の使用形態を捨てているからである。[②]貨幣として機能するためには、金は当然にどこかの点で商品市場に入らなければならない。この点は金の生産源にあるが、そこでは金は、直接的労働生産物[③]として、同じ価値の別の生産物と交換される。[④]しかし、[⑤]この瞬間から、金はいつでも実現された商品価格を表わしている。[⑥][六七]金の生産源での金と商品との交換を別にすれば、どの商品所持者の手にあっても、金は、彼が譲渡した商品の離脱した姿態であり、売りの、または第一の商品変態W―Gの、産物である。[六八]金が観念的な貨幣または価値尺度[⑦]になったのは、すべての商品が自分たちの価値を金で計り、こうして、金を自分たちの使用姿態[⑧]の表象された反対物、すなわち自分たちの価値姿態にしているからである。金が実在の貨幣[⑨]になるのは、諸商品が自分たちの全面的な譲渡によって、金を自分たちの現実に離脱した、または転化された使用姿態にし、したがって自分たちの現実の価値姿態[⑩]にしたからである。[⑪]その価値姿態にあっては、

商品が貨幣に変わっているということ。
③ 「労働の直接的な生産物」(仏、英)。
④ 厳密には商品流通の範囲ではなく物々交換の範囲。
⑤ 仏語版ここで段落替え。
⑥ 金は「直接的労働生産物」から「実現された(他の)商品価格」に性格を変える。
⑦ 金の価値尺度機能、すなわち価格付けの機能は観念的な金の存在で果たしうる。
⑧ 「有用な生産物という自分たちの自然形態」(仏)。
⑨ 商品流通では、商品が実際に売られて実在の貨幣＝金になることが必要。
⑩ 金という現実の、目に見える価値姿態。
⑪ 仏語版の挿入「この運動は、諸商品をすべて金に変え、そのこと自体によって、金はもはや想像的にでなく実在的に、諸商品の変態された姿態にする。」

商品は、その自然発生的な使用価値の、またそれを生み出してくれる特殊な有用労働の、あらゆる痕跡を捨て去って、無差別な人間労働の同種の社会的体化物⑫に蛹《よう》化⑬している。⑭それだから、貨幣を見ても、それに転化した商品がどんな種類のものであるかはわからない。あるものは、その貨幣形態にあっては、別のものとまったく同じに見える。だから、貨幣は糞尿であるかもしれない。⑮といっても糞尿は貨幣ではないが。今、⑯われわれのリンネル織職が自分の商品を手放して得た二枚の金貨は、一クォーターの小麦の転化された姿態であると仮定しよう。リンネルの売り、W―Gは、同時に、その買い、G―Wである。しかし、リンネルの売りとしては、この過程は一つの運動を始めるのであって、この運動はその反対の過程すなわち聖書の買いで終わる。リンネルの買いとしては、この過程は一つの運動を終えるのであって、この運動はその反対の過程、すなわち小麦の売りで始まったものである。W―G（リンネル―貨幣）、この、W―G―W（リンネル―貨幣―聖書）の第一段階は、同時にG―W（貨幣―リンネル）であり、すなわちもう一つの運動W―G―W（小麦―貨幣―リンネル）の最後の段階である。一商品の第一の変態、商品形態から貨幣へのその転化は、いつでも同時に他の一商品の第二の反対の変態、貨幣形態から商品への

⑫ gesellschaftliche Materiatur 社会的物質化。
⑬ verpuppen 蛹《さなぎ》になる。商品の変態を虫の変態にたとえると、W―Gは商品の「金蛹」化（KⅠ一二六）である。
⑭ 以上の一文の仏語版――「諸商品の使用上の形態とその本源である具体的労働との最後の痕跡が、このようにして消滅してしまったので、あとには、同じ社会的労働という一様にして無差別な標本 échantillon しか残らない。」
⑮ ローマ皇帝ヴェシパシアヌス（在位六九―七九）は、公衆便所への課税を自分の息子から非難されたとき、貨幣を示して「それは臭くない（Non olet）」と答えた。次の段落にこの言葉がでている。
⑯ 仏語版は段落替え。

その再転化である。[九九]

九七　「一商品の価格は、ただ他の一商品の価格でのみ支払われうる。」（メルシェ・ド・ラ・リヴィエール『政治社会の自然的および本質的秩序』、ディール編『重農学派』、第二部、五五四ページ）

九八　「この貨幣を手に入れるためには、すでに売っていなければならない。」（同前、五四三ページ）

九九　前にも述べたように、金銀の生産者は例外であって、彼は、自分の生産物を、あらかじめ売っているということなしに、これを交換するのである。

⑫ G—Wの貨幣——売られた商品および買われる商品を表現

G—W、商品の第二の、または最終の変態、買い。貨幣は、他のすべての商品の離脱した姿態①、またはそれらの一般的な譲渡②の産物であるから、絶対的に譲渡されうる③商品である。貨幣はすべての価格を逆の方向に読むのであり、④こうして、貨幣自身が商品になる⑤ために捧げられた材料としてのすべての商品の体⑥で、自分を反映させている⑦のである。⑧同時に、諸商品の価格、諸商品が貨幣に投げかけるこの愛のまなざしは、貨幣の転化能力の限界⑨を、すなわち貨幣自身の量を示している。商品は、貨幣になること⑩で消えてなくなるのだから、貨

①　貨幣がもとの商品形態からの「離脱」であることは↓本節⑩段落。
②　譲渡＝「商品の価格ではただ表象されているだけの金を商品の使用価値が現実に引き寄せる瞬間」（KⅠ一二三）。
③　absolut veräusserliche。「性格上絶対的に譲渡可能な」（仏）。「金の商品への転化にとっては質的制限はなにもない」（批）。貨幣をそういう「商品」としてとらえていることに注意。
④　貨幣も商品であるから、貨幣の相対的価値形態があるが、それは「物価表を逆に読めば、貨幣の価値の大きさがありとあらゆる商品で表されているのが見いだされる」（KⅠ一一〇）。
⑤　Warenwerdung 商品への生成。G—Wのこと。仏語版は「貨幣自身が使用価値になるための」とあるが疑問。
⑥　等価形態にある商品は「価値表現の材料」（KⅠ六三）である。貨幣を相対的価値形態にある商品と見れば、他のすべての商品は、その「商品の体 Warenleibern」が金の価値表現の「材料」になる。
⑦　貨幣の価値表現とは多数商品の使用価値を「鏡」にして貨幣の価値を反射させることであるから。↓「価値表現の媒介によ

幣を見ても、いかにしてそれがその所持者の手に入ったのか、または、何がそれに転化したのかは、わからない。その起源がどうあろうともそれは臭くない。⑪ それは、一方では売られた商品を代表するとすれば、他方では買われうる商品を代表するのである。⑫七七

七七「われわれの手にある貨幣が、われわれの買いたいと思うことのできるいろいろな物を表しているとすれば、それはまたわれわれがその貨幣とひきかえに売ったいろいろな物をも表している。」（メルシェ・ド・ラ・リヴィエール⑬、前掲書、五八六ページ）

13 一商品のG―W――多くのW―Gに分岐

(125) G―W、買いは、同時に、売り、W―Gである。したがって、ある商品の最後の変態は、同時に他の一商品の最初の変態である。われわれのリンネル織職にとっては、彼の商品の生涯は、彼が二ポンド・スターリングを再転化させた聖書で終わる。しかし、聖書の売り手は、リンネル織職から手に入れた二ポンド・スターリングをブランディに替える。G―W、すなわちW―G―W（リンネル―貨幣―聖書）の最終変態は、同時にW―G、すなわちW―G―W（聖

って、商品Bの自然形態は商品Aの価値形態になる。いいかえれば、商品Bの身体は商品Aの価値鏡になる」（詳注六〇、KI六七）。

⑧ 以上が貨幣の価値表現の質的規定、以下は量的規定。

⑨ 貨幣が商品と交換される限界、それは貨幣量で限界がある。

⑩ Gerdwerdung 貨幣への生成。W―G、つまり売れること。

⑪ 前段落注⑮参照。

⑫ 初版は次のような表現。「貨幣は、離脱した姿態として諸商品を代表し、絶対的に譲渡される商品姿態として、商品世界に立ち向かう。」

⑬ フランスの経済学者・重農主義者（一七二〇―一七九三）。

書―貨幣―ブランディ）の第一段階である。[①] 商品生産者はある一つの方面に偏した生産物だけを供給するので、その生産物をしばしば大量に売るのであるが、[②] 他方、彼の多方面の欲望に余儀なくされて、彼は実現された価格すなわち手に入れた貨幣額を無数の買いに分散せざるをえない。したがって、一つの売りは、いろいろな商品の多数の買いに分岐する。[③] こうして、一商品の最終変態は、他の諸商品の最初の変態の総和を形成していくのである。

① 商品変態はこのようにしてずーと展開していくことになる。
② 以上の仏語版―「社会的分業は生産者―交換者の各人を、彼がしばしば大量に売るある特殊な物品の製造に限定する。」
③ münden（川などが分岐して）流れ出る。一商品の姿態変換は、こうして多くの他商品の姿態変換を誘発する。

14 W―G―Wの総変態――売り手と買い手は固定的な役割でない

いまや、一商品、たとえばリンネルの総変態[①]を考察するならば、まず第一に目につくのは、それが互いに補いあう二つの対立する運動、W―GとG―Wから成り立つということである。商品のこの二つの対立する転形[②]は、商品所持者[③]の二つの対立する社会的過程で行われ、商品所持者の二つの対立する経済的役割[④]に反射する。売りの代理者として彼は売り手になり、買いの代理者として彼は買い手になる。しかし、商品のどちらの転形でも、商品の両形態、商品形態と貨幣形態とが同時に、しかしただ対立する両極にだけ存在するように、同じ商品

① W―G―W、すなわち「完全な変態、……二つの運動の全体」（仏）。
② Wandlung 変態。
③ 一人の（リンネル）商品所持者。
④ Charakter 性格。売り手と買い手とのこと。→第二章交換過程論「人々の経済的扮装はただ経済的諸関係の人格化でしかない」（詳注一六二、KⅠ一〇〇）。

所持者にたいして、売り手としての彼には別の買い手が、買い手としての彼には別の売り手が相対している。同じ商品が二つの逆の変態を次々に通って、商品から貨幣になり、貨幣から商品になるのと同じように、同じ商品所持者が売り手と買い手の役割を取り替える。だから、それらは、なんら固定的な役割ではなく、むしろ商品流通⑤のなかでたえず人を取り替える役割である。

⑤「商品の交換過程」（初）。

15 一商品の最も単純な総変態——四つの極と三人の登場人物が必要

一商品の総変態は、その最も単純な形態では、四つの極と三人の登場人物を内蔵している①。まず、商品にその価値—姿態②としての貨幣が相対するのであるが、この価値—姿態は、向こう側で、他人のポケットのなかで、即物的に③堅い実在性をもっている④。こうして商品所持者には一人の貨幣所持者が相対する。次に、商品が貨幣に転化するやいなや、その貨幣は商品の一時的な等価形態になり、この等価形態の使用価値または内容⑤はこちら側で他の商品体のうちに存在する。第一の商品転形⑥の終点として、貨幣は同時に第二の転形の出発点である。こうして、第一幕の売り手は第二幕では買い手になり、この第二幕では彼

① unterstellen 前提にする。
② Wert-gestalt。「商品の離脱した姿態」（初）。
③ sachlich 物象的に。物体として現実的に、の意。
④ 他人のポケットのうちに、商品は「観念的な価値尺度のうちに堅い貨幣が待ち伏せしている」（KⅠ一一八）のである。
⑤「その所持者の手中では何らの使用価値でもなかった商品［W］は、今やいつでも交換できるがゆえにいつでも使用できるという形態［Wの等価形態すなわちG］で現存する」（批七三、角カッコ山内）。
⑥ Warenwandlung 商品変態。W—Gのこと。

に第三の商品所持者が売り手として相対するのである。[七二]

七二「したがって、四つの極点と三人の契約者とがあり、そのうちの一人は二度登場する。」(ル・トローヌ⑦、前掲書、九〇八ページ)

(126)

16 W―G―Wは循環――当該のWもGも循環から最終的に消失

商品変態の二つの逆の運動段階は、一つの循環をなしている。すなわち、商品形態、商品形態の脱ぎ捨て、商品形態への復帰。①もちろん、商品そのものがここでは対立的に規定されている。商品は、その所持者にとって、出発点では非使用価値であり、終点では使用価値である。②ところが、③貨幣は、まず、商品が転化する確固とした④価値結晶として現象し、⑤後には商品の単なる等価形態として消失する。⑥

17 商品流通の定義――商品の変態循環の総過程

ある一つの商品の循環をなしている二つの変態は、同時に他の二つの商品の

⑦ フランスの重農主義者(一七二八―一七八〇)。

① 仏語版はここで段落替えをして「この循環は商品形態をもって始まり、商品形態をもって終わる」と挿入。
② W―G―Wの最後のWは消費部面に落ちて、商品流通から消失する。
③ 「同様に」(初)。仏語版は以下の文章を論点にあるように大幅に書き換えてある。
④ feste 堅い。観念的ではなく現実に貨幣がはいってくること。
⑤ 論点の仏語版によると、W―GのGは最初は他人のポケットのなかの現実の硬い貨幣。
⑥ W―Gが終わってしまえば、Gは「商品の一時的な等価形態」(前段落)。

逆の部分変態をなしている。同じ商品（リンネル）が、それ自身の変態の列を開始し、他の一商品（小麦）の総変態を閉じる。その第一の転形、売りのあいだ中に、その商品は身一つでこの二役を演じる。① これに反して、その商品自らが、生きとし生けるものの道をたどって変化していく金蛹《さなぎ》②としては、同時にある第三の商品の第一の変態を終わらせる。③ こうして、各商品の変態列が描く循環は、他の商品の循環と解きがたく絡み合っている。総過程は商品流通として表示される。④

① W―G（リンネル―貨幣）では、リンネルは自分の変態を開始することで一役、小麦の総変態（小麦―貨幣―リンネル）を閉じることでもう一役。
② 本節⑪段落の注⑬参照。
③ G―W（貨幣―聖書）は、（聖書―貨幣―ブランディ）の第一変態を終わらせる。
④ 「これらすべての循環の全体が商品流通を構成する。」（仏）

⑱商品流通は物々交換の制限を打破――しかし当事者は制御できない

商品流通は、ただ形式的にだけではなく、本質的①にも直接的生産物交換②とは違っている。ちょっと経過を振り返ってみよう。リンネル織職は無条件にリンネルを聖書と、自分の商品を他人の商品と取り替えた。しかし、この現象はただ彼にとって真実であるだけである。涼しいものより熱いものを好む聖書販売人は、聖書とひきかえにリンネルを手に入れようと考えもしなかったのは、③ リンネル織職が、小麦が自分のリンネルと交換された④こと等々を知らなかったの

① wesentliche 実質的。
② 物々交換。英語版は（バーター barter）と括弧書きで補入。
③ 聖書販売人は（聖書―貨幣―ブランディ）の商品変態をおこなう。彼は自分の聖書がリンネル（涼しいもの）を売った貨幣で買われたものだとは思いもよらず、その貨幣で熱い水（ブランディ）を買うのである。
④ 小麦―貨幣―リンネル。

と同じである。[⑤]Bの商品がAの商品に替わるのであるが、しかしAとBが互いに彼らの商品を交換するのではない。確かに、AとBとが彼らどうしの間で互いに買いあうということも起こりうるが、しかし、このような特殊な関係はけっして商品流通の一般的な諸関係によって条件付けられてはいない。商品流通では、一方では商品交換が直接的生産物交換の個人的および局地的制限を破って人間労働の素材変換[⑥]を発展させているのが見られる。他方では、当事者たちによっては制御されえない社会的な自然関係[⑦]の一つの全体圏が発展してくる。織職がリンネルを売ることができるのは、農民が小麦をすでに売っているからこそであり、短慮者[⑧]が聖書を売ることができるのは、織職がリンネルをすでに売っているからであり、蒸留酒屋が熱い水[⑨]を売ることができるのは、別の人が永遠の命の水[⑩]をすでに売っているからこそである。等々。

[19] 商品流通での貨幣――流通部面に留まり出没する

(127) それだから、流通過程はまた、直接的生産物交換のように使用価値の場所変換または持ち手変換によって消えてしまうようなものではない。貨幣は、最後

⑤ 仏語版はここで段落替え。
⑥ Stoffwechsel der menschlichen Arbeit 人間労働の物質代謝。人間労働の入れ替わりのこと。「社会的労働の物質代謝」(仏)。本節[2]段落に「社会的素材変換」(KI一一九)とある。
⑦ 「流通の当事者から独立し、彼らの制御から免れるような社会的関係」(仏)。これが流通の正常な進行を当事者が意識的には制御できない根拠となる。「自然」は、人間の意識から独立、の意味。
⑧ Hotspur 激しやすい人(英)。
⑨ ブランディ。
⑩ 聖書。

には一つの商品の変態列から脱落するからといって、それで消えてしまうのではない。それは、いつでも、商品によって空にされた流通場所に沈殿する。たとえば、リンネルの総変態、リンネル—貨幣—聖書では、まずリンネルが流通から脱落し、①貨幣がその場所を占め、次に聖書が流通から脱落し、貨幣がその場所を占める。商品による商品の取り替えは、同時に第三の手に貨幣商品を付着させる。②七三 流通はたえず貨幣を発汗している。③

七三 第二版への注。④ このようにこの現象は明白なのに、それにもかかわらず、経済学者たち、ことに俗流自由貿易論者⑤によって、たいていは見逃されている。

20 商品に内在する対立が商品流通で運動——恐慌の抽象的可能性

どの売りも買いであり、またその逆でもあるから、商品流通は、売りと買いとの必然的な均衡を条件づけているというドグマ①ほどばかげたものはありえない。もし、それが、現実に行われた売りの数が現実に行われた買いの数に等しい、というのであれば、それはつまらない同義反復である。しかし、そのドグマは、売り手は自分自身の買い手を市場に連れてくるのだということを証明し

① リンネルは消費に落ちる。
② リンネル—貨幣—聖書 が完了すると、最初は小麦農民のものだった貨幣は、一時的にリンネル織職のものになり、ついで第三者である聖書売り手のもとに移動する。「ある交換者の商品が他の交換者の商品にとって替わると、貨幣はいつでも第三者の手にとどまる。」(仏)
③ ausschwitzen。流通では貨幣が、発汗するように現れては消え、消えては現れる。「流通はあらゆる毛穴から貨幣を発汗する」(仏)。
④ 仏語版はこの注がない。
⑤ 「近代の自由貿易外交店員、バスティアやその仲間」あるいは「近代の自由貿易行商人たち」(KⅠ七五)。

① 『批判』はジェームズ・ミルの『経済学綱要』(一八二一年)の次の説をドグマ—教条化した学説—として取り上げる。「すべての商品にとって、買い手がないということはありえない。ある商品を売りに出す者は、いつでもそれと交換にある商品を入手しようと欲しているのである。だから彼は、売り手であるという事実そのものによって買い手なのである。したがってすべての商品の買い手と売り手とは、総括すれば、形而上学的必然性によって均衡を保たなければならない。だからもしある商品の売り手が買い手よりも多い場合には、他の商品

ようとするのである。売りと買いとは、二人の対極的に対立する人物、商品所持者と貨幣所持者との相互連関としては、一つの同一的②な行為である。それらは、同じ人の行動としては、二つの対極的に対立した行為を形成する。③それゆえ、売りと買いとの同一性は、商品が流通という錬金術のるつぼに投げ込まれたのに貨幣として出てこなければ、すなわち商品所持者によって売られず、したがって貨幣所持者によって買われないならば、その商品は無用になる、ということを含んでいる。さらに、この同一性は、もしこの過程が成功すれば、それは一つの休止点④を、長いことも短いこともある商品の生涯の一時期を、なすということを含んでいる。商品の第一の変態は同時に売りでも買いでもあるのだから、この部分過程は同時に独立的な過程である。⑤買い手は商品をもっており、売り手は貨幣を、すなわち再び市場に現れるのが早かろうと遅かろうと流通可能な形態を保持している一商品を、もっている。別の人が買わなければ、だれも売ることができない。しかし、だれも、自分が売ったからといって、すぐに買わねばならないということはない。⑥流通は生産物交換の時間的、場所的、個人的制限を破るのであるが、それは、まさに、生産物交換のうちに存する、自分の労働生産物の譲り渡しと他人の労働生産物の譲り受けとの間の直接

の買い手が売り手よりも多くなければならない。」(批七八)

② identische 同じ。

③ たとえばリンネル所持者のW—G—Wでは、彼は最初は売り手、次には買い手。

④ W—G—Wの第二段階の出発点である貨幣は、そのまま保持していても価値も使用価値も変化しない持続的存在である。だから休止点になれる。「この第二の形態での商品は、それ自身の持続的存在をもっているのだから、この結果はさしあたり一つの休止点になることができる。」(批七三)。

⑤ 「そのこと自体によって、その補足的な姿態「G—W」から分離することができる。」(仏)

⑥ 仏語版はここで段落替え。

⑦ 以上仏語版は異文—「買いが売りの必然的な補足物であることは真実であるが、両者の統一が対立物の統一であることもこれに劣らず真実である。」

⑧ 以上の一文の仏語版——「もし、商品の変態の互いに補い合っている二つの段階の分離が長引けば、もし販売と購買との分裂が強まれば、両者の内的結合は恐慌を通して自己主張する。」

⑨ 「価値」は初版、仏語版は「交換価値」。↓「使用価値が、その反対物の、価値の現象形態になる」(詳注七二、KⅠ七〇)。これは等価形態の第一特色。

⑩ ↓「私的労働がその反対物の形態すなわち直接に社会的な形態にある労働になる」(詳注八〇、KⅠ七三) これは等価形態の第三特色。

的同一性を、売りと買いとの対立に分裂させるということによってである。独立して相互に対応しあっている諸過程が一つの内的な統一をなしているということは、同様にまた、これらの過程の内的な統一が外的な諸対立において運動するということをも意味している。⑦ 互いに補いあっているために内的に独立していないものの外的な独立化が、ある点まで進めば、統一は暴力的に貫かれる——恐慌によって。⑧* 商品に内在する使用価値と価値との対立、⑨ 私的労働が同時に直接に社会的な労働として表示されなければならないという対立、⑩ 特殊な具体的労働が同時にただ抽象的一般的労働としてのみ意義をもつという対立、⑪ 物象の人化と人の物象化という対立⑫——この内在的な矛盾は、商品変態の諸対立⑬においてその発展した運動形態を受け取るのである。それゆえ、これらの形態は、恐慌の可能性を、しかしただ可能性だけを、含んでいるのである。この可能性の現実性への発展は、単純な商品流通の立場からはまだまったく存在しない諸関係の一大範囲を必要とする。[七三]

七三　『経済学批判』七四—七六ページの私のジェームズ・ミルについての記述参照。⑭ ここでは二つの点が経済学的弁護論⑮の方法の特徴をなしている。第一は、商品流通と直接的生産物交換との相違の単純な捨象による両者の同一視である。第二は、資本主

⑪ ↓「具体的労働がその反対物である抽象的人間労働の現象形態になる」（詳注八〇、KＩ七三）。これは等価形態の第二特色。

⑫ 「物象 Sache」は「物・物件」と、「人 Person」は「人格」の訳も。「諸労働生産物の価値形態は、ただ人間たち自身の特定の社会的な関係でしかないのであり、この関係が彼らにとっては諸物 Dinge の関係という幻影的な形態をとる」（初版付録七七四）。これは初版付録にだけある等価形態の第四特色である。なお、わずかの字句のちがいがあるが、詳注一二四、KＩ八六にも同趣旨の箇所がある。↓論点。

⑬ W—G—W。

⑭ ↓批七七—七九。

⑮ 『批判』七七では、恐慌を貨幣現象とし、貨幣の特権廃止で恐慌を除去できるとする考えを「経済学的弁護論」としている。

義的生産過程の生産当事者たちの諸関係を商品流通から生ずる単純な連関に解消することによって、資本主義的生産過程の諸矛盾を否定し去ろうとする試みである。しかし、商品生産と商品流通は、その範囲と重要さはいろいろだとしても、非常に違ったいろいろな生産様式に属する現象である。だから、これらの生産様式に共通な、抽象的な、商品流通の諸範疇だけを知っても、これらの生産様式の種差⑯はなにもわからないのであり、したがってそれらを評価することもできないのである。初歩の自明なことをあのように大げさに論じ立てることは、経済学以外のどの科学にもないことである。たとえば、J・S・セー⑰は、彼が商品は生産物であることを知っているからといって、おこがましくも、恐慌を論断しようとするのである。

21 貨幣の流通手段機能――商品流通の媒介者

商品流通の媒介者として、貨幣は流通手段①の機能を受け取る②。

⑯ differentia specifica 差異。他と区別した特徴。類概念とセットの論理学の用語。「人間は火を使う動物である」は正しい定義であるが、それは、人間をより大きな「動物」という類概念でくるんで、同時に他の動物と違う「火を使う」という種差を付けて定義しているからである。

⑰ 仏の経済学者、スミス経済学の大陸での紹介者（一七六八―一八三二）。「商品はただ商品によってのみ買われる」という「セーの乱暴な発見」（MwⅢ一一六）により、生産がそれ自らの需要を作るとして、一般的恐慌を否定した。

① 『批判』の流通手段の規定――「こうして貨幣は諸商品の単なる交換手段して現象するが、しかし、交換手段一般としてではなく、流通過程によって特徴づけられた交換手段、すなわち流通手段として現象する。」（批七七）

② この移行規定は初版は第二版と同じ。なお仏語版、英語版はこの段落なし。

第二節a　段落ごとの論点

[1]段落——流通手段機能は価値尺度機能から導かれていないとする鎌倉孝夫説

この段では一見すると、貨幣の流通手段機能を、直接には「交換過程」論から導いているように見える。すなわち、交換過程W—Wの持つ「矛盾」が、貨幣が登場するなかで、W—G—Wという「矛盾の運動を可能にする形態」を展開し、その貨幣は流通手段機能を果たすという。これに対し、［鎌倉 *163*］は、宇野価値尺度説の立場から、こうした方法は「貨幣の第一の、基本的機能としての価値尺度機能を何ら前提することなく、流通手段が説かれることになる」とし、さらに「価値尺度としての貨幣の機能をたんに価格表現に解消したマルクスは、商品の貨幣への転化の必然性と、その困難を指摘しながら、それが貨幣による商品の購買によって現実的に実現されることを明確にしなかった」と批判する。しかし、第一節の価値尺度論で見たように、交換過程でGが析出されても、W_1—W_2の交換は、W_1—GとG—W_2に分裂するだけで、W_1—G—W_2の運動を開始できない。Wに価値でなく価格を与える機能が価値尺度であり、その意味で、マルクスは「価値尺度機能を何ら前提にすることなく」流通手段を展開しているのでは決してない。鎌倉はマルクスは価値尺度機能を「たんに価格表現に解消した」と矮小化するが、その価格付与の過程は、価値から偏差した価格であっても、たんに商品に値札が付いている観念的な価格表示であっても機能できることを解明した点で、価値形態論の価格形態や貨幣形態とは違う独自の価格論である。したがって、流通手段機能は当然に価値尺度機能を前提にし、そこから現実の「堅い貨幣」が果たす機能として導かれているものである。

2段落――W―G―Wを「商品変態」と見ることを批判する宇野弘蔵説

〔宇野1 *51*〕は「商品の売買は貨幣に対して商品が交換せられ、また商品に対して貨幣が交換せられるという関係にあり、商品価値そのものが姿を変えて或いは商品となり、貨幣となるとは言い切れない」から、「厳密にいえば商品の変態とはいい得ない」という。W―Gは「商品の命がけの飛躍」という難題があり、価値実現できるかどうかも定かでなく、また量的にも等労働量交換であるかはどうかはいえない、からだとする。宇野の貨幣論は価値の実体規定（労働）ぬきの流通形態論であるから、「商品価値そのものが姿を変えて」とはできなかったものであろう。それ自体誤っているが、その上、ここでの課題は「商品価値」そのものの変態のことではなく、「社会的な素材変換」が商品―貨幣―商品の変態を通しておこなわれることの確認であって、宇野の批判は的はずれである。

3段落――形態変換を価値の生成・機能だとする河上肇説

この段落を解釈して〔河上 *415*〕は言う。「ここに言う商品の形態変化とは、生産物が商品として・すなわち価値として経由するところの形態変化である。すなわち吾々にとっての問題は、一定の生産物に含まれている価値が、価値として生成し価値として機能するために、如何なる形態上の変化をなすか、ということである。」河上はこの段落での「形態変化」を「価値として生成し価値として機能する」としているが、これはおかしい。この段落はまだW―G―Wを考察する前の「予備的な叙述」（仏四四）なのだから、（一般商品）―（貨幣商品）の交換段階で考察すべき問題である。このW―W（金）では、「「商品と金との交換という素材的な契機だけを固執するなら」、一般商品は交換がすめば「消費の部面に落ち」てしまうのであり、それでは「まさに見るべきもの、すなわち形態の上に起きるものを見落とす」ことになる。この「形態の上に起きるもの」の内容は次の

④段落で詳しく分析される。そこでは商品の価値と使用価値という二要因の外化が問題であり、河上の言うような「価値として生成し価値として機能する」ことが問題になっているのではない。

④段落——交換過程の矛盾から流通手段としての貨幣生成を説く武田信照説

すでにKⅠ第二章の末尾で見たように、マルクスは価値形態論、物神性論、交換過程論の三論で貨幣形成を論じ、それを「いかにして、なぜ、なにによって商品は貨幣であるか」（詳注一八四、KⅠ一〇七）と約言している。↓〔山内4第六章〕。

ところが、〔武田 *294*〕は、価値形態論では価値尺度としての貨幣が、交換過程論では流通手段としての貨幣が論じられているとして、貨幣生成論における両論の必要性を貨幣機能の面から振り分けて根拠づけている。「価値形態論においては、……価値表現の一般的材料＝価値尺度の形成が明らかにされ、交換過程論においては、……交換過程の矛盾を解決するための商品交換の一般的媒介物＝流通手段の形成が明らかにされる」。

確かに、交換過程の矛盾は貨幣の流通手段機能によって媒介され、運動形態が作り出される。しかし、この段落にもあるように、交換過程の矛盾そのものは実は商品に内在する対立から発するものである。つまり商品が価値と使用価値の二要因を持つことが商品流通の根底にある。この二要因から貨幣生成を論ずるのが、価値形態論である以上、貨幣の流通手段機能も価値形態論から根拠づけるべきで、武田説のような価値形態論↓価値尺度貨幣、交換過程論↓流通手段貨幣のような分断はおかしい。

⑤段落——なぜG—W—Gを考察しないのか

『批判』の「商品の変態」論は次のように始まる。

「よく観察してみると、流通過程は二つの異なった循環の形態を示している。商品をW、貨幣をGと名付けるならば、この二つの形態は次のように表現することができる。W―G―WとG―W―G。この節ではもっぱら第一の形態、すなわち商品流通の直接的形態を取り扱うことにしよう。」（六九）

『要綱』ではもっと直截に、「循環は二重なものとして現れる」とし、「たんなる流通として考察すれば、出発点としての点を確定するためにはどの点をつかむかは、どうでもよいはずである」（Gr一一五）といっている。流通過程には「二つの異なった循環の形態」があるのに、「商品の変態」論ではW―G―Wに絞り込んで考察したのは、G―W―GがW―G―Wに比べ、「資本としての貨幣」の流通形態として、「いっそう高度な実現あるいは「高位の形態」（Gr一六二）であるからである。『資本論』の下向＝捨象の方法でたどり着いた「商品と貨幣」篇では生産と流通の資本主義的形態は一貫して捨象しておく必要がある。それを徹底することにより、『批判』にあるG―W―Gの可能性は「商品流通」ではふれる必要がなくなったのである。

6段落――W―G―Wを「価値の変態」ととらえる三宅義夫説

［三宅1 *224*］はW―G―Wを「価値が商品形態から貨幣形態へ、ついで貨幣形態から商品形態へと、形態を変換してゆくその形態」ととらえる。しかし、マルクスはW―G―Wを「商品の変態」とはとらえても「価値の変態」とはしていない。ここでは、「素材的内容から見れば」商品の交換過程も商品の変態もW―Wであるが、二要因をもつ商品の交換過程がW―G―Wでは「二つの交換過程」（批七〇）に分けられ、交換が「形態変換」をなしていることを確認することがポイントである。交換では使用価値の面を捨象できない。商品流通を「価値」の形態変換に一面化した三宅説は、3段落の論点で指摘した河上説同様行き過ぎである。

7段落――ダニエルソンあて手紙の意味

この段は「市場の胃袋」で有名な箇所である。生産された生産物の総量が「市場の胃袋」を超え、安く売られざるを得ない場合、その生産物の価値や価格はどうなるのであろうか。脚注で見るように、最後の行の表現をマルクス自身変えている。内容上の変更があるのだろうか。

第二版（初版も同じ）の叙述は、生産に必要な労働時間による価値量の決定と価値と価格の偏差による価格の説明でまったく問題はない。たとえば、リンネル一単位に1社会的時間が必要で、リンネルの社会的総量としては800万単位、したがって生産に社会的には800万時間必要だとしよう。需要を上回る供給によりリンネル生産に1000万単位、1000万時間が、すなわち「社会の総労働時間の大きすぎる部分がリンネル織物業の形で支出された」としよう。技術的に無駄な時間を費やしたわけではないから、1000万時間は社会的労働時間である。しかし、それがすぐに社会的必要労働時間になるわけではない。すなわち、社会はリンネルには需要分相当の800万時間分しか支払わない。1000万単位のリンネルが800万労働時間分でしか売れないのだから、一単位リンネルは0.8時間分の価格がついてやっと全部売りきれることになる。この価格成立により、リンネル総量に社会的に必要な労働時間800万時間は依然として確保されている。リンネル総量の生産に支出された1000万の社会的総労蔵時間が、800万の社会的総必要労働時間分としてしかカウントされない。「結果は、それぞれのリンネル織職が自分の個人的生産物により多くの時間を支出したのと同じことである」。しかしある商品の社会的総労働時間が即社会的必要総労働時間とはいえないのは総量における場合だけで、リンネル一単位の生産に1社会的労働時間が必要であることは変わらない。したがって一単位のリンネルの価値は変わらない。価値の価格表現が変わるだけである。

ここでは「社会的労働」と「社会的必要労働」を分けて理解しなければならない。社会的労働は質的には価値の実体であるが、その労働時間は量的にそのまま価値形成としてそっくり実現されるというのではなく、そのうちの、生産に必要な、別言すれば再生産に必要な社会的労働時間だけが価値を形成するとして価格がつく。「ただ社会的に必要な労働時間だけが価値形成的として数えられる zählen」（初五）。「価値形成的として数えられる」とは価値実現して、ある価格で売れるということである。

本文でのリンネル織職は、全員標準的な生産条件で社会的労働時間を支出していると想定してよい。しかし、リンネルの総量が社会的欲望に過剰であった場合は、価値と価格が偏差することで解決が図られる。商品生産には「価値をまさに交換価値となすところの価値の形態」（詳注一四九1、KⅠ九六）があるからである。

次に、ダニエルソンあての手紙による変更を見てみよう。「どの個別的な一エレの価値も、各エレの総量に支出された社会的労働量の一部分が物体化されたもの」とあるから、まず、ある商品の1単位の「価値」が問題にされている。社会的欲望に対し過剰に支出されたある商品の社会的総労働量の一部は価値ではあってもそのとおりには価格表現されていないと読める。社会的労働総量が即社会的必要労働総量でないから、第二版と食い違いはない。そもそも商品・貨幣論もその一部である「資本一般」の考察では、価値どおりの売買を前提にしているから、社会的総量の関係である需給関係は、需給が一致しているものとして、その作用を捨象して論じるべき問題なのである。

実はこの問題は「社会的必要労働時間」論争の問題である。すでに詳注一七でふれたように、マルクスの「社会的必要労働時間」の概念に二様の意味がある。その第一は、ある使用価値一単位の価値量を規定するものとして、その使用価値の「生産に必要な」社会的労働時間を意味する。第二は、生産されるその使用価値総量の「社会的欲望充足に必要な」労働時間を意味する。それは結果として、その使用価値に割り当たる社会的総労働量を規制するから資本と労働の資本主義的に適正な社会的配分を意味する。マルクスは第一の意味の「社会的必要労働時間」が「別個の意味を含む」ことで第二の意味の「社会的必要労働時間」になるとしている。問題は価値が生産に必要な社会的労働時間で決まるという場合、この二種の社会的必要労働時間の関係をどう理解するかということである。私は、二様の意味を持つ社会的必要労働時間は、すべてを価値量規定として読むべきではなく、「生産に必要な」は価値量規定の、「社会的欲望充足に必要な」は生産価格規定の叙述であるという見解を出している。↓「山内4第一一章」

8段落――流通過程の物神性を否定する宇野派

宇野派は総じて冒頭商品論で価値実体を説かず、商品・貨幣・資本をまず流通形態としてとらえるから、労働間関係の物象的表現の解明はもともと課題にならない。それに言及する場合でも、「商品・貨幣・資本という流通形態の考察にあっては商品経済の物神性は形態的に明らかにされるにとどまる」［降旗1 *144*］のような見解である。「形態的に明らか」という場合でも、「金がその特有の使用価値ゆえに価値物となる」以外には説明されていない。しかしこれは物神性論ではない。物神性とは、労働と労働との関係であるものが物と物との関係で表現されるということである。別言すれば、労働を実体とする価値が物的な物の価格、物相互の交換比率であらわされるということである。だから、百歩譲って、宇野派のように流通形態で物神性を説かないとしても、価値と価格の関係を論ずる限り必ずどこかで物神性を説かねばならない。しかし彼らはどこでもそれをしていないのである。

9段落――「W―G―Wの正常な進行」という前提を批判する宇野弘蔵

宇野弘蔵は、その価値尺度論からしてW―G―Wの「正常な進行を前提する」方法に批判的である。「正常な進行」より売れるかどうかわからない「命がけの飛躍」の方が商品の流通形態にふさわしいという。これに対し、久留間は、交換の矛盾がW―G―Wで解決されるかが商品変態論の課題なのだから、「商品変態論の問題は商品が売れると仮定してこそ解明される」問題とする↓［久留間2 *233*］。「商品の命がけの飛躍はこの単純な流通の分析で想定されているように、販売が実際に行われれば克服される」（批七一）ものなのだから、久留間が正しい。

10段落――W―Gで商品に内在する矛盾が解決されるか

「売りは買いである」は、それだけでは原注六にもあるように昔から指摘されてきたことである。マルクスはそれを商品の二要因から説明した。一商品が使用価値と価値という二要因を持つことはそれ自体は内的な矛盾である。商品の交換過程はその矛盾が外在化し、同時に「悪循環」的矛盾に拡大する。交換過程は、商品交換に内在する矛盾によって、商品世界が一般商品と貨幣商品に分裂するしかないことを示した。しかし、矛盾はまだ解決されていない。ところが、『批判』はこのW―Gで、商品の内的な矛盾が解決されるとした。「販売W―Gでは、購買G―Wでと同じように、交換価値と使用価値との対立である二つの商品が対立している。……どちらの極も、それの反対極が実在的にそうであるところのものを観念的にあらわし、それの反対極が観念的にそうであるところのものを実在的にあらわすという、やはり二重の対立した関係によってはじめて、したがってただ商品を二面的に反対極的な対立として表示することによってはじめて、諸商品の交換過程に含まれている諸矛盾は解決されるのである。」（批七二）しかし、W―Gによっても「交換過程に含まれる諸矛盾は解決される」のではなく、運動形態が作り出されるだけであることは本節1段落で示されている。『批判』にはこの観点が明示されていなかったが、『資本論』で叙述改善が行われた。

11段落――「商品所持者たちの関係」とはどういう意味か

この段落の最初に、ここの考察では「商品所持者たちの関係」すなわち「自分の労働生産物を手放すことによってのみ他人の労働生産物を自分のものにするという関係」が設定されているのであって、これは資本＝賃労働の人間関係とは明らかに違う。しかし、資本＝賃労働関係も実は「商品所持者たちの関係」が基本である。労働者は労働力という商品所持者だからである。

　マルクスは『経済学批判序説』の「経済学の方法」で、「ヘーゲルが主体の最も簡単な法的関係としての占有をもって法哲学を始めているのは正しい」（全集⑬六三三）と言っている。ヘーゲルは『法哲学講義』で、自分の外に出たものである「物」を所持することを「抽象的な正義」＝法の最初においている。↓［ヘーゲル２ *103*］。事実上の「占有」である。ついで「所有」を説明し、「法哲学要綱」の六七項で「私の肉体的・精神的な特殊技能や活動の可能性のうち、それにもとづく個々の産物や時間的に限られたその使用は、他人に売ることができる。このような限定がつけば、それは私の全体性や一般性の外に出たものとなるのだから、労働によって具体化された時間の全体や産物の全体を売るのは、私の魂を、私の活動一般と現実一般とを、私の人格性を、他人に所有されることである。」［ヘーゲル２ *154*］と説明している。「占有」した上で「私の全体性や一般性の外に出たもの」という「限定」がついたものは「物」として、それを売る、つまり「所有物」を処分することが可能になる。だから「所有」の前に「占有」を展開しておくことが必要なのである。『資本論』でいう「外的対象」あるいは「物」としての商品の規定（ＫⅠ四九）、人間自身を「自己意識ある物」（ＫⅠ二一七）としてとらえ、「一定の時間を限ってのみ労働力を売る」（ＫⅠ一八二）から労働力という商品所持者が出てくるという観点はヘーゲルに影響されたものといってよい。それだけではない。ヘーゲルの法哲学の解釈は、『資本論』の方法として生かされている。『資本論』は、資本主義的商品生産様式の解明が目的であるが、資本関係を捨象した単純な生産と流通を前提にし、契機として組み込んでいる。だから「資本一般」の表題の下にまず「単純な流通」を論じておくことは叙述の節約のうえからも必要なことなのである。「細かい点はすべて避けておいて、それを取り入れなければならない場合には、それが基礎的案性格を失うときにはじめて取り入れる、ということが必要である。」（『要綱』六七五）

12段落——『批判』にある「休止点」としての貨幣

『批判』は、G—W（第二の形態）における貨幣の第一の特徴として、「この第二の形態での商品〔Gのこと〕は、それ自身の持続的存在を持っているのだから、この結果はさしあたり一つの休止点となることもできる」（批七三）という規定から始まっている。この観点は『資本論』では、本節本項の最後の方の20段落の「W—GとG—Wの分離による恐慌の可能性」の箇所に移された。労働生産物と金とを物々交換する交換過程のW—W（G）でGは交換の目的である使用価値金であるから、そこで「休止」するが、商品の流通過程W—G—WでのGはそれ自体の所有が目的ではないから「休止」は考えなくともよい。そのため『批判』にあったG—WにおけるGの第一規定である「休止」は『資本論』では削除されたものであろう。

13段落——社会的分業と商品流通

仏語版にあるように、社会的分業が「一つの売り」を「多数の買い」に分岐させる。すでに第一章第二節で「社会的分業は商品生産の存在条件である」（KⅠ五六）とあり、この流通手段論でも8、9段落で社会的分業と商品流通の関係がいわれている。その意味で社会的分業は、一商品のG—Wを多数の他商品のW—Gに必然的にむすびつけ、W—G—Wの連鎖の総体を作ることで、商品生産のみならず商品流通の存在条件でもある。

14段落——河上肇の「W—G—W＝無階級関係」説

河上肇は、W—G—Wでは、売り手も買い手もその経済的役割が固定されることがないから、「そこには階級関係が形成されるに至らざることを意味する」が、これに対し「資本家と労働者というが如き経済的扮装は、まったく一定の人に固定するものであり、したがって階級関係の基礎になる」［河上433］という。そしてその根拠として、次の『批判』の箇所を引用する。「買い手と売り手との対立には、ブルジョア的生産の敵対的性質がきわめて表面的かつ形式的に表現されているだけであって、この対立は、ただ諸個人が商品の所持者として互いに関係することを必要とするだけであるから、それは前ブルジョア的社会諸形態にも属しているほどである。」（批七六）しかし、『批判』の文言は原注にあるように、売り手と買い手との分裂に社会成員の「敵対」を見るペレール批判が眼目であり、この箇所で階級の問題にふれるのは誤解を招くものである。河上の勇み足の根底には、「商品と貨幣」篇世界を資本制商品直前社会とみて、何か階級関係に言及しないわけにはいかなかったことがある。

15段落——ル・トローヌの評価

原注七二にあるル・トローヌはマルクスによって『資本論』執筆時に大幅に見直された経済学者である。『経済学批判要綱』には考古学者、文献学者として名前だけあり（九六）、『批判』では登場しない。『草稿』第二三冊ノートにル・トローヌの抜粋がある（二三七〇）。『資本論』では原注六にあるように「価値」の規定の先駆者として評価されている傑出した重農学派であり、特に貨幣論での功績が大きい。彼は、販売は同等な価値をもって行われること、したがって致富手段ではないこと、G—Wの成立のためには他でW—Gがすでに行われていることを前提にすること等を見抜いている。ここの「四つの極と三人の登場人物」の指摘も彗眼である。

16段落——仏語版の異文の意味

仏語版は注③以下の文章をわざわざ変えている。傍線部が仏語版独自の箇所である。「貨幣もそこでは同様に二重の役割を演じることを、さらに注意しておこう。第一変態では、貨幣は商品にその価値姿態として相対するが、この姿態は別の場所で、他人のポケットのなかで、硬くて音を立てる実在性をもっているのである。商品が貨幣蛹になるやいなや、貨幣は確固とした結晶ではなくなる。貨幣は商品の一時的な形態、消失して使用価値に変換すべき商品の等価形態であるにすぎなくなる。」

たしかにW―G―WでのGは、他人のポケットのなかにありなかなか引き出せない硬い実在性をもっており、自分のポケットのなかではすぐ消失する一時性という「二重の役割を演じる」。これは分かりやすいが、表現を平俗にした以上の意味はない。

17段落――W―G―Wは循環過程とはいえないとする宇野説

宇野は「W―G―W′の過程では、最後のW′から最初のWへの循環は、価値としては断絶している。それは厳密にいって循環過程とはいえない」［宇野3 *316*］として、各書で、W―G―Wを「商品の変態」あるいは「循環過程」と見る見方を否定している。その理由は、W―G―Wでは資本とちがって価値は「自立的な運動体」となっていないということである。細かい詮索だてのようだが、「価値」を流通形態としてまず把握し、冒頭価値論で価値の確定や価値どおりの交換を説かず、繰り返し購買される価値尺度貨幣の機能によってはじめて価値どおりの売買になるように補整される、とする宇野価値尺度論から必然的に出てくる議論である。

18段落――商品流通の物神性

マルクスの経済学の特徴は、経済学的カテゴリーに特有な「物神性」をいつも明らかにしていることである。すでに第一章第4節「商品の物神性とその秘密」で物神崇拝が「商品生産と不可分」（ＫⅠ八六）であることが明らかにされている。そこでは「交換者たち自身の社会的運動が彼らにとっては諸物象の運動の形態をもつものであって、彼らはこの運動を制御するのではなく、これによって制御されるのである」（詳注一三二、ＫⅠ八九）。これと同様に、商品流通は物々交換の個人的・局地的制限をうち破るとともに、一商品のＷ―Ｇ―Ｗの完遂のためには、その外部で他の商品の「売り」が先行していなければならないという「当事者たちによっては制御されえない社会的な自然関連の一つの全体圏が発展してくる」ことが条件になる。商品流通の物神的性格である。

⑲段落――原注㉓の意義、Ｗ―Ｇ―Ｗの貨幣は流通の連続性を保障する

前段では、Ｗ―Ｇ―Ｗは「当事者たちによっては制御されえない」関係であることが指摘され、ある人のＷ（リンネル）―Ｇは他の人のＧ―Ｗ（リンネル）であるが、それが成立しない可能性が暗示された。しかし、それは可能性に留まるのであり、商品流通が連続して展開する可能性の方がずっと大きい。なぜなら、商品流通は「第三の手に貨幣商品をとまらせる」のであり、後に見るように、たとえＧが蓄蔵貨幣や支払手段の形をとってもいずれは流通に復帰するのであり、Ｇは「いつでも流通部面に住んでいる」（ＫⅠ一三一）からである。一方のＷ―Ｇと他方のＧ―Ｗが重ならない可能性を一面的に強調すると、Ｗ―Ｇ―Ｗの中断性をあやまって恐慌の真の原因にしかねない。現にウィリアム・スペンスなどは一八〇七年に『イギリス通商に依存せずの論』を発表し、三〇数年後に小ブルジョア的急進主義政治家ウィリアム・コベットが「商業を撲滅せよ」というほどであった。なお、スペンスに対しジェームズ・ミルが一八〇九年に『商業擁護論』を出した。これらをめぐる諸事情に関しては『批判』七八の注が詳しい。第二版の注はこれを念頭に入れたのだろう。

20 段落1――商品流通に恐慌の一般的・抽象的可能性を見る富塚良三説

富塚は、「恐慌の一般的・抽象的可能性」の章で本段落の＊印の箇所を取り上げ、次のように解釈する。

〈「販売」と「購買」という二過程は「相互に補足し合っている」がゆえに「内的に非自立的」であるとマルクスがいう場合の「相互に補足し合う」関係は、W―G―Wなる各商品の姿態交換の一循環における「補足」関係を意味すると同時に、各商品のW―Gは他商品のG―Wによって対応されG―Wは別の他商品のW―Gと対応するという意味での「補足」関係をも意味し、この二様の対応補足関係が緊密な内的連繋をもつ（前者の意味での「統一」が「分裂」に転化することは後者の意味での「統一」が「背反」に転化することを意味する）点が明確に把握されなければならない。そうでなければ、「商品流通」なる形態運動のうちに「恐慌の可能性」が含まれるという命題の含意は充分明らかにはならない。〉［富塚 47-8］

富塚は以上の立場で、三宅義夫の貨幣論を批判する。三宅は、ここの恐慌の可能性を「恐慌の抽象的形態」ととらえ、「ここにはただ恐慌にとっての形態があるということだけである」［三宅1 26］としているが、それは「一面的である」（［富塚 48］）と言う。W―G―Wに「恐慌の一般的・抽象的可能性」を求めるのは当然として、それが「恐慌の必然性」に結びつけられると、W―G―Wがある限り恐慌は必然的に起こるということになり、万年恐慌論になるおそれはないだろうか。その意味で次の『学説史』も参考にすべきである。そこでは、売り買いが分離する可能性とともに「円滑に移行する」可能性にもふれられている。

「恐慌の一般的な抽象的な可能性とは――内容のない、十分な内容をもった動因のない、恐慌の最も抽象的な形態以外の何物でもない。売りと買いとは分離しうる。したがって、それらは潜在的な恐慌であり、それらの一致はいつでも商品にとっては危険な契機なのである。しかし、それらは相互に円滑に移行することもできる。したがって、恐慌の最も抽象的な形態（したがってまた恐慌の形式的な可能性）は、商品の変態そのものであり、そしてこの変態のなかには、ただ、商品の統一のなかに含まれている交換価値と使用価値との、さらに貨幣と商品との、矛盾が、発展した運動として含まれているにすぎない。しかし、なにによって恐慌のこの可能性が恐慌になるかということは、この形態そのもののなかには含まれていない。そのなかに含まれているのは、ただ、恐慌のための形態がそこにある、ということだけである。」（MwⅡ五一〇）

⑳段落2——Ding と Sache の問題

Ding は「物」と訳し、人間にとって「外的対象」（KⅠ四九）であり、「感覚的な」（KⅠ八六）対象であることは、諸家ほぼ共通した理解である。問題は Sache で、訳語の統一も概念の共通理解もない。『資本論』のここまでの展開で、同一パラグラフのなかで Ding と Sache があるのは、商品章冒頭の使用価値を論じた第②パラグラフ（詳注三、KⅠ四九）と、初版物神性論の次の箇所だけである。

「私的生産者たちは彼らの私的生産物たる Sache に媒介されてはじめて社会的な接触に入る。それだから彼らの社会的な諸連関は、人々の労働における人々 Personen の直接的な社会的な諸関係として存在し且つ現象するのではなくて、人々の sachliche な諸関係あるいは Sache の社会的な諸関係として存在し且つ現象するのである。しかし、Sache の最初の、しかも最も一般的な、社会的な物 Ding としての表示は労働生産物の商品への転化なのである。」（初版三九）

この二カ所からは、Sache は、「もの、モノ、（考察）対象、物的な（考察）対象＝物象」とでも訳したほうがよい、多義的な言葉で、物 Ding と同義の場合もある。また初版の右の Sache は第二版では Ding に直されている点からして、マルクスが Ding と区別して Sache に特別な意味を持たせ、使い分けていたとはとうてい言えない。

Person も「人々 personen は経済的諸範疇の人格化 Personifikation にすぎない」（初版序文KⅠ一六）や第二版の「人々 personen の経済的扮装はただ経済的諸関係の人格化 Personifikationn でしかない」（詳注一六二、K

I 一〇〇）におけるように、同じ一文のなかでPersonとPersoifikationをつかっているのだから、「人化」と「人格化」とはほとんどちがわない。ここではむしろ頭注⑫にあるように、内在的矛盾が初版独自の等価形態の第四特色から由来していることを理解することが大事である。

21段落――交換手段・購買手段・流通手段の用語の区別

先の20段落で「商品流通」は考察を終え、ここで「商品流通の媒介者」としての貨幣が「流通手段」という機能として確定される。いわば本来の質的な規定である。これがあるからこそ、次の（b）「貨幣の通流」で流通手段貨幣の独自運動や総量的な規定を問題にできるのである。

流通手段に類似した機能として、貨幣の交換手段や購買手段という用語があるが、これは個別的な商品の変態W_1―G―W_2を対象にした機能で、W_1―G―W_2でのW_1―W_2の素材変換を媒介するGに着目すれば「交換手段」で、後半のG―W_2のGに着目すれば「購買手段」である。流通手段はこれに対し商品の変態の網の目のようにつながる変態の総体、つまり「循環の全体」（17段落注④参照）における「媒介者」の機能が流通手段である。だから交換手段や購買手段は流通手段機能の一部であり、平俗的な規定である。

b　貨幣の通流①

1流通手段としての貨幣の運動――たえず出発点から遠ざかる

労働生産物の素材変換②がそれによって行われる形態転換、W―G―Wは同じ価値が商品として過程の出発点をなし、商品として同じ点に帰ってくることを、条件とする。したがって、このような商品の運動は循環である。他方では、この同じ形態は貨幣の循環を排除する。その結果は、貨幣がその出発点からたえず遠ざかることであって、そこに帰ってくることではない。売り手が自分の商品の転化した姿態、貨幣を握りしめているあいだは、商品は第一の変態の段階にあるのであり、言い換えれば、ただその流通の前半を経過しただけである。この過程、買うために売る③、が完了すれば、貨幣はふたたび、それの元の所持者の手から遠ざかっている。もちろん、リンネル織職が聖書を買ってからまた改めてリンネルを売れば、貨幣はまた彼の手に帰ってくる。しかし、その貨幣ははじめの二〇エレのリンネルの流通によって帰ってくるのではなく、この流

(129)

① Umlauf 流通。商品の「流通 Cirkulation」と区別するために、貨幣の「通流」と訳する。その理由は4段落の論点参照。ただ『資本論』では「流通」と同じ意味で使っている箇所も多い。ここでは、同じW―G―Wを商品の側から「循環 Kreislauf」と見たのに対比して、貨幣の側から「通流 Umlauf」として区別したものである。

② Stoffwechsel 物質代謝、質料変換。前項でもW―G―Wを「社会的素材変換」ととらえている。↓KⅠ一一九。

③ つまりW―G―W。

通によっては、貨幣はむしろリンネル織職の手から聖書の売り手に遠ざかっている。貨幣は、ただ，新たな商品のために同じ流通過程の更新または反復によってのみ帰ってくるのであり、この場合も前の場合も同じ結果で終わるのである。それゆえ、商品流通④によって貨幣に直接に与えられる⑤運動形態は、貨幣がたえず出発点から遠ざかること、貨幣がある商品所持者の手から他の品所持者の手に移っていくこと⑥、または貨幣の通流（currency, cours de la monnaie⑦）である。

2 貨幣通流が生む反対の外観――商品流通が貨幣運動の結果のようにみえる

貨幣の通流は、同じ過程①の不断の単調な繰り返しを示している。商品つねに売り手の側に立ち、貨幣はつねに購買手段として買い手の側に立っている。貨幣は商品の価格を実現することによって、購買手段として機能する。貨幣は、商品の価格を実現しながら、商品を売り手の手から買い手の手に移すのであるが、他方では同時に、貨幣は買い手の手から売り手の手に遠ざかって、また別の一商品と同じ過程をくりかえす②。このような、貨幣 運動の一面的な形態③が商

④ W―G―Wのこと。
⑤ 「商品流通が貨幣に押しつける」（仏）。
⑥ Lauf渡っていくこと。ここから貨幣の通流Umlaufにした。
⑦ currencyは英古典派経済学の用語、cours de la monnaie は仏経済学の用語。リカードは、貨幣を、もっぱら流通手段＝鋳貨つまり「通貨」として把握し、彼の通貨主義の根拠とした。

① 「運動」（仏）。
② リンネル―貨幣―聖書の例では、ここの貨幣はリンネルを買った小麦販売人の手から遠ざかり、リンネル織職の手に移る。同様に、同じ貨幣が今度はリンネル織職の手から遠ざかって、聖書販売人の手に移るのである。なお、仏語版はこのあと行替え。
③ 出発点から遠ざかるという貨幣の一面的運動。

（130）

品の二面的な形態運動④から生じるということは、おおい隠されている。商品流通そのものの本性が反対の外観を生み出すのである。商品の第一の変態⑤は、ただ貨幣の運動としてだけではなく、商品自身の運動としても見ることができるのであるが、その第二の変態⑥は、ただ 貨幣の運動としてしか見ることができないのである。⑦商品は、その流通の 前半で貨幣と場所を取り替える。それと同時に、商品の使用姿態⑧は流通から脱落して消費にはいる。[六四] 商品の価値姿態または貨幣仮面⑨が商品の場所にはいってくる。流通の後半を、商品はもはやそれ自身の本性の皮をつけてではなく、金の皮をつけて⑩通り抜ける。それとともに、運動の連続性はまったく貨幣の側にかかってきて、商品にとっては、二つの反対の過程を含む同じ運動が、貨幣みずからの運動としては、つねに同じ過程を、すなわち貨幣とそのつど別な商品との場所変換を、含んでいるのである。それゆえ、商品流通の結果、すなわち商品の別の商品との取り換えは、商品自身の形態変換によってではなく、流通手段としての貨幣の機能⑪によって媒介されるように現象し⑫、その貨幣が、それ自体としては運動しない商品を流通させ、商品を、それが非使用価値であるところの手から、それが使用価値であるところの手へと、つねに貨幣自身の進行とは反対の方向へと、移すのだ、というよう

④ リンネルの変態W—G—Wを構成する、W—Gという販売とG—Wという購買の二面的形態運動。
⑤ W—G。
⑥ G—W。
⑦ 「この商品の第二変態は、この商品がそこで姿を現さないままに行われる」（仏）。
⑧ 今までの例でいえば、使用価値としてみたリンネルのこと。リンネル現物は使用姿態と価値姿態をもち、W—Gが完了すれば、使用姿態は消費に落ち、価値姿態は今や貨幣に代わっている。
⑨ W—Gでの貨幣Gは実はリンネルの価値が身につけた「貨幣仮面」。
⑩ 「自然的体躯を脱皮して金という幽霊をまとう」（仏）。
⑪ 前項の最後に「商品流通の媒介者として貨幣は流通手段という機能を受け取る」（KⅠ一二八）とある。
⑫ ersheinen。「現象する」は、そのように見えるが実は違うの意。

に現象する。貨幣は、たえず商品に代わって流通場所を占め、それによって自分自身の出発点から遠ざかっていきながら、商品をたえず流通部面から遠ざけていく。⑬それゆえ、貨幣運動はただ商品流通の表現でしかないのに、逆に商品流通がただ貨幣運動の結果にすぎないように、現象するのである。[七五]

七四 商品が何度も繰り返して売られる場合でさえも、といってもそれはここではまだわれわれにとって存在しない現象であるが、⑭そのような場合にも、最後の決定的な売りによって商品は流の部面から消費の部面に脱落し、そこで生活手段または生産手段として役立つのである。

七五 「それ（貨幣）は、生産物によってそれに与えられる運動以外には、どんな運動もしない。」ル・トローヌ⑮『社会的利益について』、八八五ページ）

3 貨幣の通流――商品自身の形態運動の反映

他方、貨幣に流通手段の機能が属するのは、貨幣が商品の自立化された①価値②であるからにほかならない。だから、流通手段としての貨幣の運動は、実際は、ただ商品自身の形態運動でしかないのである。したがってまた、この形態運動は感覚的にも貨幣の通流に反映しなければならない。③④商品二度の形態変換は、わ

⑬ 消費に脱落させる。

⑭ 単純な商品流通ではなく、KⅡでやる「貨幣資本の循環」のこと。『批判』には次のようにある。「現実の循環運動が恒常的に単純な貨幣流通 Zirkulation に示される場合には、それはより深い生産過程の単なる反映である。たとえば工場主は金曜日に彼の銀行家から貨幣を受け取り、これを土曜日に彼の労働者たちに支払い、労働者たちはその大部分をすぐに小売商人その他に支払い、小売商人たちは月曜日にそれを銀行家に戻すのである。」（八三）。

⑮ フランスの経済学者、重農主義者（一七二八―一七八〇）。

① verselbständigte 独立化された。

② 「価値姿態」（初）。

③ 「貨幣の通流において手に触れることができるようになるはずである」（仏）。

④ 以下の箇所は独語第四版で大きな変更を受け、二段落構成になっている。ヴェルケ版の本文は次のようである。

「たとえば、リンネルはまず自分の商品形態を自分の貨幣形態に変える。リンネルの第一の変態W―Gの最後の極、貨幣形態は、次にはリンネルの最後の形態G―Wの、リンネルの聖書への再転化の、最初の極になる。しかし、この二つの形態変換のどち

れわれが一商品の総変態を考察した場合には、同じ貨幣片の二度の場所変換において反映し、相互の無数の変態のからみ合いで考察した場合は、貨幣の場所変換のひんぱんな繰り返しにおいて反映する。同じ貨幣片が、商品の離脱した姿態[⑤]として売り手の手に入り、そして商品の絶対的に譲渡可能な姿態[⑥]としてこの手を去る。二度とも貨幣は同じ様式で作用する。最初はある商品の購買手段として、次には他商品の購買手段として。[⑦]しかし同じ商品に対する両過程の内的な統一は[⑧]、同じ貨幣片を押しつけられる二度の対立的な運動において現象する。リンネルの売りにおいて、小麦農夫のポケットから出て、リンネル織職のポケットに入り込んだ二ポンド・スターリングは、聖書の買いにおいてそこから出る。それは二度の場所変換であり、それも、リンネルやその代理物[⑨]を中心にして考察すれば、対立的な方向においての、すなわち貨幣の収入の際には積極的な、貨幣の支出の際には消極的な、二度の場所変換である。これに反して、ただ一面的な商品変態、単なる売りか単なる買いかの、どちらかが行われるとすれば、同じ貨幣はやはり一度だけ場所を変える。貨幣の第二の場所変換は、つねに、商品の第二の変態、商品の貨幣からの再転形を、表現する。なおこれらのことは、ここで考察されている単純な商品流通の形態に対してだけ妥当する

らも、商品と貨幣の交換によって、行われる。同じ貨幣片が、商品の離脱した姿態として売り手の手に入り、そして商品の絶対的に譲渡可能な姿態としてこの手を去る。それは二度場所を替える、リンネルの第一の変態はこの貨幣片を織職のポケットに入れ、第二の変態はそれを再び持ち出す。だから、同じ商品の二つの反対の形態変換は、反対の方向への貨幣の二度の場所変換に反映するのである。

これに反して、ただ一面的な商品変態、単なる売りか単なる買いかの、どちらかが行われるとすれば、同じ貨幣はやはり一度だけ場所を替える。貨幣の第二の場所変換は、つねに、商品の第二の変態、商品の貨幣からの再転形を、表現する。同じ貨幣片の場所変換のひんぱんな繰り返しには、ただ一つの商品の変態列が反映しているだけでなく、商品世界一般の無数の変態のからみ合いが反映しているのである。なお、すべてこれらのことは、ただ単純な商品流通のここで考察された形態についてだけ妥当するということは、まったく自明のことである。」

⑤ entausserte 脱皮された。
⑥ verausserliche 譲渡されうる。
⑦ 「両方の過程で、いつでも他の商品に対して購買手段として。」（初）
⑧ 「しかし、商品の内的な連関、または貨幣が両方の過程で同じ商品に対してもっている二重の形態規定性は」（初）。
⑨ 貨幣のこと。

(131)

ということは自明のことである。⑩

④貨幣は流通部面を駆け回る——そこはどれだけの貨幣を吸収するか

どの商品も、流通への第一歩で、それの第一の形態変換①で、流通から脱落し、②そこにはたえず新たな商品がはいってくる。③これに反して、貨幣は流通手段としては④いつでも流通部面に住んでおり、たえずその中を駆け回っている。⑤そこで、この部面はどれだけの貨幣をたえず吸収するか、という問題が生ずる。

⑤流通手段の必要量——まず商品の価格総額で決まる

一国では、毎日、多数の、同時的な、したがってまた空間的に並行する一方的な商品変態が、言い換えれば、一方の側からのたんなる売り、他方の側からのたんなる買いが、行われている。その価格において、商品は、すでに、一定の表象された①貨幣量に等置されている。ところで、ここで考察されている直接的流通形態②は、商品と貨幣とをつねに肉体的に③向かい合わせ、一方を売りの極

⑩ 以上の一文、仏語版は原注に回していう。「本文での詳述は、われわれが今研究している唯一の形態である単純な流通形態にしか関係がないことに、十分注意する必要がある。」

① W—Gのこと。
② 消費にはいる。
③ W—G—Wの最初のWは消費に落ちるが、そこにはすぐ同じ種類の新しいWがはいってくる。
④ 「交換手段としては」(仏)。
⑤ 前項⑲段落に貨幣は「商品によって空にされた流通場所に沈殿する」(KⅠ一二七)とある。

① vorgestellte 想像された。
② あとで見るように、貨幣には支払手段という後払い機能もあるが、それを無視した場合は、W—G—Wは、W—GとG—Wのように直接商品と貨幣が向き合う形態である。
③ leiblich 現身的に。「表象」されたものではなく、現存するものとして。

に、他方を買いの反対極に置くのだから、商品世界の流通過程のために必要な流通手段の分量は、すでに、価格総額によって規定されている。事実上、貨幣は、諸商品の価格総額においてすでに観念的に表現されている金の総額を実在的に表示するにすぎない。したがって、これらの総額が等しいということは自明である。とはいえ、われわれが知っているように、④商品の価値が変わらない場合には、商品の価格は、金（貨幣材料）そのものの価値と一緒に変動し、金の価値が下がれば比例して上がり、金の価値が上がれば比例して下がる。このように諸商品の価格総額が上がるか下がるかするにしたがって、流通する貨幣の分量も、それと同じ割合で⑤増すか減るかしなければならない。流通手段の分量における変動は、この場合には確かに貨幣そのものから生ずるのではあるが、しかし流通手段としての貨幣の機能からではなく、価値尺度としての貨幣の機能から生ずるのである。諸商品の価格がまず貨幣の価値に反比例して変動し、それから流通手段の分量は諸商品の価格に正比例して変動するのである。⑥まったく同様な現象は、たとえば、金の価値が下がらないでも銀が価値尺度としての金にとってかわった場合とか、銀の価値が上がらないでも金が銀を価値尺度の機能から追い出すような場合にも、起きるであろう。⑦前のほうの場合に

④ →第三章第一節⑪段落。
⑤ gleichmässig 同じように。
⑥ 仏語版はここで段落替え。また「まったく同様に」以下の文章は省略され、一〇行飛んで「すでに見たように」から次の段が始まる。
⑦ すでに見たように、金と銀が二重の価値尺度＝貨幣として機能している場合には、「過大評価された金属だけが価値尺度として役立つ」（ＫⅠ一一二）。

は、以前の金よりも多量の銀が流通しなければならず、あとのほうの場合には以前の銀よりも少量の金が流通しなければならないであろう。⑧どちらの場合にも、まず、貨幣材料の価値、すなわち価値の尺度として機能する商品の価値が変動し、それゆえに商品価値の価格表現が変動し、したがってまたこれらの価格の実現に役立つ流通している貨幣⑨の分量が変動するということになるのであろう。すでに見たように、商品の流通部面には一つの穴があって、⑩そこを通って金（銀、要するに貨幣材料）が、与えられた価値の商品として流通部面にはいってくる。この価値は、価値尺度としての貨幣の機能の際に、したがって価格規定の際に、すでに前提されている。⑪いま、たとえば価値尺度そのものの価値が下がるとすれば、それは、まず第一に、貴金属の生産源で商品としての貴金属と直接に交換される諸商品の価格変動において現象する。⑫⑬ことに、ブルジョア社会の比較的未発展な状態では、ほかの商品の一大部分は、なおしばらくの間、価値尺度のいまでは幻想的で過去のものになった価値で評価されるであろう。⑭しかし、一商品は他の商品を、一商品の他の商品に対する価値関係⑮によって感化させていくのであって、諸商品の金価格または銀価格は、しだいに、それらの価値そのものによって規定された割合において調整され、ついにはすべ

⑧ この箇所意味不明である。「第一の場合には、金が以前そうだったよりも多くの銀が流通するだろうし、第二の場合には、銀が以前そうだったよりも少ない金が流通するだろう」（英）。

⑨ zirkulirenden Geld 流通しつつある貨幣。過大あるいは過小な評価にもかかわらず現に流通している貨幣のこと。

⑩ 金や銀の生産源。↓KⅠ一二三。

⑪ 「流通手段の数量と商品の価格運動の関係についてのあらゆる科学的研究は、貨幣材料の価値を与えられたものと前提しなければならない。これとは逆に、ヒュームは、もっぱら貴金属の価値そのものの変革、したがって価値の尺度の変動の時期だけを考察する。」（批一三五）

⑫ 「気づかれる」（仏）。

⑬ 仏語版はこの前に「この商品の価格は騰貴するだろうが」の補足がある。

⑭ 仏語版――「この事態は普遍的 universel 市場の発展度に応じて、長短の差はあるが持続することがあり得る。」

⑮ 「相対的な価値関係」（初）。

ての商品価値が貨幣金属の新たな価値におうじて評価されるようになるのである。[16]このような調整過程は、直接に貴金属と交換された商品の代わりとして流入する貴金属の継続的な増大を伴う。それゆえ、諸商品の価格付けの訂正が一般化されるのと同じ度合いで、または、新たな、すでに下がった、ある点まで引き続き下がっていく金属の価値によって諸商品の価値が評価されるのと同じ度合いで、諸商品の価値の実現に必要な金属の増加量もすでに存在しているのである。新たな金産地および銀産地の発見に引き続いて起こった諸事実の一面的な観察[17]は、一七世紀およびことに一八世紀には、商品価格が上がったのはより多くの金銀が流通手段として機能したからだというまちがった結論に到達させた。[18]以下では貨幣の価値は与えられたものと前提されるが、実際にそれは価格評価[19]の瞬間には与えられているのである。

6 流通手段の量1――各商品の価格与件なら各商品量に比例

したがって、この前提のもとでは、流通手段の量は実現されるべき諸商品の価格総額によって規定されている。いま、さらにそれぞれの商品種類の価格が

⑯「こういう過程の展開は、一般に市場価格の動揺のなかで商品の交換価値が自己を貫徹する仕方と同様に、ここでの問題ではない。」(批一三六)
⑰「不完全な観察」(仏)。
⑱より多くの金銀が流通したからではなく、生産力上昇により金銀の価値が低下したからである。
⑲Preisschätzung。「価格決定 fixation」(仏)。

与えられたものとして前提すれば、諸商品の価格総額は、明らかに、流通のなかにある商品量によって定まる。もし、一クォーターの小麦が二ポンド・スターリングならば、一〇〇クォーターは二〇〇ポンド・スターリング、二〇〇クォーターは四〇〇ポンド・スターリング、等々であり、したがって、小麦の量が増加するにつれて、売る際にこれと場所を取り替える貨幣量も、増加しなければならないということは、ほとんど頭を悩まさなくともわかることである。

7 流通手段の量2——商品量与件なら主要商品の価格変動で

諸商品の量を与えられたものと前提すれば、流通する貨幣の量は、諸商品の価格変動につれて増減する。[①] 流通貨幣量が増減するのは、諸商品の価格総額がそれらの価格変動の結果として増減するからである。そのためには、すべての商品の価格が同時に上がったり下がったりする必要は少しもない。すべての流通する商品の実現されるべき価格総額を増加または減少させるためには、したがってまた、より多量またはより少量の貨幣を流通させるには、一方の場合には若干数の主要物品[②]の価格が騰貴すれば十分であり、他方の場合にはそれらの

① 「商品価格の変動は流通貨幣量に反作用を及ぼすことができる」(仏)。『批判』はさらに具体的に説明。「価格の騰貴にもかかわらず、流通させられる諸商品の量が価格総額の増加するよりも大きな割合で減少するならば、流通に必要な金の量は減少しうるし、また逆に流通させられる諸商品の量は減少しても、それらの価格総額がそれよりも大きな割合で増加するならば、流通手段の量は増加しうることになる。」(批八四)

② たとえば一九世紀前半の小麦。『批判』八四にその具体例がある。

価格低下があれば十分である。商品の価格変動が現実の価値変動を反映しようと、市場価格のたんなる変動を反映しようと、流通手段の量への影響は同じである。

(133)

8 貨幣流通必要量の法則――（商品価格総額）÷（貨幣の流通速度）

若干の、無関連な、同時的な、したがってまた空間的に並行する売りまたは部分変態、たとえば一クォーターの小麦、二〇エレのリンネル、一冊の聖書、四ガロンのウィスキーの売りが行われるとしよう。どの物品の価格も二ポンド・スターリングで、したがって実現されるべき価格総額は八ポンド・スターリングだとすれば、八ポンド・スターリングという貨幣量が流通にはいらなければならない。これに反して、同じ諸商品が、われわれになじみの商品変態列、すなわち一クォーターの小麦―二ポンド・スターリング―二〇エレのリンネル―二ポンド・スターリング―一冊の聖書―二ポンド・スターリング―四ガロンのウィスキー―二ポンド・スターリングという列の諸環をなすとすれば、その場合には二ポンド・スターリングが諸商品の価格を順々に実現していき、したがって八ポンド・スターリングという価格総額を実現することで、いろいろな商品を順々に流通させていき、最後に酒造家の手で休息する。それは四回の通流①を成し遂げる。②このような、同じ貨幣片が繰り返す場所変換③は、商品の二重の形態変換④、二つの反対の流通段階⑤を通る商品の運動を表示しており、またいろいろな商品の変態の絡み合いを表示している。⑥[六五] この過程が通る対立していて互いに補い合う諸段階は、空間的に並行できないのであり、ただ時間的に相次いで起こるだけである。したがって、時間区分がこの過程の長さの尺度⑦になるのであり、また、与えられた時間における同じ貨幣片の通流回数によって貨幣通流の速度が計られるのである。前記の四つの商品の流通過程には、たとえば一日かかるとしよう。そうすると、実現されるべき価格総額は八ポンド・スターリング、同じ貨幣片の一日の通流回数は四、流通しつつある貨幣の分量は二ポンド・スターリングになる。すなわち、流通過程のある与えられた期間については、（諸商品の価格総額）÷（同名の貨幣片の通流回数）⑧＝（流通手段として機能する貨幣の量）となる。⑨この法則は一般的に妥当する。⑩与えられた期間における一国の流通過程は、一方では、同じ貨幣片がただ一度場所を替え、ただ一回だけ通流するところの、多くの分散した、同時的な、空間的に並行す

① Umlaufe 流通。tour（仏）回転、move（英）回転。
② 仏語版はここで段落替え。
③ 「四度の場所変換」（仏）。貨幣が四回所持者を取り替えること。
④ W—G—Wは、商品形態から貨幣形態への第一の転化であり、さらに貨幣形態から商品形態への再転化である。↓KⅠ一二四。
⑤ 売りおよび買い。
⑥ すでに見たように、一商品のW—G—Wの循環は「他の諸商品の循環と解きがたく絡み合っている。その総過程は商品流通として表示される」（KⅠ一二六）ものである。
⑦ Dauer 継続。
⑧ 「ある貨幣片の通流回数」（初）、「与えられた時間内における同じ名称の貨幣片の回転数」（仏）、「同じ名称の貨幣片 coin によって作り出された回転 move の回数」（英）。なお、「通流回数」は諸家の論文では「流通回数」が一般的なので、本書では、通流回数＝流通回数、あるいは通流速度＝流通速度として用いる。
⑨ 仏語版はここで段落替え。なお、英語版はこの8段落をここで二つに段落替え。
⑩ 貨幣章の第三節で、後払い貨幣としての「支払手段」機能を考慮した場合は、特殊に規定される。

（134）

る売り（または買い）すなわち部分変態を含んでいるが、他方では、同じ貨幣片が多かれ少なかれ何回もの通流を行うところの、多くの、部分的には並行し、部分的には絡み合う、多かれ少なかれいくつもの環からなる変態列を含んでいる。とはいえ、流通の状態にある⑪すべての同名の貨幣片の総通流回数からは、各個の貨幣片の平均通流回数または貨幣通流の平均速度がでてくる。⑫⑬たとえば、一日の流通過程のはじめに、そこに投げ込まれる貨幣分量は、もちろん、同時に空間的に並んで流通する商品の価格総額によって規定されている。しかしこの過程⑭のなかでは、一つの貨幣片は他⑮の貨幣片のためにいわば責任⑯を持たせられる。一方の貨幣片がその通流速度を速めれば、他方の貨幣片の通流速度は鈍くなるか、または、その貨幣片はまったく流通部面から飛び出してしまう。なぜならば、この流通部面が吸収しうる金の分量は、その各個の要素の中位の通流回数を掛ければ実現されるべき価格総額に等しくなるような分量に限られているからである。それゆえ、貨幣片の通流回数が増せば、その流通量は減る。貨幣片の通流回数が減れば、その量は増すのである。流通手段として機能しうる貨幣の分量は、平均速度が与えられていれば与えられているのだから、たとえば、一定量の一ポンド券を流通に投げ込みさえすれば、同じ量のソブリン貨

⑪ in Zirukulation bifindliche 流通しつつある。現に流通している、の意。

⑫ 以上の一文は仏語版が分かりやすい。「流通している貨幣の総額を構成する個々の貨幣片が機能する活動度は、いたって多様であるが、ある与えられた期間内におけるそれぞれの名称の貨幣片の総計は、ある大きさの価格総額を実現する。貨幣流通の平均速度が決まる。」

⑬ 仏語版はここで段落替え。

⑭ 「流通の流れ自体」（仏）。

⑮ 「隣の」（仏）のほうがわかりやすい。一商品のW—G—Wの際のGの通流速度は、隣の二つの（W）—G—WあるいはW—G—（W）のGの通流速度、つまり両隣の商品変態列の売り買いが早いか遅いかに影響されるから。

⑯ 連帯責任。

をそこから投げ出すことができるのであり、これはすべての銀行がよく心得ている芸当なのである。

七六「それ（貨幣）を運動状態におき、それを流通させるものは諸生産物である。……その（すなわち貨幣の）運動の速度はその量を補うものである。必要な場合には、それは一瞬も立ち止まらないで、ある人の手から他の人の手へすべり落ちるだけである。」（ル・トローヌ⑰『社会的利益について』、九一五、九一六ページ）

[9] 流通速度に商品変態の速さが反映──流通停滞を貨幣不足で説明する謬論

貨幣通流一般①においては、ただ商品の流通過程が、すなわち反対の諸変態を通じての諸商品の循環②だけが現象するのであるが③、それと同様に、貨幣通流の速さに現象するものも、商品の形態変換の速さ、諸変態列の連続的なからみ合い、素材変換の敏速さ、流通部面からの諸商品の急速な消滅および新たな諸商品による同じく急速な補填である。したがって、貨幣通流の速さには、対立しながら互いに補い合う諸段階の流動的統一④、すなわち、使用姿態の価値姿態への転化と価値姿態の使用姿態への再転化との、または売りと買いという両過程の流動的な統一、が現象する。逆に、貨幣通流の緩慢化には、これらの過程

⑰ 本項[2]段落原注七五参照。

① überhaupt 総じて。
② W—G—Wは「一つの循環」（KI一二六）。
③ 以上の仏語版の言い換え—「貨幣流通一般が、その衝動と方向を商品流通から受け取っているように」。
④ 仏語版は言い換え—「すなわち同じ交換者によって交互に行われる二つの行為である売りと買いの統一」。

の分離と対立的な独立化、形態変換したがってまた素材変換の停滞が現象する。この停滞がどこから生ずるかは、もちろん、流通そのものを見てもわからない。流通はただ現象そのものを示すだけである。通俗的な見解は、貨幣通流が緩慢になるにつれて流通部面のあらゆる点で貨幣が現れては消える回数が少なくなるのを見るのであるが、このような見解がこの現象を流通手段の量の不足から説明しようとするのは、いかにもありそうなことである。[七七]

七七　「貨幣は……売買の通常の尺度だから、だれでも、売るものはあるがそれに対する買い手が見つからないと、すぐに王国内または国内における貨幣の不足が自分の品物の売れない原因であると考えがちである。そこで、貨幣が不足しているということが通常の叫びになる。これは大きな間違いである。……貨幣を求めて叫ぶこれらの人は何を求めているのか。……農業者は不平を言う。……彼は、国内にもっと多くの貨幣がありさえすれば、自分の品物に対する価格がえられるのに、と。その際、彼に足りないのは、貨幣ではなくて、売りたくても売れない自分の穀物や家畜の価格であるように見える。……なぜ彼は価格が得られないのか。……（一）国内に穀物や家畜がありすぎるので、市場に来るのは、たいてい、彼と同じように、売る必要のある人で、買う必要のある人はわずかしかいないからか、または（二）輸送による通常の海外販路が欠けているか、……または（三）貧乏のために、人は以前ほど彼らの家計に支出することができないように、消費が減っているからであるか、そのどれかである。それだから、農業者の品物の販売を促進できるものは特効のある貨幣の増加ではなく、実際に市場を圧迫しているこれら三つの原因のどれかを取り除くことである。……商品も小売商も同じように貨幣を欲している。すなわち、市場が不振なので、自分たちの商う品物へのはけ口を欲しているのである。……富がすばやく人手から人手に移っていくほど、一国が栄える時はない。」(サー・ダッドリー・ノース⑤『交易論⑥』、ロンドン、一六九一年、一一―一五ページの諸所)ヘレンシュヴァント⑦のごまかし⑧はすべては結局次のようなことになる。すなわち、商品の性質から生じ、したがって商品流通に現象するいろいろな矛盾は流通手段の増加によって除去されうるということである。生産過程および流通過程の停滞を流通手段の不足のせいにする、世間一般の幻想だとはいえ、だからといって、その逆に、たとえば政府のまずい「通貨調整」の結果である流通手段の現実の不足が、それ自身また停滞を引き起こすことはあり得ない、ということにはならないのである⑨。

⑤ 英の近東貿易商人・経済学者(一六四一―一六九一)。「一流のイギリス商人の一人だっただけでなく当時の最も重要な理論的経済学者の一人」(KⅢ六二五)。
⑥ 正式の書名は『交易論、主として利子、鋳造、盗削、貨幣の増加の件に向けた』。なお、原注八一も参照。
⑦ スイスの経済学者(一七二八―一八一一)。
⑧ 「刻苦精励の作品」(仏)
⑨ ヘレンシュヴァンドの、流通の停滞をすべて流通手段の不足から説明する理論は間違いであるが、政策的失敗による「流通手段の現実の不足」が流通の「停滞」を引き起こすことはあり得る、という意。

(135)

10 流通手段量の決定三要因――商品価格・商品量・通流速度

したがって、それぞれの期間に流通手段として機能している貨幣の総量は、一方では、流通している商品世界の価格総額によって、他方では、商品世界①の対立的な流通過程の流れの緩急②によって、規定されており、そして、この価格総額の何分の一が同じ貨幣片によって③実現されるかは、この流れの緩急に依存しているのである。また、諸商品の価格総額は、各商品種類の量と価格の両方

① 「全商品」(仏)。
② 「相対的速度」(仏)。
③ 「平均して」(英の補足)。

によって定まる。ところが、この三つの要因、つまり価格の運動と流通商品量とそして最後に貨幣の通流速度とは、違った方向に違った割合で変動することができるのであり、したがって、実現されるべき価格総額も、したがってそれによって制約される流通手段の量も、非常に多くの組み合わせになりうる。ここでは、ただ商品価格の歴史上最も重要なものだけをあげておこう。

11 決定要因組み合わせ1――商品価格不変の場合

商品価格が変わらない場合には、流通手段の量が増大しうるのは、流通商品(136)量が増加するからであるか、または貨幣の通流速度が下がるからであるか、または両方が一緒に作用するからである。逆に、流通手段の量は、商品量の減少または流通速度の増大につれて減少することがありうる。

12 決定要因組み合わせ2――商品価格が上がった場合

商品価格が一般的に[①]上がっても、流通手段の量が不変でありうるのは、商品

① allgemein. 全般的に、の意。

価格が上がるのと同じ割合で流通商品量が減少する場合か、または流通商品量は変わらないが、価格の上昇と同じように急速に貨幣の通流速度が増す場合かである。流通手段の量が減少しうるのは、商品量が価格上昇よりも急速に減少するか、または通流速度が価格の上昇よりも急速に増すからである。

[13]決定要因組み合わせ3——商品価格が下がった場合

商品価格が一般的に下がっても、流通手段の量が不変のままでありうるのは、商品価格が下がるのと同じ割合で商品量が増大するか、または価格がさがると同じ割合で貨幣の通流速度が落ちる場合である。流通手段の量が増大しうるのは、商品価格が下がるのよりももっと急速に商品量が増大するか、または商品価格が下がるのよりももっと急速に流通速度①が落ちる場合である。

① Zirculationsgeschwindigkeit 流通速度。このあたり、マルクスは「流通速度」と「通流 Umlauf 速度」を同義で使用している。

[14]諸要因の変化は相殺される——一国の流通貨幣量の平均水準の存在

いろいろな要因の変動①は互いに相殺されうるのであって、これらの要因の絶

① Variationen 変化。
② 「実際に en effet」（仏）、「結果として consequently」（英）。
③ 商品＝貨幣論レベルでは、恐慌が生産

え間ない不安定にもかかわらず、実現されるべき商品価格の総額が変わらず、したがってまた流通貨幣量が変わらないことがありうる。それゆえ、[②] ことに、いくらか長い期間を考察すれば、外観から予想されるよりもずっと普遍的な、それぞれの国で流通している貨幣量の平均水準が見いだされるのであり、また、周期的に生産恐慌や商業恐慌[③]から生ずる、またもっとまれには貨幣価値そのものの変動から生ずるひどい混乱を別とすれば、外観から予想されるよりもずっとわずかな、この平均水準からの偏差が見いだされるのである。

[15] 貨幣数量説――「価格は流通手段の量で規定される」と法則を逆に理解

(137) 流通手段の量は、流通している商品の価格総額と貨幣通流の平均速度とによって規定されているという法則[七六]は、諸商品の価値総額とその変態の平均速度とが与えられていれば、通流する貨幣または貨幣材料の量は、それ自身の価値によって定まると、いうように表現することもできる。[①] これとは逆に商品価格は流通手段の量によって規定され、流通手段の量はまた一国に存在する貨幣材

(138) 料の量によって規定される、[②] という幻想[七九]は、その最初の代表者たちにあっては、

面に主要に現れた場合を生産恐慌、商業面に主要に現れた場合を商業恐慌としておく。「本文で、各恐慌の局面として規定されている貨幣恐慌は、やはり貨幣恐慌とは呼ばれていても、一つのまったく独立した現象をなし得る、したがって商工業にはただはね返り的に作用するだけの特殊な恐慌種類とは、十分に区別されなければならない。このあとのほうの恐慌は、貨幣資本が運動の中心となり、したがってまた貨幣資本が主要な、国家的活動の〔=立て役を演じるの意—山内〕部面である銀行・取引所・金融界がその直接の部面となるものである。」(第二版の原注九九、またはKⅠ一五二の原注九九。ただしKⅠの注は第三版へのマルクスの注に基づき変更がある。)

① 価値尺度金の価値の変化→実現すべき総商品価格の変化→流通貨幣量の変化の論理があるからである。「だから金の価値、すなわちその生産に必要な労働時間が増減すれば、商品価格はそれに反比例して騰落するであろうし、通流速度が同じままならば、同一の商品量の流通に必要な金の量は、価格のこの一般的な騰落におうじて増減するであろう。」(批八七)

② これが貨幣数量説の中身である。

商品は価値をもたずに流通過程にはいり、また貨幣は価値をもたずに流通過程にはいってきて、そこで雑多な商品群の一可除部分と金属の山の一可除部分とが交換されるのだ、というばかげた仮説に根ざしているのである。[六六]

六六「一国の産業を運営してゆくのに必要な貨幣には一定の標準と割合があるのであって、それよりも多くても少なくても、産業に害を及ぼすであろう。これは、ちょうど、小売商業で、銀貨をくずすとか、最小の銀貨でも清算できない勘定を済ませるために、ある割合のファージング貨が必要であるようなものである。……ところで、商業で必要なファージング貨の数の割合が、人民の数や彼らの交換の度数から推定することができ、またことに最小の銀貨の価値からも推定することができるように、それと同じやり方で、われわれの産業で必要な貨幣」(金銀貨)「の割合も、やはり、交換の度数から、また支払の大きさから推定することができるのである。」(ウィリアム・ペティ『租税貢納論』、ロンドン、一六六七年、一七ページ③)。ヒューム④の学説は、A・ヤング⑤によってその書『政治算術』(ロンドン、一七七四年)においてJ・スチュワート⑥などに反論して弁護されたのであって、この書の一一二ページ以下には特に「価格は貨幣量によって定まる」という一章がある。私は『経済学批判』の一四九ページ⑦で、「彼(A・スミス)は、まったく誤って、貨幣をたんなる商品として取り扱うことによって流通鋳貨量についての問題をこっそり片づけている」と述べておいた⑧。こう言えるのは、ただ、A・スミスが職務上⑨貨幣を論じている場合にだけ妥当する。彼は、しかし時には、たとえば以前の経済学の諸体系の批判では、正しいことを言っている。「鋳貨の量は、どの国でも、それによって流通させられるべき諸商品の価値によって規制さ

③ 岩波文庫版、大内・松川訳を採用。
④ イギリスの哲学者・経済学者(一七一一―一七七六)。代表的な貨幣数量説の論者。スミスの貨幣論へも影響を与えた。
⑤ イギリスの著述家・統計学者(一七四一―一八二〇)。
⑥ イギリスの経済学者(一七一二―一七八〇年)。「サー・ジェームズ・スチュワートは、鋳貨と貨幣についての彼の研究をヒュームとモンテスキューとの詳細な批判から始めている、じっさい、彼は流通する貨幣の量が商品価格によって規定されるのか、それとも商品価格が流通する貨幣の量によって規定されるのか、という問題を提起した最初の人である。」(批一四〇)
⑦ 批一四二、一四三。
⑧ 『批判』の自用本の注で「これは正確ではない。むしろスミスは二、三の場所で、この法則を正しく言いあらわしている。」(批一四三)とある。
⑨ ex officio 専門的に。

れる。……ある一国で年々売買される財貨の価値は、これらの財貨を流通させ適当な消費者たちに分配するために一定量の貨幣を必要とするが、それよりも多くの貨幣を働かせることはできない。流通の水路は、それを満たすに足るだけの額を必ず引き入れるが、それよりも大きな額はけっして受け入れない。」（『諸国民の富』、第四篇、第一章）⑩。同様に、A・スミスは彼の著書を職務上では分業の礼賛で始めている。あとになって、国家収入の源泉を論じている最後の篇では、彼は、折にふれて、彼の師A・ファーガソンの分業に対する非難を再生産している。

七九　「どの国でも、金銀が国民のあいだで増加するにつれて、諸物の価格はたしかに上がっていくだろう。したがってまた、ある国で金銀が減少すれば、すべての諸物の価格は、このような貨幣の減少に比例して下落せざるをえない。」（ジェーコブ・ヴァンダリント⑪『貨幣万能論』⑫、ロンドン、一七三四年、五ページ）ヴァンダリントとヒュームの『小論集』⑬とをもっと詳しく比較してみると、ヒュームがヴァンダリントのともあれ重要な著書を知っていて利用したということは、私にはまったく疑う余地のないことに思われる。流通手段の量が価格を規定するという見解は、バーボン⑭やもっとずっと古い著述家にも見られる。ヴァンダリントは次のように言っている。「無制限な貿易によっては、何らの不都合も生ずるものではなく、かえって非常に大きな便益が生ずる。というのは、もしそれによってその国の正金が減らされるならば、といってもそれを防ぐためにいろいろな禁止が策定されるのだが、その正金⑮を手に入れる諸国では、正金がそれらの諸国で増加するにつれて、おそらくすべての諸物の価格が騰貴するであろうからである。そして……わが国の製造品も、そのほかのすべてのものも、やがて、貿易差額をわが国に有利に転換するほどに安くなり、これによって再び貨幣を取りもどすであろう。」（同前、四四ページ）

⑩　岩波文庫版（三）二六、二八ページ、訳文も同書による。
⑪　イギリスの商人・経済学者（？—一七四〇）。賃金や労働時間問題で労働者を擁護。
⑫　ヒューム『種々の主題についての小論および論文集』、ロンドン、一七七〇年。
⑬　エンゲルス『反デューリング論』（一八七八年）の第二編「経済学」第一〇章「『批判的歴史』から」（この章はマルクスが書いた）で、ヒュームがヴァンダリントの諸理論を「逐語的に書き写した」ことを指摘している。「ヒュームは、銀行貨幣や政府証券全体が商品価格に影響を及ぼすという、ヴァンダリントの誤りに追随している。」（全集⑳二二一）
⑭　イギリスの経済学者（一六四〇—一六九八）。『新貨幣をより軽く鋳造することに関する一論、ロック氏の「考察」に答えて』、ロンドン、一六六九年。
⑮　cash 現物の金。

八〇　各個の商品種類がそれぞれの価格によって全流通商品の価格総額の一要素をなしていることは、自明である。しかし、いかにして、互いに通約されえない種々の使用価値が一団となって、一国にある金銀量と交換されるようになるかは、まったく理解できない。もし人が、商品世界は一つの単一な総商品であって各商品はただその一可除部分をなすだけだと言いくるめてしまえば、次のような見事な[16]計算例がでてくる。総商品＝ｘツェントナーの金、商品Ａ＝総商品の可除部分＝ｘツェントナーの金の同じ可除部分。モンテスキュー[17]には立派にこれがでてくる。「世界に現存する金銀量を、現存する商品の総計と比べてみれば、たしかに各個の生産物または商品を貨幣の一定量と比較することができる。世界にはただ一つの生産物またはただ一つの商品があるだけだと、または、ただ一つの商品が買われるだけだと仮定し、またこの商品が貨幣と同じに分割可能なものだと仮定すれば、その場合には、この商品のある一部分は貨幣の一部分に相当するであろう。商品の総計の半分は貨幣量の半分に……。諸物の価格は、根本的には、つねに貨幣章標の総量に対する諸物の総量の比率によって定まるのである。」（モンテスキュー『法の精神』、『著作集』第三巻、一二、一三ペー[18]ジ）リカード[19]やその弟子のジェームズ・ミル[20]やロード・オーヴァストン卿[21]たちによるこの説の一層の展開については、『経済学批判』一四〇—一四六ページ、および一五〇ページ以下参照。[22] J・S・ミル氏[23]は、彼の得意とする折衷的論理を用いて、彼の父ジェームズ・ミルと同見解であると同時にその反対者たちとも同見解だと理解している。彼の概説書『経済学原理』の本文と、彼みずから現代のアダム・スミスだと名乗りをあげているその序文（第一版）とを比較してみると、人はこの男の素朴さと、彼を信じてアダム・スミスだと買いかぶった大衆の素朴さと、どちらをより多く驚嘆していいのかわからないのであるが、アダム・スミスに対するこの男の関係は、ちょうどウェ

⑯ もちろん皮肉。「ばかげた absurde」（仏）。
⑰ フランスの政治学者。大陸における貨幣数量説の主張者（一六八九—一七五五）。
⑱ 訳文は岩波文庫版、宮沢俊義訳による。
⑲ イギリスの古典派経済学者（一七七二—一八二三）。労働価値説の徹底者で「古典派経済学の最良の代表者」（KⅠ九五）だが、貨幣論ではヒュームの貨幣数量説の立場で動揺した。
⑳ イギリスの歴史家・経済学者（一七七三—一八三六）。リカード理論を体系的に整理した。「リカードの貨幣理論を単純な金属流通の基礎の上に叙述」（批一五三）。
㉑ イギリスの銀行家・経済学者（一七九六—一八八三）。別名サミュエル・ジョウンズ・ロイド。リカードの貨幣理論に立って、銀行券発券を保有金属量で規制すべきだとする「通貨主義」の代表者。一八四四年ピール銀行法の理論的支柱。
㉒ 批一三四—一四〇、および一四三。
㉓ イギリスの倫理学者・経済学者（一八〇六—一八七三）。ジェームズ・ミルの子。

リントン公に対するカルス准男爵ウィリアムズ将軍のようなものである。[24] 経済学の領域でのJ・S・ミル氏の独創的だが、広範囲でもなければ内容豊富でもない諸研究は、一八四四年にでた彼の小著『経済学の未解決の諸問題』[25]のなかに、すべてずらりと並んで見いだされるのである。ロックは、金銀の無価値性と、量による金銀の価値の規定との関連を、次のようにあからさまに語っている。[26]「人類は、金銀に想像上の価値を与えることに同意したのだから、……これらの金属に見られる内在的な価値は、量以外の何物でもないのである。」(『諸考察』、一六九一年、『著作集』一七七七年版、第二巻所収、一五ページ)

㉔ ウェリントン(一七六九—一八五二)はイギリスの軍人・政治家で、ナポレオン戦争でイベリア半島奪還に成功。同じイギリスのウィリアムズ将軍(一八〇三—一八八二)はクリミア戦争で、ロシア軍に対しカルス要塞を守った。小型ウェリントン。

㉕ イギリスの思想家・名誉革命の理論的支柱(一六三二—一七〇四)。ロックに対するマルクスの評価はK1一一三の原注三〇参照。貨幣論では貨幣数量説を「時には肯定、時には否定」(批一三五)と動揺。

㉖ 『批判』には次のようにある。「すでにロックが、金銀はただ想像上のまたは慣習上の価値をもつにすぎないと言ったが、これは金銀だけが真の価値をもつという重金主義の主張に対する反対論の最初の粗野な形態である。金銀の貨幣定在は、ただ社会的交換過程におけるそれらの機能からだけ発生するということが、金銀はそれら自身の価値、したがって価値の大きさを社会的機能のおかげでもっている、というように解釈されるのである。」(批一三九)

第二節b　段落ごとの論点

1段落——貨幣の通流を商品の形態転換の結合機能とする宇野説

本文でのように、『資本論』では、商品の流通W—G—Wを、「同じ価値」がWの形態をとったり、Gの形態をとったり、そして再度Wの形態をとったりする「循環」ととらえ、それとの対比の上で、W—G—Wで動き回る貨幣の「通流 Umlauf」を「出発点から遠ざかる」運動としている。ここでいう「出発点から遠ざかる」の内容は次の段落で説明される（批八〇にも同様の説明がある）。その結果「商品の形態転換が貨幣の単なる位置転換として現象し、商品流通の連続性がまったく貨幣の側に帰する」（批八一）ことになる。「全運動が貨幣から出発するように見える」（同上）のである。こういう「反対の外観」（KⅠ一二九）が生じる根拠がW—G—Wそのものにあることを説明するためにこの段落がおかれている。

これに対し、宇野弘蔵はW—G—Wを価値の「循環」とすることに反対する。「W—G—W′の過程では、最後のW′から最初のWへの循環は、価値としては断絶している。それは厳密にいって循環過程とはいえない」〔宇野3 *316*〕とする。宇野はW—G—Wを「形態転換」あるいは「社会的な交換」ととらえ、そこでの貨幣を「各商品の形態転換を連鎖的に結合するものとしての貨幣（量）」〔宇野1 *58*〕とする。これが、宇野の価値論、すなわち冒頭商品論では価値を労働実体的に説かず、商品も貨幣も流通形態としてのみ規定する価値論からでていること、また、貨幣の価値尺度機能を「商品をくり返し購買する貨幣の機能」ととらえる見解から発していることは言うまでもない。しかし、W—G—Wでの貨幣を「商品の形態転換を連鎖的に結合する」ととらえるのは、主体である商品流通の説明を欠いた現象的説明にとどまり、これでは「反対の外観」を生じる貨幣通流の転倒性の説明がつかない。

2 段落――流通手段を購買手段と規定する宇野説

『資本論』では、ここで初めて流通手段貨幣を購買手段と規定する。購買手段とはW—G—Wの全体のうちG—Wに重点をおいた、現象面での規定である。すでに『批判』の「b 貨幣の通流」の冒頭で次のように言う。「現実の流通は、まず、偶然に相ならんで行われる多数の買いと売りとして表示される。買いでも売りでも、商品と貨幣とはいつも同一の関係で相対しており、売り手は商品の側に、買い手は貨幣の側にある。だから流通手段としての貨幣はいつでも購買手段として現象し、それによって商品変態での対立的な局面での貨幣の種々の規定は、認識しにくくなっている。」(批七九)

宇野弘蔵は、すでに価値尺度論で見たように、独自の価値尺度論を展開するが、それを支えるのが購買手段機能を貨幣の積極的な機能ととる見解である。「貨幣の第一の機能は、商品価値の『貨幣形態』に対して、自ら商品価値を実現するものとしての購買にあるのであって、商品の側からの販売は、むしろその裏をなす、受動的なることが明らかにされなければならない。価値尺度としての貨幣の機能を、価値表示に埋没せしめたマルクスは、商品の貨幣への転化の困難を説くに留まって、貨幣の積極的な第一機能を不明確なままに残したのである。」[宇野4 *59*]

久留間鮫造は、流通手段貨幣＝「購買手段」説を次のように批判する。直接宇野を対象にしたものではないが、的を射たものである。「流通手段をはじめから購買手段として把握することは、商品の変態の第二の過程における貨幣の規定をその前提たる第一の過程と無関係に、したがってまた、一般的に商品の変態そのものと無関係に、把握することを意味し、G—WのGをW—Gの結果として、すなわち商品そのものの脱皮した価値の姿として把握するかわりに、それ自身独立した存在として把握することを意味することになる。そしてその結果は、貨幣の運動を商品の変態運動の現象として把握するかわりに、商品の運動を貨幣の運動の結果として把握することになり、かくして、貨幣の通流の正しい認識の途はまったく見失われてしまうことになる。」［久留間2 *168*］

3段落――貨幣＝「商品価値の独立化」を批判する山口重克説

宇野学派の山口重克はW―G―Wの形態的特徴、すなわち、この過程は最後のWが消費に落ちる一回切りの過程であるという特徴が、マルクスのようにW―G―Wを「価値の変態」ととらえることでは「かえって不明確になる」として疑問を呈する。この見解では当然に、マルクスのように流通手段貨幣を「商品価値の独立化」ととらえることにも反対する。

山口によれば、マルクス貨幣論に対し、「宇野の論点」からは、次のようになるという。「この展開によれば、商品は、G―Wによって現実の貨幣に転化してはじめてその価値性格を実証しうるものとなる。価値はあらかじめ個々の商品に社会的に確定したものではなく、また商品にある一定の価値量がそれ自身貨幣に転換するというものでもなく、まさに貨幣による商品の購買を通してのみ商品価値は実現されるということになる。」［山口1 *169*］

宇野＝山口の価値論では、孤立的なWそれ自身では価値は成立せず、G―Wが成立してはじめて価値が成立するとする。一回切りのG―Wでは、そこで決定される価格は偶然性、個別性を免れない。だから、宇野＝山口のように、種々成立する価格を通しての一商品の価値の「実証」あるいは「実現」を言うなら、貨幣論段階ですでに、「商品をくり返し購買する貨幣の機能」を前提せざるをえない。しかし、これでは、すでに価値尺度論で見たように「繰り返されることによって―結局は生産過程によって―訂正されてくる」［宇野4 *57*］として、生産過程への言及に及ばざるをえなくなる。しかし、この解決では、流通形態としての貨幣の機能を曖昧にするものだという批判が宇野学派内部からもあった。山口は、それを意識して、「私としては、流通論では価格変動の重心を理論的に規定できない以上、価格は無規定的に変動するとしか言いようがないのではないかと考えている」（［山口2 45］）としている。しかし、これでは「くり返し購買する貨幣」の意味は何もないことになり、宇野説以来の難点を解決したことにならない。

4段落――Umlauf の訳語問題

流通W―G―Wでは、商品はたえず消費に落ちていくのに対し、貨幣は「流通手段としていつでも流通部面に住んでおり、たえずその中を駆け回っている」、つまり「徘徊」（批八二）している。これが、本論文で貨幣の Umlauf を「流通」と訳さないで訳語を変えて「通流」としたゆえんである。通流貨幣が流通部面から出て行かないから、「流通必要金量」という考え方もでてくるのである。

5段落――「正常な過程想定」への宇野の批判

マルクスは、商品流通に必要な流通手段量について、「すでに諸商品の価格総額によって規定されている」としている。商品の価格総額そのものは、商品の価値総額を一定の価値をもつ貨幣金の総額で表現したものである。これは価値尺度貨幣の観念的な機能で果たされ、流通手段論の問題ではないとしている。たしかに、商品は売れ残るかもしれないし、金の価値も変動して止まないものである。しかし、流通手段の必要量を決定する際には、正常なW―G―Wの進行を想定して、商品はすべて売れる、金の価値変動は捨象して議論を進めることは当然のことである。しかし、宇野弘蔵は、ここで、商品は市場に出されても売れるとは限らないという論点を導入する。商品の価格総額と流通する価格総額とはちがうというのである。宇野は言う。

〈マルクスは流通手段としての貨幣の量を（商品の価格総額÷同一名目個貨の流通速度）という周知の式をもって表しているが、「商品の価格総額」は、当然流通する商品の価格総額でなければならない。これは前後に述べるところからいって単なる省略であるようにも見えるが、しかしマルクスのように商品の価値表示としての貨幣形態を直ちに貨幣の価値尺度とするのでは、市場に売りに出されている全商品と、実際に売買される商品との区別は、不明確になり、「商品の価格総額」が前者であるかの如くに考えられる――ということはないにしても、この式の不精確さの危険性は大きい。〉［宇野4 *61*］

宇野の「市場に売りに出されている全商品と、実際に売買される商品との区別」という論点、換言すれば、貨幣による価格表現とは別の価値尺度機能（購買手段貨幣が繰り返しの売買で商品の価格をある水準に落ち着かせる機能）を立てる議論は、W―Gの「命がけの飛躍」を重視する方法論からきている。宇野学派はほぼ例外なしにこの方法を採用している。これに対し、久留間鮫造は、「Wが社会的欲望に適合しないことから生じるW―Gの困難は、捨象されるのが当然」［久留間2 *239*］という。必要流通手段の量は、W―G―Wの進行が正常でも不正常でも発生する問題で、かつ不正常な場合は正常な場合の派生的問題として処理できるのであるから、宇野の問題提起は無用な混乱を招くだけである。

7段落――遊部久蔵の「金貨もまた紙幣流通法則に服する」について

ここでは第6と第7の両段落にまたがる論点として、遊部説を取り上げる。マルクスは、ここ第6、7の段落では、流通必要金量を、金の価値一定、金の流通速度を一定（捨象）という前提で、求めている。そうすると変動要因は商品の価格総額の変動（現実の価値変動反映の場合と単なる市場価格の変動の場合）だけである。マルクスは流通必要金量が変動した場合の結果については述べていない。しかし、この結果の考察は後の紙幣減価論に大事である。価格総額変動を受けて変動した結果の流通必要金量と従前のように現実に流通している金量とのあいだの量的な違い、それに基づく金の購買力の変動という問題が発生するからである。遊部は、もし金貨が必要金量に比して過剰な場合には、「金貨の現実の価値（購買力）は本来それが具有している価値（それに対象化されたる社会的必要労働量）以下となるであろう。そして一方商品価格の名目的騰貴ということが起こる。一般的等価物としての金貨と商品とのあいだに不等価交換が起こるであろう。従って金の鋳貨価格と市場価格との乖離も生ずるであろう。しかしかくの如き事態は極めて経過的に存するのみである。」［遊部 *3*］これは不換紙幣の過剰発行と同じ結果である。遊部は「極めて経過的」と限定をつけながらもこの観点を認めたため、「金貨も又紙幣流通の法則に服する」［遊部 *135*］と述べることになる。しかし、流通量と流通必要金量との量的齟齬は一定期間を考察すれば相殺されるのであるから、遊部命題はどう見ても行き過ぎの断定であるが、流通必要金量が変動期にある場合の金貨の価値という論点を提示した点は評価してよい。

8 段落――通流貨幣の受動的性格を強調する日高晋説

日高晋は「流通手段として機能している貨幣の量は、一般的に（流通する商品の価格総額÷貨幣の通流回数）という公式であらわすことができる。ただこのばあい、貨幣の通流回数というのは、商品流通の頻度の反映にほかならないことを忘れてはならない。それを逆に、貨幣の通流が商品の流通を規定すると考え、商品が売れないのは貨幣が少ないからだと考えられやすいが、そうではない。」［日高 *31*］と言う。この限りでは特に問題はないが、さらに敷衍して、「いずれにしても、貨幣の側に商品流通の変化の原因を求めることはできない。……流通手段としての貨幣がもつ受動的な性格は、流通手段に特有な形態である鋳貨を可能にする」（同上）にまで発展させられると問題である。たしかに流通手段機能では、「貨幣運動はただ商品流通の表現でしかないのに、逆に商品流通がただ貨幣運動の結果としてのみ現れる」（ＫⅠ一三〇）のであり、その商品流通と貨幣運動との外観的表現の転倒性は、商品流通の一大特徴である。しかし、これは能動的―受動的という性格の問題ではない。仮にそれで言うなら、受動的に見えるのは「貨幣」ではなくむしろ商品の側である、とすべきである。立論はちがうが、宇野理論の［山口3 72］も、日高の通流貨幣の「受動的な性格」の指摘は、流通手段には「無縁な規定」だとしている。まして、通流貨幣の機能からむりやり鋳貨を摘出しようとして、その「受動的な性格」を強調するのはおかしい。

9段落——流通速度の可変性に関する高須賀説

『資本論』第三部に、流通速度と流通量の代替性について明言がある。

「流通手段として流通する貨幣の速度（これによっても流通手段は節約される）は、まったく、売買の流れに、または、支払が次々と貨幣で行われる限りでは、支払の連鎖にかかっている。ところが、信用は貨幣の速度を媒介し、またそうすることによって流通の速度を高める。」（KⅢ五三七）

高須賀義博は、右を一つの根拠に、「マルクスが流通手段としての貨幣の流通速度の可変性を原理的に認めていたとすれば、貨幣流通法則を流通必要金量の決定式と見ることは不可能であ（る）」［高須賀2 51］という。高須賀のいう「可変性」とは、流通必要金量と流通速度とのあいだに相互代替性あるいは相互依存性があることを指すのであろう。流通手段の速度と量とが相互依存なら、貨幣の流通速度を特定しない限り、貨幣流通法則から流通必要金量を決定することはできないからである。この点『資本論』では言及がないが、しかし、『批判』には金の流通速度がある程度金の流通量の代替をするという観点がある。

「すでに見たように、流通する貨幣の量は、たんに実現されるべき商品価格の総額によって規定されるだけでなく、同時に貨幣が通流する速度、つまり貨幣が与えられた期間内にこの実現の仕事をなしとげる速度によっても規定される。……だから金の通流の速度は、金の量の代わりをすることができるのであり、言い換えれば、流通過程における金の定在［＝金の必要量］は、たんに商品と並んでいる等価物としてのその定在［＝商品価格総額実現のために必要な金量」によって規定されるだけでなく、商品変態の運動の内部での金の定在［＝金の流通速度］によっても規定される。けれども貨幣通流の速度はある一定程度までしかその量の代わりをしない。なぜならば、どの与えられた時点でも、際限なく分裂した買いと売りとが、空間的に並行して行われるからである。」（批八五、角カッコの補足山内）

しかし、「流通速度と量との代替性」は、信用論それも金融政策の問題であり、「商品と貨幣」篇段階では、次段落以下のように、ある時期には与件としての平均速度が存在し、それが変化するとして、代替性は取り上げなくてもいい問題である。

12段落――価格騰落と流通貨幣増減の関係

商品価格が上がった場合、ほかの要因が不変なら流通手段量が増大するのは自明であるから、ここではそれには言及していない。しかし、この点は『批判』にあるように、貨幣数量説批判としては大切な論点である。「そこで、流通の速度が前提されているとすれば、流通手段の量は、単純に商品の価格によって規定される。だから流通する貨幣が増減するから価格が騰落するのではなく、価格が騰落するから、流通する貨幣が増減するのである。これは最も重要な経済法則の一つであって、商品価格の歴史によって詳細にこれを証明したのは、おそらくリカード以後のイギリス経済学の唯一の功績をなすものであろう。」（批八六）

15段落――貨幣流通法則を貨幣数量伸縮法則とする岡橋説

岡橋保は、冒頭の「流通手段の量は、流通する商品の価格総額と貨幣流通の平均速度とによって規定されているという法則」に特異な解釈を施す。すなわち「商品流通は一定量の貨幣しかうけいれることができないし、しかも諸商品の価格や形態転換の速度も変動してやまないから、貨幣の膨張・収縮は必然的な法則としてあらわれる（Kr.100）。かくして貨幣流通の法則とは、この数量伸縮の必然的な法則にほかならない。」［岡橋1 *61*］そして、この法則は金属貨幣に妥当するだけでなく、「すべての代用貨幣、ことに銀行券の流通においても支配しているところの『一般的に妥当する』法則でもある」［岡橋2 *278*］とする。

しかし、ここで岡橋が貨幣流通法則を言い換えて「貨幣の膨張・収縮は必然的な法則」としたのは、疑問である。貨幣流通法則により、流通必要貨幣量が変動し、伸縮するのは当然で、ことさら必然的な法則というほどのことではない。岡橋は『批判』一〇〇ページを指示して、典拠を示しているようであるが、その箇所はむしろ岡橋と逆のことを言っている。正確に引用して見よう。

「商品の交換価値が与えられていれば、流通する金の量はそれ自身の価値によって決まるのに、紙券の価値は流通するその量によって決まる。流通する金の量は商品価格の騰落によって増減するのに、商品価格は流通する紙券の量の変動につれて騰落するように見える。商品流通はただ一定量の金鋳貨を吸収することができるだけであり、したがって、流通する貨幣の交互の収縮膨張が必然的な法則として現れるのに、紙券はどんなに増加しても流通に入り込むように見える。」（批一〇〇）

以上のように、『批判』は金貨幣流通と紙幣流通を対比して論じている。金の場合は、仮に金の膨張・収縮が発生しても流通が「一定量の金鋳貨を吸収する」だけであるから、金地金と金鋳貨との相互乗り入れや金の輸出入が行われて、金の膨張・収縮は速やかに解決されるから、貨幣の膨張・収縮が「必然的な法則」になるといってよいが、紙幣の場合は、「どんなに増加しても流通に入り込む」ので、「流通する貨幣の交互の収縮・膨張が必然的な法則として現れる」ことはない。だから、一般的に妥当する貨幣流通法則に「数量伸縮の必然的な法則」があるとはいえない。岡橋が「必然的な法則」を誤解した上に、伸縮法則を「一般的に妥当する法則」とまで持ち上げているのは、岡橋の紙幣流通=法則論に、解釈をあわせるためでないかと考えられる。

少し先回りするが、岡橋は、紙幣流通の際には法則が二つあるとした。すなわち、金属貨幣流通法則が妥当する場合と、「紙幣流通の特殊法則」が妥当する場合の二つがあるとした。飯田繁らの通説的理解では、不換銀行券の本質を国家紙幣と同じものと見て、不換銀行券流通下では、「紙幣流通の特殊法則」だけが支配するとする。したがって、紙幣専一流通の場合は、紙幣濫発により紙幣減価という貨幣数量説的結果が生じる。これに対し、「岡橋1 *106*」は、不換銀行券を信用貨幣と規定し、流通必要金量内の紙幣発行では紙幣は（金属）貨幣流通法則に支配されるが、濫発され金紙の正しい代表関係がやぶれ、価格標準が変更された場合には、「紙幣流通の特殊法則」が支配するとした。流通必要金量内の紙幣発行の場合でも、『資本論』本項の⑩から⑮段落のように流通必要金量の変動は排除できないから、適量の紙幣でも変動した金必要量に対し過剰・過小がありうる。岡橋説では、この場合速やかに金貨幣が収縮・膨張しないと具合が悪いから、（金属）貨幣流通法則をいう場合に貨幣量伸縮法則を強調しておく羽目になったものであろう。

原注⑹段落――ヒュームの貨幣数量説

ヒュームらの貨幣数量説は、「商品の価格は流通する貨幣の量によって決まるのであって、逆に流通する貨幣の量が商品の価格によって決まるのではない」（批一三五）という主張を根幹とする。それは、「アメリカの鉱山の発見以来の金属貨幣の増加と時を同じくする商品価格の騰貴が、彼の理論の歴史的背景をなしている」（批一三六）。「ヒュームの流通理論を要約すれば、次の命題になる。（一）一国の諸商品の価格は、その国に存在する（現実的または象徴的）貨幣の量によって規定される。（二）一国で流通している貨幣は、その国に存在するすべての商品を代理する。代理者、すなわち貨幣の数量が増減するに〔逆〕比例して、代理されるものが個々の代理者〔＝貨幣〕に割り当てられる量が増減する。（三）商品が増加すれば、それらの価格が下落し、つまり貨幣の価値が上昇する。貨幣が増加すれば、逆に諸商品の価格が騰貴して、貨幣の価値が下落する。」（批一三七）

貨幣数量説にたいする一般的批判としては、1．貨幣＝金の価値の規定を欠く、2．価値尺度や蓄蔵貨幣等の貨幣諸機能の認識を欠く、3．貨幣の諸形態、すなわち金属貨幣、国家紙幣、銀行券の区別を欠く、4．紙幣流通の法則を貨幣一般の流通法則と誤る、5．貨幣の流通の多寡が物価変動の主要因だと誤る、等があげられる。

原注㈧段落——労働価値説のリカードが貨幣数量説におちいった理由

リカードは、その本来の理論からすれば、商品も金もその価値量を生産に投下した労働量で規定するはずである。ところが、金の輸出入の観点を入れて金の価値を流通必要量との数量関係で説明する貨幣数量説になっている。リカードの影響力はJ・S・ミルにも、現在の近代経済学の貨幣数量説にもおよんでいる。だから、労働価値説のリカードがなぜ貨幣数量説に陥ったかは理論的に興味ある問題である。その理由をマルクスは『批判』で詳しく説明しているので、その要点を示す。

1．リカードは販路説に影響されて、W—G—WをW—Wにし、Gをたんに流通媒介物ととらえるため、「貨幣をただの価値章標」（批一四四）と把握する。

2．価値章標（紙幣）が流通必要金量の範囲内で発行されれば、紙幣は金貨幣に置き換わる。その場合でも、生産力変動による商品価格総額の変動がありえ、流通必要量に対して過大、もしくは過小がありうる。過大な場合は商品価格の騰貴が、過小な場合は下落が起きる。この紙幣流通の法則を今度は金の流通に当てはめる。金の価値にかかわらず、流通する貨幣金の価値はそれより過小または過大になることがありうるとする。

3．金の金属価値と金の流通価値との矛盾が生じるが、それは国内金生産の増減に影響して、結局は価値尺度金の地位は回復する、とする。

4．国内金生産を現実の金の輸出入に置き換えれば、金の流出入により、国内の物価が調整されるということであり、金本位制の自動調節メカニズムであり、彼の自由貿易の主張の根拠になるものである。

5．要するに「リカードは現実の諸現象を、彼の抽象的理論の趣旨にあわせて無理やり組み立てている」（批一五一）のである。

(139)

c　鋳貨、価値章標①

□1 鋳貨の形態――貨幣の流通手段機能から発生

流通手段としての貨幣の機能からは、貨幣の鋳貨姿態が生ずる。② 諸商品の価格または貨幣名として表象されている③金の重量部分④は、流通のなかでは同名の金片または鋳貨⑤として商品に相対しなければならない。価格の度量標準の確定と同様に、造幣⑥の仕事は国家の手に帰する。金銀が鋳貨として身につけ世界市場では再び脱ぎ捨てる⑦いろいろな国家的制服には、商品流通の国内的または国家的部面とその一般的な⑧世界市場部面との分離が現象する。

□2 鋳貨の名目純分と実質純分の分離――金が現実の等価物でなくなる

つまり、金鋳貨と金地金とは元来はただ外形によって区別されるだけで、金はいつでも一方の形態から他方の形態に変わることができるのである。[八一] しかし、

① 「Coin and Symbol of Value 鋳貨と価値象徴」（英）。「鋳貨」も「章標」も英語版表題が一番わかりやすい。
　『批判』の鋳貨の定義―「金は流通手段としてのその機能では、独自な形をとり、それが鋳貨となる。……表象された金の重量部分を含んでいることをその極印と形状とで示す金片が鋳貨である。」（八七）

② 「貨幣は流通手段としてはいつでも流通部面に住んでおり、たえずそのなかを駆け回っている」（前（b）項□4段落、KI一三二）から、現物の金地金でなくても、貨幣名が金の品位と重量を保証するコインで、流通手段の機能を果たすことができる。

③ vorgestellte 想像された。

④ たとえば五〇〇〇円の商品＝三gの金、ここでは三gの金は「表象されている金の重量部分」でよく、現物の金である必要はない。

⑤ W―G―Wの流通のなかでは「金片」や「鋳貨」は現物でなければならない。

⑥ Munzung 鋳貨、鋳造。

⑦ 後出の「世界貨幣」で地金形態に逆戻りする。

⑧ 商品流通は本質上「世界市場」が一般的で、「国内（市場）」は特殊的。

造幣局からでていく道は同時にるつぼへの道でもある。①通流のなかで、金鋳貨は、あるものはより多く、あるものはより少なく摩滅する。金の称号と金の実体とが、名目純分と実質純分とが、その分離過程を開始する。同名の金鋳貨でも、重量が違うために、価値の違うものとなる。②流通手段としての金は価格の度量標準としての金から離れ、したがってまた、それが価格を実現する諸商品の現実の等価物ではなくなる。一八世紀までの中世および近世の鋳貨史は、このような混乱の歴史をなしている。鋳貨の金存在を金仮象③に転化させるという、すなわち鋳貨をその公称金属純分の象徴に転化させるという、流通過程の自然発生的な傾向は、金属喪失④が一個の金貨を通用不能にし廃貨とするその程度についての最も近代的な法律によっても承認されているところである。⑤

八一　造幣手数料やその他の細目を論ずることは、もちろん、まったく私の目的外のことである。だが、「イギリス政府が無料で造幣する」⑦という「崇高な寛大さ」⑥を驚嘆するロマン主義のへつらい者アダム・ミュラーにたいしては、サー・ダッドリ・ノー⑧スの次のような批判がある。「銀や金には、他の商品と同じに、その干満がある。スペインから多量に到着すると……それはロンドン塔⑨に運ばれて鋳造される。やがて輸出されるために地金にたいする需要が再び現れるというのに。もし地金がなくて、たまたま全部が鋳貨になっているとすれば、どうなるか？　再びそれを鋳つぶす。そうしても損失はない。というのは、造幣はその所有者に少しも費用をかけないからである。

①　「鋳貨は造幣局から出ていくとき、すでにるつぼへの途上にある。」(仏)
②　新鋳貨と摩滅・盗削された鋳貨では、含まれる金の純量が違ってくるので、厳密には価値も違っているが、ここでは鋳貨として同じ価値で通用する。
③　Goldschein。「見せかけの金」(仏)。
④　「金属の摩滅度」(仏)。
⑤　「たとえばイギリスの法律によれば、〇・七四七グレーン以上の重量を失ったソブリン金貨は、もはや法定のソブリン金貨ではない。」(批九一)
⑥　この言葉はミュラーのもの。『批判』では「ミュラー氏はイギリスの役人が自分のポケットから造幣費を出すと信じているらしい」(批五七)と続く。
⑦　ドイツの政論家で経済学者(一七七九—一八二九)。引用は彼の著『政治学要論』、第二部、ベルリン、一八〇九年、二八〇ページから。『批判』五七に「ディレッタント的な惑溺」のロマン主義者ミュラーへのこてんこてんの批判がある。
⑧　(b)項[9]段落原注七七参照。
⑨　当時造幣局があった。

こうして、国民はひどい目に遭わされ、ロバに食わせるためにわらをなう費用を支払わされた。[⑩] もし商人が」(ノース自身もチャールズ二世時代の最大の商人の一人であった)「造幣料を支払わされたとすれば、彼はよく考えずに彼の銀をロンドン塔に送らなかったであろう。そして鋳造貨幣はつねに鋳造されていない銀よりも高い価値を保つであろう。」(ノース『交易論』、一八ページ)

⑩ つまり、国民の税金で鋳造費がまかなわれている。

3 補助鋳貨出現の歴史的、技術的事情――流通そのものに内在

貨幣通流そのものが鋳貨の実質純分を名目純分から分離し、[①] その金属定在をその機能的定在から分離するとすれば、貨幣通流は、鋳貨機能にあるその金属貨幣を、他の材料からなっている表章[②]または象徴[③]によって置き換えることのできる可能性を、潜在的に含んでいる。金または銀のまったく微小な重量部分を造幣することとの技術上の困難、また、最初はより高級な金属のかわりにより低級な金属が、金のかわりに銀が、銀のかわりに銅が価値尺度として役立っており、したがってより高級な金属がそれらを退位させる瞬間にそれらが貨幣として流通しているという事情は、銀製や銅製の表章が金鋳貨の代用物として演ずる役割を歴史的に説明する。これらの金属が金の代理をするのは、商品流通

① 「流通速度が同一不変ならば、鋳貨が長く流通すればするほど、また同一の時間内にその流通が活発になればなるほど、鋳貨の鋳貨としての定在は、その金または銀としての定在を離れる。残るものは、偉大なる名称の影である。鋳貨の身体は、もはや影にすぎない。」(批八九)
② Marken しるし、章標。
③ Symbol。「コインとして同じ役割を果たすシンボル」(英)。

のなかでも、鋳貨が最も急速に流通し、したがって最も急速に摩滅するような、すなわち売買が最小の規模で絶え間なく繰り返されるような領域である。これらの従者④が金そのものの地位に定着するのを阻止するために、金のかわりにこれらの金属だけが支払われる場合に、それを受け取らなければならない割合が、法律によって非常に低く規定される。⑤いろいろな鋳貨種類が通流する特殊な諸領域は、もちろん、互いに入り交じっている。補助貨幣は、最小の金鋳貨の何分の一かの支払いのために金と並んで現れる。金は、絶えず小額⑥流通にはいるが、補助鋳貨との引換えによって同様に絶えずそこから投げ出される。〔八二〕

〔八二〕「もし銀貨が、小額支払のために必要な量をけっして超えないならば、それを集めても高額支払のために十分な量にすることはできない。……大口の支払での金の使用は、必然的に小売取引でのその使用を含んでいる。金貨をもっている人々は、小額の買物でもそれらを差し出して、買った商品と一緒におつりとして銀貨を受け取るからである。こういうやり方で、小売商人を悩ますであろうこの余分な銀貨が引き上げられて、一般的流通に散布される。しかし、もし銀貨が、金貨に頼らずに小額の支払を処理できるほど多くあるとすれば、そのときは小売商人は小額の買物にたいしては銀貨を受け取らなければならない。そうすれば、銀貨はどうしても彼の手にたまらざるをえないのである。」（デビット・ビュカナン⑦『イギリスの租税および商業政策の研究』、エディンバラ、一八四四年、二四八、二四九ページ）

④ Trabanten 衛星、鞄持ち。

⑤「たとえばイギリスでは、銅貨はわずか六ペンスの額まで、銀貨はわずか四〇シリングの額まで、支払に際して受け取る義務があるだけである。」（批九二）

⑥ Detail 小売。

⑦ イギリスの経済学者（一七七九―一八四八）「重農主義者への大反対者」（Mw I 一九）。

4 金の鋳貨機能は象徴貨幣でも――補助鋳貨から紙幣へ

銀製や銅製の表章の金属純分は、法律によって任意に規定されている①。それらは、通流のなかで金鋳貨よりももっと速く摩滅する②。したがって、それらの鋳貨機能は事実上それらの重量から、すなわちどんな価値③からも、独立④したものとなる。金の⑤鋳貨定在は完全にその価値実体から分離する⑥。つまり、相対的に無価値なもの、紙券⑦が、金に代わって鋳貨として機能することができる。金属製の貨幣表章⑧では、純粋に象徴的な性格⑨はまだいくらか隠されている。紙幣⑩では、それが一見してわかるように現れている。要するに「困難なのは第一歩だけ⑪」である。

5 考察対象――強制通用力のある国家紙幣だけ

ここで問題にするのは、ただ、強制通用力のある国家紙幣①だけである。それは直接的に、金属流通から生まれてくる②。これに反して、信用貨幣③は、単純な商品流通の立場からはまだまったくわれわれに知られていない諸関係④を内蔵し

① 金鋳貨の場合はその金属含有量は価値論的な根拠があったが、銀貨や銅貨はその金属含有量は法律で決められる。
② 補助鋳貨は「最も急速に摩滅する」ような小口売買で流通しているからである。
③ 「結果として」(英)。
④ 「完全に completement」(仏の挿入)。
⑤ 仏語版はここで段落を変え、次のような重要な挿入がある。「それにもかかわらず、そしてこれが重要な点であるが、それらは金鋳貨の代理人として機能し続ける。自己の金属価値から全面的に解放された金の鋳貨機能は、金の流通自体の摩擦 frottement によって生み出された現象である。」
⑥ 金の鋳貨という機能的定在は、完全にその金属的定在、すなわち金貨が価値をもつとしていた実質から分離する。「価値実体」は価値論では労働をさすが、ここでは価値ある実質の意。
⑦ Papierzettel。paper note (英)。
⑧ Geldmarken。銀貨や銅貨という補助鋳貨のこと。
⑨ 鋳貨が象徴的になるのは必然だから↓論点参照。
⑩ Papiergeld。paper money (英)。
⑪ 原文仏語で、「費用がかかるのは最初の一歩のみ」が直訳。

① ここの国家紙幣は金との兌換はできない。具体例としては、明治初年の太政官札、第一次大戦中の補助貨の不足を補うための五〇銭、二〇銭の小額紙幣。
② すなわち銀貨、銅貨という補助貨幣の代

ている。⑤だが、ついでに言えば、本来の紙幣⑥が流通手段としての貨幣の機能から生ずるように、信用貨幣は、支払手段⑦としての貨幣の機能にその自然発生的な⑧根源をもっているのである。⑨〔八三〕

〔八三〕 シナの財務官の王茂蔭⑩は、シナの帝国紙幣を兌換銀行券に変えることを密かにねらいとした一計画を天子に呈しようと思いついた。一八五四年の［不換］紙幣委員⑪会の報告では、彼は手ひどくきめつけられている。彼が竹の鞭でめちゃくちゃにたたかれたかどうかは、述べられていないが。報告は最後に次のように述べている。「委員会は、彼の計画を入念に検討した結果、この計画ではいっさいが商人の利益になってしまい皇帝に有利なものは何もないということを見いだした。」（『北京駐在ロシア帝国公使館のシナに関する研究』。K・アーベル博士及びF・A・メクレンブルクによるロシア語からの翻訳。第一巻、ベルリン、一八五八年、五四ページ）通流による金鋳貨の不断の摩滅について、イングランド銀行の「総裁」は「上院委員会」（『銀行法』に関する）で証人として次のように述べている。「毎年一部の新しいソヴリン」⑫（政治上のソヴリンではなく、ポンド・スターリングの名称のソヴリン）「が軽すぎるようになる。ある年には量目十分として通る部類が、翌年には天秤の反対側の皿が下がるほどまで摩滅してしまう。」（上院委員会、一八四八年、第四二九号）⑬

わりをする。

③ 「信用に基づいた貨幣」（英）。商人や生産者が振り出す約束手形、商業手形、それらに基づく銀行手形、など。

④ 資本関係、特に貸付資本関係。

⑤ unterstellen 前提している。

⑥ ここで問題にしている価値章標としての紙幣。

⑦ 後払いの手段。

⑧ 「自然的な」（仏）。

⑨ 後の支払手段の箇所につぎのようにある。――「信用貨幣は、支払手段としての貨幣の機能から直接に発生するものであって、それは、売られた商品にたいする債務証書そのものが、さらに債権の移転のために流通することによって、発生するのである。」（KⅠ一五三）

⑩ 一九世紀中頃の清朝の戸部侍郎＝財務大臣。

⑪ Assignaten 元来はフランス革命時のアシニア不換紙幣を指す。

⑫ 語呂合わせ的なしゃれ。英語の「ソヴリン」は「君主」の意味であるが、同時に「ソヴリン」は一ポンド・スターリング貨の名称でもある。

⑬ 注八三は、初版以来すべての版で変更はないが、前半の中国の例は適当な例としても、後半のイングランド銀行の例は鋳貨摩滅の話で国家紙幣のことではないから、この注にふさわしくない。

(142)

6 紙幣流通の独自法則――紙幣発行は金が現実に流通する量に制限されるべき

一ポンド・スターリングとか五ポンド・スターリングなどの貨幣名の印刷されている紙券が、国家によって外から流通過程に投げこまれる。それが同じ名称の金の額に代わって①現実に流通するかぎり、その運動にはただ貨幣通流そのものの諸法則が反映するだけである。②紙幣流通の独自な法則は、ただ金にたいする紙幣の代表関係から生じうるだけである。③そして、この法則は、単純に、次のようなことである。④すなわち、紙幣の発行は、紙幣によって象徴的に表示される金（または銀）が現実に流通しなければならないであろう量に制限されるべきである、ということである。⑤ところで、たしかに、流通部面が吸収できる金量は、ある平均水準を絶えず上下に変動する。けれども、与えられた一国における流通媒介物⑥の量は、経験的に確認される一定の最低分量より下にはけっして下がらない。この最小分量が絶えずその成分を取り替えるということ、すなわち、つねに違った金片からなっているということは、もちろん、この最⑦小分量の範囲や、それが流通部面を絶えず駆け回っているということを、少しも変えはしない。それだからこそ、この最小分量は紙製の象徴によって置き換

① 「同じ名称の金の重量」（仏）。
② 価値尺度のように「観念的」存在ではなく、流通手段として「現実に」。
③ これが紙幣を流通手段としてみた場合の基本的な観点である。
④ 紙幣の金鋳貨とちがう独自な法則。
⑤ 「もし、一四〇〇万ポンド・スターリングが商品流通に必要な金の総額であって、国家がそれぞれ一ポンドの名称をもつ二億一〇〇〇万枚の紙券を流通に投じたとすれば、この二億一〇〇〇万枚は一四〇〇万ポンド・スターリングの金の代理者に転化したことになろう。」（批九八一九）
⑥ zirkulirenden Medium 流通手段。
⑦ 仏語版はここで段落替え。

えられることができるのである。これに反して、もし今日すべての流通水路がその貨幣吸収能力⑧の限度いっぱいまで紙幣で満たされてしまうならば、これらの水路は、商品流通の動揺⑨の結果明日はあふれてしまうかもしれない。およそ限度というものがなくなってしまう。⑩しかし、紙幣がその限度、すなわち流通しえたはずの同じ名称の金鋳貨の量を越えても、それは、一般的な信用崩壊の危険は別として、商品世界のなかでは、やはり、この世界の内在的な諸法則によって規定されている金量、つまり代表されうるだけの金量を表わしているの⑪である。⑫紙券の量が、たとえば一オンスずつの金のかわりに二オンスずつの金を表示しているとすれば、たとえば一ポンド・スターリング⑬は、事実上、たとえば$\frac{1}{4}$オンスの金のかわりに$\frac{1}{8}$オンスの金の貨幣名になる。⑭効果⑮は、ちょうど価格の尺度⑯としての金の機能が変えられたようなものである。したがって、以前は一ポンドという価格で表現されていた同じ価値が、いまでは、二ポンドという価格で表現されることになるのである。

⑧ 「貴金属にたいする吸収能力」（仏）。
⑨ 「商品価格のほんのわずかな動揺」（仏）。
⑩ 仏語版段落替え。
⑪ vorstellen 表現する。
⑫ 以下は仏語版や英語版の方が分かりやすい。仏語版「紙券の総量が、かくあるべき総量の二倍になれば、$\frac{1}{4}$オンスの金を代表していた一ポンド・スターリングという紙幣は、もはや$\frac{1}{8}$オンスの金しか代表しない。効果は金が価格の度量標準としての機能において変更された場合と同じになる。」英語版は第二版と仏語版を合同した表現。「もしも発行される紙幣の分量が当然発行されるべき量の二倍になったとすれば、事実上、たとえば一ポンド・スターリングは$\frac{1}{4}$オンスの金ではなく、$\frac{1}{8}$オンスの金の貨幣名になるであろう。効果はあたかもある変更が価格の標準としての金の機能において起こったのと同じであろう。以前一ポンド・スターリングの価格によって表現されていたこれらの価値は、いまでは二ポンド・スターリングの価格によって表現されるであろう。」
⑬ 紙幣。「一ポンド・スターリング券」（仏）。
⑭ 初版は次のとおり。「その貨幣名は事実上、たとえば$\frac{1}{4}$オンス当たり一ポンド・スターリングのものが$\frac{1}{8}$オンスあたりの名前に減じるであろう。」
⑮ Wirkung 結果、作用。
⑯ Mass der Preise。仏 etalon de prix 価格の度量標準、英 a standard of prices。「価格の尺度」は正確には「価格の度量標準」（仏）のこと。

7 紙幣は金量を代表する金章標——そのかぎりで価値章標

紙幣は金章標または貨幣章標である。[①] 紙幣の商品価値にたいする関係は、商品価値が観念的に同じ金量で表現されているように、[②] その同じ金量が紙幣によって象徴的感覚的に表示されているということにあるだけである。紙幣は、それが、すべての他の商品量と同じようにやはり価値量である金量を代表するかぎりにおいてのみ、価値章標[③]なのである。[八四]

八四　第二版への注。貨幣制度[④]についての最良の著述家たちでさえ、貨幣のいろいろな機能をどんなに不明瞭にしか理解していないかは、たとえばフラートン[⑤]からの次の箇所に示されている。「われわれの国内取引に関するかぎりでは、通常は金銀鋳貨によって果たされる貨幣機能のすべてが、法律によって与えられる人為的慣習的な価値以外に何らの価値ももたない不換紙幣の流通によっても同様に有効に遂行されうるということは、思うに、否定しえない事実である。この種類の価値は、その発行高が適当な限度内に保たれていさえすれば、内在的価値のあらゆる目的に答えられるのであり、また、度量標準の必要さえなくすことができるのである。」（フラートン『通貨調整論』、第二版、ロンドン、一八四五年、二一ページ）。つまり、貨幣商品は、流通のなかではたんなる価値章標によって代理されることができるのだから、価値の尺度としても価格の度量標準としても、貨幣商品は不要だというのである！

① 「紙幣は金や貨幣を代表しているしるし token である。」（英）
② 「商品価格の観念的に表現されている金の同じ量」（仏）。
③ Wertzeichen。「価値のしるし signe」（仏）。「価値の象徴 symbol」（英）。
④ Geldwesen。貨幣のこと。
⑤ イギリスの経済学者（一七八〇—一八四九）。ピール銀行法のもとになった「通貨主義」（＝銀行券の発行を金量によって規制すべきと主張）に反対して、銀行券は政府紙幣と違い需要によって数量が決まるとした。

[8] なぜ金は紙幣で置き換えられるか――流通で瞬間的契機の最低必要金量の存在

最後に問題になるのは、なぜ金はそれ自身の単なる無価値な章標によって置き換えられることができるのか？　ということである。しかし、すでに見たように、金がそのように置き換えられることができるのは、ただ、それが鋳貨または流通手段というその機能において孤立化されまたは独立化されるかぎりにおいてにすぎない。①ところで、この機能の独立化②は、摩滅した金片がひきつづいて流通するということのうちに現象するとはいえ、個々の金鋳貨について起こるのではない。金片が単なる鋳貨または流通手段であるのは、ただそれが現実に通流しているあいだだけでのことである。③しかし、個々の鋳貨には当てはまらないことが、紙幣によって置き換えられることができる最小分量の金には当てはまるのである。この最小分量の金は、つねに流通部面に住んでいて、ひきつづき流通手段として機能し、したがってもっぱらこの機能の担い手としてのみ存在する。だから、その運動は、ただ商品変態W―G―Wの対立する諸過程の継続的な相互変換を表示しているだけであり、これらの過程では商品にたいしてその価値姿態④が相対したかと思えばそれはまたすぐに消えてしまうので

① 本項の[2]段落に、「流通しているうちに金鋳貨は、……金の称号と金の実体とが、……その分離過程を開始する。……流通手段としての金は価格の度量標準としての金から離れる」（KⅠ一三九）とあった。

② 金がもはや価値尺度や価格の度量標準の機能を果たさず、もっぱら鋳貨（流通手段）の機能としてだけ意義を持つこと。

③ 個々の鋳貨は、通流のなかで摩滅の度合いに差があるからである。だから、「（もっぱら流通手段という）機能の独立化」は、個々の鋳貨の「現実の通流（の事実）」からは生じない。

④ W―G―WのGはWの価値姿態である。

ある。商品の交換価値の独立的な表示⑤は、ここではただ瞬間的な契機でしかない⑥。すぐにそれは、他の商品によって再び置き換えられる。それだから、貨幣をたえず一つの手から別の手に遠ざけていく過程⑦では、貨幣のたんに象徴的な存在でも十分なのである。貨幣の機能的定在⑧が、いわば貨幣の物質的な定在を吸収するのである⑨。商品価格の瞬間的に客観化された反射⑩としては、貨幣はただそれ自身の章標として機能するだけであり⑪、したがってまた章標によって置き換えられることができるのである。(八五) しかし、貨幣の章標⑫はそれ自身の客観的に社会的な妥当性⑬を必要とするのであり、これを紙製の象徴は強制通用力によって与えられるのである。ただ、一つの共同体の境界によって画された、または国内の、流通部面のなかだけで、この国家強制は有効なのであるが、しかしまた、ただこの流通部面のなかでだけ、貨幣はまったく流通手段または鋳貨としてのその機能に解消してしまうのであり、したがってまた、紙幣において、その金属実体から外的に分離された⑭、ただ単に機能的な存在様式を受け取ることができるのである⑮。

(八五) 金銀が、鋳貨としては、または流通手段としての専用の機能においては、それ自身の章標になるということから、ニコラス・バーボン⑯は、「貨幣を高める to raise

⑤ ここもW―G―Wの貨幣Gのこと。↓(b)項3段落(KⅠ一三〇)。

⑥ この貨幣が「瞬間的な契機」ではなく、自己目的になると次節の「貨幣蓄蔵」である。

⑦ ↓「商品流通によって貨幣に直接に与えられる運動形態は、貨幣がたえず出発点から遠ざかること、貨幣が或る商品所持者の手から別の所持者の手に進んでいくこと、または貨幣の通流である。」(KⅠ一二九)

⑧ Dasein。「存在 existence」(仏、英)。

⑨ 本項の3段落に「貨幣流通そのものが鋳貨の実質純分を名目純分から分離し、その金属定在をその機能的定在から分離する」(KⅠ一三九)とあった。「価値の尺度としての貨幣の機能にとっては、すべてがその自然的材料にかかっている。……流通手段としての貨幣の機能においては、その材料はどうでもいいのであって、すべてはその量にかかっている。」(批九九―一〇〇)

⑩ W―Gで、商品価格が一時的に貨幣というモノの形に客観化される objektivirte が、すぐにまたその貨幣は流通手段として買い手の手から遠ざかること。

⑪ すなわち、価格を反射するだけだから、流通手段としてあればよく、何も現物の金でなくてもよい。金は「金の影」(批九五)でよい。

⑫ 紙幣のこと。

⑬ Gultigkeit。「貨幣として社会的に有効」(仏)。

⑭ 国家権力によって紙幣が金属流通の代理をしているのだから、金属実体からの分離

money」政府の権利を導き出している。すなわち、たとえばグロシェンと呼ばれる一定分量の銀に、ターレルというようなもっと大きな銀分量の名称を与え、こうして債権者にはターレルのかわりにグロッシェンを返済する、というようにである。「貨幣は、たびたび支払われることによって、すり減って軽くなる。……人々が取引の際気をつけるのは、貨幣の名称と通用力⑰であって、銀の分量ではない。……金属を貨幣にするものは、金属の上につけられた公の権威である。」（ニコラス・バーボン『より軽い新貨幣の鋳造に関する論究⑱』、二九、三〇、二五ページ）

は「外的」である。

⑮ これが第三節への移行規定になる。流通最低必要金量が紙幣に置き替わるということは、その分の金が流通手段以外の機能（貨幣蓄蔵・支払手段・世界貨幣）を果たすことを可能にする。

⑯ イギリスの医師・経済学者・自由貿易の擁護者（一六四〇—九八）。

⑰ currency 相場。

⑱ この本には副題として「ロック氏の『考察』に答えて」とあり、この注のバーボンの文章はロック批判である。しかし、「ロックを窮地に誘い込もうとしたが無駄であった」（批六一の注）。

第二節c　段落ごとの論点

[1]段落――鋳貨論を技術的・便宜的に説く大内力説

［大内 *161*］は流通手段としての金が鋳貨に変わる根拠として、「内実が簡単に表示され、敏速に授受されうるような形態が技術的に要求される」、または「授受の便益が増大し、貨幣流通はより円滑化される」ことを挙げている。鋳貨は国家権力の問題があるが、「さしあたり原論の問題としていえば、それは技術的・便宜的な問題にすぎない」という。しかし、大内は同時に鋳貨論の重要な柱である、金の金属純分と名目純分の分離、金鋳貨の象徴化という問題を非常に消極化して、「貨幣はじつは象徴化され価値表章で代位されうるものとはなりきれない」（同上 *166*）といい、鋳貨論から紙幣論への道筋を断ってしまう。宇野流の「純粋資本主義」論では国家権力の問題はもともと捨象されるが、大内も、不換銀行券は国家独占資本主義段階の管理通貨制でないと問題にならず、現実にあったものは仏大革命下のアッシニア紙幣のように異常な事態下の現象で、そういう例外的な異常事態を原論に組み込むことはできないとするのである。しかし、こういう発想では原論の考察は経済と政治権力の問題に踏み込めない、したがって貨幣論の難問である紙幣の問題を回避するやせ細った学問になってしまう。

[2]段落――日高晋の「鋳貨＝金のある量」説

この段落では、摩滅した金鋳貨でも通用する論理として、重量が同じの金鋳貨と金地金の等価性↓金鋳貨の名目純分と実質純分の分離→金は現実の等価物ではなくなる→金存在が金象徴へ、の展開であり、それを保証する法律による通用強制があげられている。つまり、価値実体としての金属金重量（それは労働実体によるが）の名目と実質の分離過程が出発点である。

他方、本項の8段落には、摩滅した鋳貨でも通用する仕組みとして、W―G―Wでは、流通手段貨幣が「瞬間的な契機」→「貨幣の単に象徴的な存在」→「章標によって代理される」の論理もある。つまり、金鋳貨の流通手段としての瞬間性がポイントになる。

日高晋は、宇野理論のように貨幣を流通形態としてとらえるから、この「瞬間的契機」論理を鋳貨論で採用したうえで、次のように言う。「このことはけっして間違いではないのだが、このことだけから流通手段の象徴化をみちびくと、一時的形態だから何でもよいという理解になりかねない。素材は何でもよくても、金のある量を代表するものでなければならないのであるが、この代表という点が、鋳貨の消耗をいう場合に抜けてしまう傾向があったのではあるまいか」［日高 33］。そして、この対論として、日高の「鋳貨＝金のある量の代表」論が次のように展開される。

「消耗した鋳貨も消耗したままで流通手段として機能できるのはなぜかといえば、それは商品所有者にとって流通手段としての貨幣が、ある商品から他の商品に換えられるさいの一時的な形にすぎないからである。このことは、金のある量を代表するものであるなら、金でなくても流通手段として機能できることを示している。」（同上 32）

しかし、この議論では鋳貨から（不換）紙幣を導けない。鋳貨はまず金の品位と量目を保証され、次に摩滅しても「金のある量」を代表するが、紙幣は一ポンド・スターリングという貨幣名が印刷されているだけで、兌換紙幣ではないから「金のある量」を代表しない。それにもかかわらず、日高原論では、鋳貨から紙幣への原理的な展開をしている。大内力説のように紙幣を説かない方が流通形態貨幣論ではよほど筋が通っている。

3段落——鋳貨論における大内力の「通用最軽量目」説

『資本論』の鋳貨論は、金鋳貨の自由鋳造制と自由処分制を前提にしている。前者は金地金と金貨との無制限な交換を保証することであり、後者は金貨を鋳つぶし、地金として輸出することも認めることである。このためには、貨幣当局が摩滅許容量を超えやせた金貨をすぐ完全量目金貨と取り替えるという「通用最軽量目」の制度が必須である。すなわち、「立法は、実体の不足がある程度に達したときに、それを回収することによって、それが鋳貨として固定することを阻止しようとする」（批九一）。しかし、以上の三制度は、まともにやったら、軽い量目の金貨と完全量目の金貨をたえず交換することを義務づけられるから、国は破産する。ここに「鋳貨としての金と価格の度量標準としての金とのあいだの矛盾」（批九〇）が現出する。『批判』はこの点詳しいが『資本論』はこの点の規定はない。この点をはっきり指摘して鋳貨、補助鋳貨論を展開しているのが、［大内力 *164*］である。

4段落——金鋳貨から紙幣を導出する論理と大内力説

『資本論』での紙幣は、金鋳貨→補助鋳貨→紙幣の順で展開され、機能としては、紙幣は金鋳貨を代理しつつ、補助鋳貨と並んで流通する。紙幣は、補助貨幣にとってかわるのではなく、金鋳貨にとってかわるのであり、金鋳貨→紙幣の論理が必要である。その点では『批判』がすぐれている。

「もしふたたび金属喪失の限界線がひかれて、その線に達すると銀表章と銅表章は、それらの鋳貨の性格を失うものとすれば、それらの表章は、……さらに他の象徴的貨幣、たとえば、鉄や鉛によって置き換えられなければならないであろうし、象徴的貨幣の他の象徴的貨幣によるこのような表示は、終わりのない過程であろう。……そこでことの性質上、当然のことであるが、それらが金鋳貨の象徴であるのは、それらが銀または銅で作られた象徴であるからではなく、またそれらが価値をもっているからではなく、かえって何らの価値をもっていないかぎりでのことだ、というように現れる。」（批九三）

金鋳貨が紙幣で代用される説明として、マルクスは、この段落では、流通手段貨幣の「象徴的な性格」を指摘し、それが紙幣で完成されるとする。そして、その象徴的貨幣の紙幣でも流通手段機能を果たすことのできる根拠として、本項8段落では、その「瞬間的契機」性をあげている。

［大内力 *171*］は、この貨幣の流通手段機能を「独立化」させて、その「象徴的」性格の延長で紙幣を導出するマルクスの方法を「貨幣についての不十分な、一定の偏りを含んだ見解に由来する」と批判する。「原論の問題」としては、摩滅金貨、補助鋳貨、紙幣が流通しうるのは「それが価値表章化するからではなく、兌換が保証されている限りで、十全な金貨の代理をなしうるからにすぎない」のであり、不換紙幣が価値章標になるのはむしろ「異常な事態」であり、「資本主義にとっては正常な状況とはいえない」としている。大内のいう原論では、先にも見たように、貨幣形態を論ずる段階では金鋳貨の流通から国家紙幣を説くべきではないとなるが、資本主義確立以前でも、たとえば明治初期の太政官札のような政府不換紙幣はいくらでも存在していたのであり、こういったことを「正常な状況とはいえない」として片づけるわけにはいかない。

5段落――不換銀行券に関する飯田―岡橋論争

現在の不換日本銀行券に『資本論』でいう不換紙幣＝「強制通用力のある国家紙幣」の規定が妥当するかという問題がある。

［飯田2］ほか、三宅義夫、麓健一らの多数説は、不換銀行券の本質は不換紙幣であるとの規定である。まず、兌換銀行券は金債務証書である限りで信用貨幣なのであり、金兌換が停止されれば、持参人一覧払いの手形性を喪失する。それでも、兌換の停止された銀行券は国家による強制通用力は保持しているから、流通手段の機

能はもっている。現在の銀行券は金貨が存在しないなかでの不換銀行券＝国家紙幣の排他的流通であり、不換銀行券の流通は『資本論』でいう「紙幣流通の特殊法則」にしたがう。もはや貨幣流通法則の支配はあり得ないが、国家紙幣の流通量が流通必要金量と一致したと仮定した場合、「その（＝紙幣の）運動にはただ貨幣流通そのものの諸法則が反映するだけである」（ＫＩ一四一、傍点は山内）、に合致するとする。

これに対し、［岡橋保 *20*］は、不換銀行券の本質が国家紙幣なら「伸縮性、ことに収縮の能力をまったく欠いている」はずなのに、現実の不換銀行券は「不断に伸縮をくり返している」ことを根拠に、不換銀行券の本質は価値章標ではなく「信用貨幣」と規定した。この説では、「流通必要金量内の不換紙幣は、兌換紙幣とともに貨幣流通の諸法則にしたがうが、過剰となった不換紙幣は収縮機能をもたないからこそ、紙幣流通の特殊法則の支配を受ける」とする。多数説とはちがい不換紙幣の流通の際にも貨幣流通法則は生きて支配しているという理解である。しかし、「兌換紙幣とともに」という表現を入れた点に、岡橋説は金紙混合流通の理論からの類推ではないかという曖昧さがある。

⑥段落——三宅義夫の「事実上の価格度量標準変更」説

ここでは、本段落の叙述を不換紙幣専一流通の場合と理解した上で論点を詰めることにする。なぜなら、マルクスは、一枚の紙幣の貨幣名にかかわらず、それが代表する金量は紙幣発行量によって変動するとしているから、それは流通必要金量に発券数を限定されない不換制である。また紙幣価値が下がるにつれて金鋳貨が姿を消すとはなっていないから金紙混合流通でもない。すると不換紙幣の専一流通ということになる。

では、流通必要金量を越えて紙幣が発行された場合、なぜ紙幣減価が起きるのか。代表的な見解は［三宅1 *86*］の「事実上の価格度量標準変更」説である。

「紙幣の代表金量の減少が金量の減少というかぎりにおいて価格の度量標準の法定的引下げと同じであるとい

うことは、いいかえれば、価格の度量標準が、国家によってではなく、法定的にではなく、つまり事実的に引下げられたということにほかならないのである。」

これに対し、［久留間健 81］は三宅説の論理的矛盾を指摘する。1．「紙幣の減価は、貨幣名のあらわす金量の減少という意味で度量標準の変更にほかならぬ、というならば、紙幣の減価と度量標準の変更とは、その概念規定において何らの区別もないことになる」。『事実上』という言葉は単なる便宜的な言葉であり、およそ概念規定の問題ではない」と。2．「価格の度量標準」はその本来の規定は確定された金量であるが、三宅説では、紙幣減価の場合「不確定な金量を価格の度量標準とよぶこと」になる。本来の「価格の度量標準」の規定が変更されたと考えていいか。3．紙幣の貨幣名のあらわす金量が減少する紙幣減価の場合には、「一般的に価値尺度と流通手段との本来の規定関係はもはやまったくその意味をうしなってしまったのかどうか、という問題が生じる」。

遊部久蔵は、インフレーションの最も抽象的な契機は、紙幣の過剰発行による減価、にあるとした上で、「紙幣減価は価格標準を従前通り不変としてこそ可能である。蓋しもしも紙幣膨張と同時に同じ割合だけ価格標準が切り下げられるならば紙幣流通量はつねに必要量を表すことになり両者の乖離を基礎とする紙幣減価は存しないから。したがって紙幣減価と価格標準の切り下げとは二律背反の関係にあり、両者がしかも同じ割合でなど同時に起こることはない」［遊部 67］。「インフレの場合には法制上はもとより事実上の価格標準の切下げなど起きはしないのである。いな価格標準は依然固定不変であればこそインフレという物価の名目的騰貴が生ずるのである」（同上 75）という。ただ、遊部説には、「金貨も、……紙幣流通の法則にしたがう」（同上 134）等の勇み足の表現もあり、三宅の反批判を許している。しかしその点を除いた遊部説自体は十分検討に値する。

7段落――ヒルファディングの「社会的流通必要価値」について

ヒルファディングは、自由鋳造禁止・純粋紙幣本位下では、貨幣の価値とその金属の価値とはまったく関連がなくなるという。金はすでに価値尺度ではなく、貨幣金の価値はもはや金属金の価値によって決定されるものではない、という。「現実の価値尺度は貨幣ではなく、かえって貨幣の『相場』が、社会的に必要な流通価値と私が呼ぼうとするものによって決定される。」［ヒルファディング76］。彼の貨幣の「社会的流通価値」概念はけっして明快ではないが、「マルクスがやったように、まず鋳貨量の価値を決定しておいて、それからこの価値によって紙幣の価値を決定するような回り道だけは不用と思われる。このような決定の純社会的な性格は、紙幣の価値をじかに社会的流通価値から導き出す方が、はるかにより明白に現れる」（同上91）とある。このようにして、ヒルファディングは貨幣を専一に紙幣とすることで、紙幣の価値を金価値論（労働価値論）から切り離し、紙幣価値＝社会的必要流通価値を商品価格を流通手段貨幣量で割って出す紙幣価値数量説に行き着くことになる。詳しくは↓［山内5］。

8段落――第三節への移行、山口重克の「マルクスの瞬間的契機論」批判

流通部面では、「商品の交換価値の独立な表示」は流通手段の「瞬間的契機」でしかなく、すぐ流通手段に戻るのであり、しかも、流通に存在していなければならない「流通最低必要金量」は経験的に確定できる量であるから、それを根拠に国家がその分の金を紙幣におきかえることができる。逆にその分現物の金を他の貨幣機能（貨幣蓄蔵・支払手段・世界貨幣）に使っても、流通手段の機能と並存できることになる。それでこの段落を移行規定のようにして考察は第三節に移るのである。

山口重克は、マルクスが金鋳貨の章標化を「商品の交換価値の独立的表示はただ瞬間的な契機」を根拠に説

くことには「疑問が残る」とする。W―G―W′のWの商品所持者にとってはGは「瞬間的」で「象徴的」な金でもいいがG―W′の売り手のW′の所持者にとっては、金で払われるか、章標で払われるかはどうでもいい問題ではなく、「章標に対して販売するとすれば、章標の社会的通用力の保証、ないしは章標が名目通りの金を代表するものであることの保証が必要」である。社会的通用力＝国家強制力の問題をはらむ限り「章標化は原理的な問題というわけにはゆかない」とする［山口3 73］。

山口は、宇野の価値尺度説を基本的に採用して、紙幣の流通が金鋳貨の流通から必然的に発生することは論証されていないとし、「金の紙幣化は（流通手段）のディメンションで説ける問題ではなく、信用論を媒介せざるをえない」と結論している。その山口が、「金鋳貨の章標化」という論点を取り上げ、紙幣まであと一歩まで詰めながら、価値章標＝国家紙幣の問題を貨幣論から断ち切ってしまう点に、現実の説明には至らない「純粋資本主義」の「原理論」の観念性が現れている。

(144)

第三節　貨　幣[1]

1 金の価値尺度・流通手段以外の機能――貨幣としての貨幣

価値尺度として機能し、したがってまた、現身で[2]か代理物[3]でかによって流通手段として機能する商品は、[4]貨幣である。[5]それゆえ、金（または銀）は貨幣である。金が貨幣として機能するのは、一方では、その金（または銀）の現身のままで、[6]したがって貨幣商品[7]として現象しなければならない場合、すなわち価値尺度の場合、のように単に観念的でもなく、流通手段のように代理可能でもなく、現象しなければならない場合であり、他方では、その機能が金自身によって行われるか代理物によって行われるかに関わりなく、その機能が金を唯一の価値姿態または交換価値の唯一の定在として、[8]単なる使用価値としての他のすべての商品に対立させて、固定する場合である。

① Geld。la monnaie ou l'argent（仏）、money（英）。
② leiblich 肉体で、自分自身で。「persönlich 自分で」（初）、「in its own person 自分自身で」（英）。
③ Stellvertreter。
④ 「社会のそれ以上の助けがなくとも」（批の挿入）。
⑤ 貨幣章の第一、二節でW—G—Wのなかで貨幣＝金が価値尺度や流通手段の機能を果たす際観念的存在や代理物でもいいことを見てきた。逆に、そういう機能を果たす「商品」があれば、それはW—G—Wを離れても「貨幣」である、の意。
⑥ Leiblichkeit 肉体のままで。
⑦ 「商品の実在の等価物」（仏）→論点。
⑧ 後で見るように、支払手段がそうである。→「交換価値の絶対的定在または一般商品として過程を独立に閉じる」（KⅠ一五一）。

第三節冒頭　段落ごとの論点

1段落――第三章第三節「貨幣」の考察対象

冒頭の文章は仏語版では次のように全面的に書き直されている。「これまでわれわれは、貴金属を、価値尺度と流通手段という二重の姿態のもとで考察してきた。貴金属は観念的な貨幣として第一の機能を果たすのであり、第二の機能では象徴によって代表されることができる。だが、貴金属がその金属体のままで、商品の実在の等価物すなわち貨幣商品として現れなければならない機能が、存在する。さらに、貴金属は、自ら en personne あるいは代理人によって果たしえても、そこではつねに日用商品の価値の唯一の的確な化身としてこの商品に対面するもう一つの機能も、存在する。どちらの場合もわれわれは、貴金属が固有の意味での proprement 貨幣として、価値尺度や鋳貨としての機能と対立して機能すると言うのである。」カウツキー独語版はこの仏語版を採用した本文である。

「固有な意味での貨幣」はどんな機能の貨幣か。マルクスのエンゲルスあて一八五八年四月二日付け手紙に、「(c) 貨幣としての貨幣。これはG―W―W―Gの形態の展開である。流通にたいして独立した価値の定在としての貨幣。抽象的富の物質的定在」とある。「流通にたいして独立した価値の定在としての貨幣」は『批判』で特に強調されている点である。それは第二節 (c) の最後の8段落にあったように、流通のなかに常在しているが、W―G―Wでは出てはすぐ引っ込む「瞬間的契機」であった金が、「流通に対して独立した」機能である。

貨幣の流通からの独立の程度や復帰の形態はいろいろであるが、最終的には現物金が出動する。貨幣蓄蔵は、流通W―G―Wから超出した貨幣の機能で、普段なら鋳貨でも紙幣でも果たしうるが、W―G―Wとさしあたり無関係の地金の金の形態もとり、流通貨幣の貯水池の役割を果たす。支払手段は、後払いにより流通に復帰しW―G―Wを終結させる貨幣であり、その復帰がないと貨幣恐慌を来たし、その際にはやはり現物の金が要求される。世界貨幣は国内流通W―G―Wの制限を突破した貿易決済での貨幣であり、貿易順調の時期なら各国通貨の為替相場による決済でいいが、緊張が高まった時期には金現物での決済が要求される。つまり、「固有な意味での貨幣」は、W―G―Wを超出し流通から相対的に独立した貨幣の機能、最終的には金という一般的等価物商品でしか果たされない機能の総称である。まさに、マルクスが商品世界から一般的等価物＝金を導いた「固有の意味での」貨幣である。その点で、第三節貨幣をローゼンベルグ以来「金の現身」説、すなわち「金がその肉体のままで現れなければ勤まらぬ機能」説（［河上 *465*］）としているのは一面的である。むしろ、マルクス貨幣論に批判的な宇野学派がこの点の理解が深い。［宇野1 *64*］は、第三節貨幣はW―G―Wから一時的にせよ独立し、外部に出たGであるから、「商品に対立した『貨幣』としての貨幣」とし、あるいは［大内 *173*］は「流通の外に出ながらしかもそこでも貨幣として商品に相対する」貨幣、と言っているが、的を得ている。

そして貨幣としての貨幣は、商品流通から超出しながらも、流通に復帰する際には、Gから始めなければならない。W―G―Wから発しながら、G……W―G（……は一時中断を意味する）を始める貨幣となる。これが「貨幣の資本への転化」の際に生きてくる。

以下本書では、「固有の意味での貨幣」を、「第三節貨幣」あるいは「貨幣としての貨幣」と呼ぶことがある。

a　貨幣蓄蔵①

1 商品変態W―G―Wの中断――鋳貨は貨幣蓄蔵へ

二つの反対の商品変態の連続的な循環②、または売りと買いとの流動的な転換は、貨幣の無休の通流③、または流通の永久機関［perpetuum mobile］としての貨幣の機能に現象する。④ 変態列が中断され、売りがそれに続く買いによって補われなければ、貨幣⑤は不動化され、または、ボアギュベール⑥の言うところでは、可動物［meuble］から不動物［immeuble］に⑦、鋳貨⑧から貨幣に、転化させられる⑨。

2 流通の目的が変化――貨幣形態が自己目的になる

商品流通そのものの最も初期の①発展とともに、第一の変態②の産物、商品の転化した姿態または商品の金蛹③を保持する必要と情熱とが発展する。[八六] 商品は、商

① Schatzbildung 蓄蔵手段、蓄蔵貨幣、保蔵手段、蓄蔵貨幣形成。Schatz は宝物、埋蔵物などが原義。
② 「循環運動」（仏、英）。
③ Umlauf 流通。
④ 「ボアギュベールは、永久機関の最初の停止、すなわち流通手段の貨幣の機能上の定在の否定のうちに、ただちに諸商品にたいする貨幣の独立化を感づいている。」（批）
⑤ ここまでの「貨幣」は第二節流通手段までの貨幣を指す。後の「鋳貨から貨幣に」の「貨幣」は第三節貨幣の意。
⑥ フランスの経済学者、重農学派の先駆者（一六四六―一七一四）。
⑦ 次の『批判』の文は「不動物」の理解に役立つ。「使用価値はどれも消費されることによって、すなわち消滅させられることによって使用価値として役立つ。しかし、貨幣としての金の使用価値は、交換価値の担い手であるということであり、形態のない素材として一般的労働時間の物質化したものであることである。形態のない金属として、交換価値は不滅の形態をもつ。このように貨幣として不動化された金または銀が、金蓄蔵 Schatz である。」（一〇五）
⑧ coin（英）。
⑨ 鋳貨はここでは流通手段のこと。

① earliest（英）。貨幣蓄蔵は大昔から、商品流通とともに発生。
② W―G―WのうちのW―G。
③ 金貨幣のこと。W―G―Wを商品の「変

品を買うためにではなく、商品形態を貨幣形態と取り替えるために、売られるようになる。この形態転換は、質料変換④の単なる媒介から自己目的になる。商品の離脱した姿態⑤は、商品の絶対的に⑥譲渡可能な姿態⑦または瞬間的な貨幣形態として機能することを⑧妨げられる。こうして、貨幣は蓄蔵貨幣⑨に化石し、商品の売り手は、貨幣蓄蔵者⑩になるのである。

（八六）「貨幣での富は……貨幣に変えられた生産物での富にほかならない。」（メルシエ・ド・ラ・リヴィエール⑪『政治社会の自然的および本質的秩序』、五七三ページ）。「生産物という形での価値は、ただ形態を取り替えただけである。」（同前、四八六ページ）

③ 商品流通の初期段階での貨幣蓄蔵——富の社会的表現

商品流通が始まったばかりのときには、ただ使用価値の余剰分だけが貨幣に転化する①。こうして金銀は、おのずから、余剰分または富の社会的な表現になる。このような貨幣蓄蔵の素朴な形態は、固く閉ざされた欲望範囲が伝統的な自給自足的な生産様式に対応している諸民族の場合に永遠化される②。たとえば、(145) アジア人、ことにインド人の場合がそうである。ヴァンダリント③は、商品価格

態」とたとえるので、昆虫の変態にたとえて、Gを「金蛹」とする。
④ Stoffwechsel 物質代謝。W—G—Wにふくまれる交換は「社会的質料変換」（KⅠ一一九）。
⑤ entäusserte Gestalt 外化された姿。貨幣のこと。
⑥ 「無条件に」（英）。
⑦ veräusserliche Gestalt。「alienable form 譲渡できる形態」（英）。貨幣を指す。
⑧ 購買手段として機能すること。→本書八六ページ注⑤、KⅠ一三〇。
⑨ Schatz 原義は宝物、埋蔵・貯蔵物の意。
⑩ Schatzbildner ここも、原義は蓄財形成者。a hoarder of money 貨幣蓄蔵者（英）。
⑪ フランスの経済学者、重農主義者（一七二〇—九四）。

① 「貨幣と交換される」（仏）。
② 仏語版の補足—「わずかな流通と多くの蓄蔵貨幣とが存在する。」
③ イギリスの経済学者、重農学派の先駆者（？—一七四〇）。

は一国に存在する金銀の量によって規定されると信じている[4]のであるが、彼は、なぜインドの商品はあんなに安いのか？　と自問する。答えは、インド人は貨幣を埋蔵するからだ、とする。彼の言うところでは、一六〇二―一七三四年に、インド人は一億五〇〇〇万ポンド・スターリングの銀を埋めたが、それは元来はアメリカからヨーロッパに来たものだった。(八七) 一八五六―一八六六年、つまり一〇年間に、イギリスはインドとシナに（シナに輸出された金属は大部分は再びインドに向かって流れる）一億二〇〇〇万ポンド・スターリングの銀を輸出したが、この銀は以前はオーストラリアの金と交換して得られたものだった。

（八七）「このような手段によって、彼らはすべての彼らの財貨と製品とをあんなに低い価格水準に保っているのである。」（ヴァンダリント『貨幣万能論』、九五、九六ページ）

4 商品生産の拡大――貨幣蓄蔵の必要が増える

商品生産がさらに発展するにつれて、どの商品生産者も、諸物の神経［nexus rerum］[1]、「社会的な質草」を確保しておかなければならなくなる。(八八) 彼の欲望はたえず更新されたえず他人の商品を買うことを命ずるが、彼自身の商品の生産

④ 第三章第二節（b）の原注七九参照。ヴァンダリントはヒューム貨幣数量説のオリジナル論者である。

① 第二版での原語表記。現行版は nervus rerum。もともとはギリシャの哲学者クラントルの言葉。

② しかし、これだけでは貨幣蓄蔵にならない。ただ流通が渋滞・停止しているだけである。「すでに見たように、流通W―G―Wでは、第二の環G―Wは、一度に行われないで時間的にあいついで行われる一系列の買いに分裂するから、Gの一部分は鋳

と販売は、時間がかかり、また偶然によって左右される。[②] 彼は、売ることなしに買うためには、前もって、買うことなしに売っていなければならない。このような操作は、一般的な規模で行われるとすれば、それ自身矛盾しているように見える。しかし、貴金属はその生産源では直接に他の諸商品と交換される。ここでは、売り（商品所持者の側での）が、買い（金銀所持者の側での）なしに行われる。[③][六九] そして、それ以後の、あとに買いの続かない売りは、ただすべての商品所持者のあいだへの貴金属の再分配を媒介するだけである。こうして、交易のすべての点に、さまざまな範囲の金銀蓄蔵が生ずる。[④] 商品を交換価値として、または交換価値を商品として保持する可能性とともに、[⑤] 黄金欲が目覚めてくる。商品流通の拡大につれて、貨幣の力が、すなわち富のいつでも出動できる絶対的に社会的な形態の力が、増大する。「金はすばらしいものだ！それを持っている人は、自分が望むすべてのものの主人である。その上、金によって魂を天国に行かせることさえもできる。」（コロンブス[⑥]『ジャマイカからの手紙』、一五〇三年）貨幣を見ても何がそれに転化したかはわからないのだから、[⑦] あらゆるものが、商品であろうとなかろうと、貨幣に転化する。すべてのものが売れるものとなり、買えるものとなる。[⑧] 流通は大きな社会的なるつぼとなり、

貨として流通するのに他の部分は貨幣として休止する。この場合、貨幣は停止させられた鋳貨にほかならず、流通している鋳貨量の個々の構成部分は、たえず交互に、あるいは一方のあるいは他方の形態で現象する。」（批一〇四）

③ だから、貨幣蓄蔵には、本来のW—G—W以外の金鉱山での金と他商品との物々交換が存在することが条件なのである。

④ こうして、商品の流通以外で金銀蓄蔵が歴史的に準備され、これが逆に商品流通をスムーズにする作用を持つのである。

⑤ W—G—Wができるということ。

⑥ スペインに仕えたイタリア人の航海者、アメリカ大陸発見者（一四五一—一五〇六）。コロンブスが引用されているのは、「近代ブルジョア社会の幼年期である一六世紀と一七世紀に、一般的な黄金欲が諸国民と諸王侯とを海を渡り越える十字軍によって黄金の聖杯を追い求めさせた」（批一三三）」例だから。

⑦ 「貨幣を見ても、どうしてそれがその所持者の手にはいったのか、または、何がそれに転化したのかは、わからない。それの出所が何であろうと、それは臭くはない」（KI一二四）。

⑧ 「売買されないものは一つもない！」（仏）。

いっさいのものがそこに投げこまれては、また貨幣結晶となって出てくる。この錬金術には聖骨でさえ抵抗できないのだから、[⑨]もっと壊れやすい、人々の取引外にある聖物［res sacrosanetae,extra commercium hominum］にいたっては(146)なおさらである。[⑩][九〇] 貨幣では商品のいっさいの質的相違が消え去っているように、[⑪]貨幣そのものもまた徹底的な平等派としていっさいの相違を消し去るのである。[九一] しかし、貨幣はそれ自身商品であり、だれの私有物にもなれる外的なものである。[⑫]こうして、社会的な力[⑬]が私人の私的な力[⑭]になるのである。それだからこそ、古代社会は貨幣をその経済的および道徳的秩序の破壊者として非難するのである。[九二] すでにその幼年期にプルトー[⑮]の髪をつかんで地中から引きずり出(147)した近代社会[⑯][九三]は、黄金の聖杯をその固有の生活原理の光り輝く化身としてたたえるのである。

八八 「貨幣は一つの質草である。」（ジョン・ベラーズ『貧民、製造工業、商業、植民および非行に関する考察』、ロンドン、一六九九年、一三ページ）

八九 すなわち、範疇的な意味での買いは、金銀を、すでに商品の転化した姿態として、または売りの産物として、前提するからである。

九〇 もっともキリスト教的なフランス王アンリ三世は、修道院などから聖遺物を盗んできてそれを貨幣に換えた。フォーキス人［ギリシャ中部の住民］によるデルフォ

⑨ 聖骨も売買されていた。

⑩ 「何物もこの錬金術に耐えられないのであって、聖者の骨さえもそうなのだから、もっと華奢な、人間の取引の外にある聖の聖なるもの［神殿の乙女］にいたっては、なおさらそうである。」（仏）

⑪ ↓注⑨

⑫ 「商品はさしあたり、……外的対象である」（KⅠ四九）。

⑬ この段落で、蓄蔵貨幣のことを、「貨幣の力、すなわち富のいつでも出動できる絶対的に社会的な形態の力」と規定してあった。

⑭ Privatmacht der Privatperson。共同体の一員ではなく私的所有者の私的な力。

⑮ ギリシャ神話で冥界の支配者。地中の黄金を供給するといわれた。ゲーテ『ファウスト』第二部冒頭にも、でてくる。

⑯ 近代社会は資本主義社会をさすが、「歴史的には、資本は、土地所有にたいして、どこでも最初はまず貨幣の形で、貨幣財産として、商人資本および高利資本として相対する」（KⅠ一六一）とある。

イ神殿の財産の略奪がギリシャの歴史でどんな役割を演じているかは、人の知るところである。周知のように、古代人のあいだでは、商品の神には、神殿が住居として役立った。神殿は「神聖な両替台」[17]であった。特に際だった商業民族だったフェニキア人には、貨幣はあらゆる物の外化した[18]姿態として認められた。だから、愛の女神の祭日に他国人に身を任せた乙女たちが、報酬として受け取った貨幣を女神に捧げたのは、当然のことだったのである。

九一　「黄金？　黄色い、ギラギラする、貴重な黄金じゃないか？　こいつがこれっくらいありゃ、黒も白に、醜も美に、邪も正に、賤も貴に、老も若に、怯も勇に変えることができる。……神たち！　なんとどうです？　このくらいありゃ、神官どもだろうが、おそば仕えの御家来だろうが、みんなよそへ引っぱってゆかれますまいぞ。まだ大丈夫という病人の頭の下から枕を引っこ抜いてゆきますぞ。この黄色い奴めは、信仰を編み上げもすりゃ、引きちぎりもする。いまわしい奴をありがたい男にもする。白らい病みをも拝ませる。盗賊にも地位や爵や膝や名誉を元老並みに与える。古後家を再縁させるのもこいつだ。……やい、うぬ、罰当たりの土くれめ、……淫売め。」（シェークスピア『アゼンスのタイモン』[19]）

九二　「まったく、世のきまりとなったものにも、黄金ほど人間にとって禍いな代物はない。国は攻め取られ、男どもは家から追い立てられる。また往々にしてまともな心を迷わせ、恥ずべき所行へと向かわせる。これは人々に奸智にたけた厚かましさを、いかなる悪行にも恥じない不敬な業を教えこむのだ。」（ソフォクレス『アンティゴネ』[20]）

九三　「貪欲はプルトーそのものを地の中から引き出そうとする。」（アテナイオス『学者の饗宴』）

⑰　「銀行」（仏）。
⑱　entäusserte 離脱した。transfiguré（変貌した）（仏）。
⑲　中央公論社、坪内訳、一三〇―一三二ページ。
⑳　筑摩書房『世界文学大系』版、第二巻、呉訳、八六ページ。

5 蓄蔵はなぜ無際限——蓄蔵の量的制限と質的無制限の矛盾

使用価値としての商品は、ある特殊な欲望を満足させ、素材的な富のある特殊な要素を形成している。ところが商品の価値は、素材的な富のすべての要素にたいするその商品の引力の程度を測り、したがってその商品の所有者の社会的な富裕さ①を測っている。未開の単純な商品所持者にとって、あるいは西ヨーロッパの農民にとってさえも②、価値は価値形態から不可分③なものであり、したがって金銀蓄蔵の増加は価値の増加である。もちろん貨幣の価値は変動する。それ自身の価値変動の結果であるにせよ、諸商品の価値変動の結果であるにせよ④。しかし、このことは、一方では、依然として二〇〇オンスの金は一〇〇オンスよりも、三〇〇オンスは二〇〇オンスよりも、大きな価値を含んでいるということを妨げるものではなく、他方では、この物の金属的自然形態がすべての商品の一般的等価形態であり、いっさいの人間労働の直接に社会的な化身⑤であるということを妨げるものではない。貨幣蓄蔵⑥の衝動はその本性上無際限である⑦。質的には、またその形態から見れば、貨幣は、無制限である、すなわちどの商品にも直接に置き換わることができるのだから、素材的富の一般的代表

① Reichtum 富。
② 仏語版の「多かれ少なかれ未開の交換者、それどころか西ヨーロッパの農民でさえ」の方がよい。商品生産世界では「価値が価値形態（＝貨幣）と不可分」なのは当然だが、一般には非商品世界の彼らにとっても、という意味だから。
③ 価値（抽象的人間労働の凝固）と価値形態（貨幣＝金のこと）は本来ちがうが、もともと価値は必然的に貨幣形態をもつ。↓「価値の必然的な表現様式または現象形態としての交換価値」（KⅠ五三）。
④ 「諸商品の価値変動の結果」は、金の相対的価値表現の変動、になる。
⑤ 一般的等価形態にある商品では、「(その) 物体形態はいっさいの人間労働の目に見える化身、その一般的社会的な蛹化として意義をもつ」（KⅠ八一）。
⑥ Schatzbildung。通例訳にしたがうが、「貨幣」という直接の表現はない。
⑦ 「きまりもなければ限度もない」（仏）。

者である。しかし、同時に、どの現実の貨幣額も、量的に制限されており、したがってまた、ただ制限された作用をもつ購買手段でしかない。このような、貨幣の量的制限と質的な無制限との矛盾は、貨幣蓄蔵者[8]をたえず蓄積[9]のシシュフォス労働[10]へと追い返す。彼には、どんな新たな領土をもってしても一つの新たな国境を征服したにすぎない世界征服者と同じことが妥当する。

6 貨幣蓄蔵者の哲学——勤勉、節約、吝嗇

金[1]を、貨幣として、したがって貨幣蓄蔵の要素として、固持するためには、流通することを、または購買手段として享楽手段になってしまう[2]ことを、妨げなければならない。それだから、貨幣蓄蔵者は黄金物神[3]のために自分の肉体の欲望を犠牲にするのである。彼は禁欲の福音を真剣に考える[4]。他方では、彼が貨幣として流通から引きあげることができるのは、ただ、彼が商品として流通に投ずるものだけである。彼は、より多く生産すればするほど、より多く売ることができる。それだから、勤勉と節約と吝嗇[5]とが彼の基本道徳をなすのであり、たくさん売って少なく買うことが彼の経済学の全体をなすのである。[九四]

⑧ Schatzbildner。ここも「貨幣」という直接的な表現はないが、通例の訳にしたがう。
⑨ Akkumulation。貨幣を蓄蔵すること。
⑩ ギリシャ神話では、シシュフォスは、生前の悪行のため死後冥界で、たえず転落してくる大岩を丘の上に押し上げる仕事をさせられた。

① 貴金属（仏）。
② 「購買手段として消費手段に解消してしまう」（仏）。
③ Goldfetisch 黄金呪物。ここの「物神」は「黄金の形をした神」。↓原注九〇後半参照。
④ 「彼ほど、禁欲の福音書を真に受けるものはない」（仏）。
⑤ Geiz 貪欲。「貨幣蓄蔵の生きた衝動は吝嗇」（批一〇六）。

九四　「それぞれの商品の売り手の数をできるだけ増やし、買い手の数をできるだけ減らすことは、経済学のあらゆる方策の回転軸である。」（ヴェリ⑥『経済学に関する考察』五二、五三ページ）

⑥ イタリアの経済学者、自由貿易論者（一七二八―九七）。

7 蓄蔵貨幣の美的形態――金持ちらしく見せかけよう

蓄蔵貨幣①の直接的な形態②と並んで、その美的な形態、金銀商品③の所有がある。それはブルジョア社会④の富とともに増大する。「金持になろう。さもなければ、金持らしく見せかけよう⑤」（ディドロ⑥）。こうして、一方では、金銀の絶えず拡大される市場が、金銀の貨幣機能にはかかわりなく形成され⑦、他方では、貨幣の潜在的な供給源が形成され、それが、ことに社会的な荒天期には、流出するのである⑧。

① Schatz。trésor 宝物（仏）。独語も仏語も「貨幣」という直接的な表現はない。
② 貨幣用の地金としての金。「単に自然のままの形態」（仏）。
③ 宝飾としての金銀商品。
④ 「市民社会」（英）。
⑤ 原文はフランス語表記。
⑥ フランスの啓蒙哲学者、百科全書派の頭領（一七一三―八四）。
⑦ 具体的には「金銀が鋳貨の形態から地金形態へ、地金形態から奢侈品の形態へ、そしてまた逆の方向へ転化されうる」（批）ということ。
⑧ 後に支払手段論でみるように、貨幣恐慌時、現物の金を求めて「信用制度から重金主義への突然の変化」（批一二二）が起こる。

8 蓄蔵の経済的機能――支払手段を予定した流通手段の貯水池

貨幣蓄蔵①は金属流通の経済②ではいろいろな機能を果たす。まず第一の機能は、金銀鋳貨の通流条件から生ずる。すでに見たように、商品流通が規模や価格や

① Schatzbildung。
② 金（銀）鋳貨が本位貨幣として流通している経済。

速度において絶えず変動するのにつれて、貨幣の通流量③も休みなく満ち引きする。したがってそれは、収縮し膨張することができなければならない。あるときは貨幣が鋳貨として引き寄せられ、あるときは鋳貨が貨幣④としてはじき出されなければならない。現実に⑤通流する貨幣量がいつでも流通部面の飽和度に適合しているように⑥するためには、一国にある金銀量は、現に鋳貨機能を果たしている金銀量よりも大きくなければならない。⑦この条件は貨幣の蓄蔵形態によって満たされる。蓄蔵貯水池は流通する貨幣の流出入の水路として同時に役立つのであり、したがって流通する貨幣はその通流水路からけっしてあふれることはないのである。⑧九五

九五　「一国の商業をやってゆくためには一定量の金属貨幣が必要であるが、この額は変動し、事情の必要に応じて、ある時はより多く、ある時はより少なくなる。……このような貨幣の満ち引きは、政治家の助力なしに、ひとりでに供給され収容される。……つるべはかわるがわる働く。貨幣が欠乏すれば地金が鋳造される。地金が欠乏すれば貨幣が鋳つぶされる（サー・D・ノース⑨、前掲書、二二ページ⑩）。長く東インド会社の職員をやっていたジョン・スチュワート・ミルは、インドでは相変わらず銀の装飾品が直接に蓄蔵貨幣として機能していることを確認している。「銀の装飾品は、利子率が高ければ持ち出されて鋳造され、利子率が低くなればまた帰っていく。」（J・S・ミルの証言、『銀行法に関する報告』、一八五七年、第二〇八四号、所収9）。インドに

③　Umlaufsmasse 流通量。総商品を流通させるに必要な金量。この段は商品視角の「通流する zirkulieren」と貨幣視角の「通流 Umlauf」が区別なく使われているが、訳し分けておいた。

④　ここでの「鋳貨」は流通手段、「貨幣」は貨幣としての貨幣。ここでは後払いのために蓄蔵された貨幣。↓論点

⑤　仏語版はここから段落分け。

⑥　これにより価値と価格は量的に一致する。

⑦　なぜかといえば、商品流通にはW—G…↓↑WのGの…↓部分で行われる後払いの機能があるから、その分流通手段＝鋳貨量を現に果たしている金銀量よりも「一国にある金銀量」が大きくなければならないから。↓論点

⑧　鋳貨と金製品の相互乗り入れの遊水路が完備しているからである。「金銀製品は、貴金属の排水路をなすと同時に、その潜在的な供給源をもなしている。普通のときには、その第一の機能だけが金属流通の経済にとって重要である。」（批一一四）

⑨　イギリスの経済学者、自由貿易論者（一六四一—九一）。原注七七参照。

⑩　『交易論』、初版も第二版も「二二ページ」だが、第三版以後、「まえがき三ページ」と修正。

おける金銀の輸出入に関する一八六四年の議会文書によれば、一八六三年には金銀の輸入は輸出を一九，三六七，七六四ポンド・スターリング超過した。一八六四年までの最近の八年間には、貴金属の輸出にたいする輸入の超過は、一〇九、六五二、九一七ポンド・スターリングだった。今世紀中には二億ポンド・スターリングよりもずっと多くがインドで鋳造された。

第三節a　段落ごとの論点

1段落——表題「貨幣蓄蔵」の「蓄蔵貨幣」への改題を主張する小林威雄

［小林 14-5］は、第3章全体を貨幣の諸機能の展開ととらえ、この（a）項全体は「W—Gが孤立化されると、Gは流通の外部にひきあげられ、流通手段を否定し、流通手段と区別される蓄蔵貨幣となる」議論を展開したものと把握したうえで、「貨幣蓄蔵」というマルクスの表題付けでは、「貨幣蓄蔵が行われて、その結果、貨幣は蓄蔵貨幣という形態規定をうけとる」ことが明確にならないと批判し、「蓄蔵貨幣」への改題を主張する。

これに対し、［久留間3 3-4］は、第三節「貨幣」は貨幣蓄蔵によって価値尺度でも流通手段でもない「交換価値の絶対的定在」という第三の規定性をもち、その規定性で「流通過程の内部で独自の機能を持つ」のであり、小林のような改題論者は、このマルクスの意図を理解しないでもっぱら表題間の形式的整序を重要と考えて、その際蓄蔵貨幣を貨幣の一つの独自の機能だと思い違えている、と批判する。そして、「蓄蔵貨幣は価値の機能だと考えるのはまちがっていると思う。蓄蔵貨幣は、貨幣が置かれている一つの状態、あるいは貨幣の一つの形態規定ではあるが、それ自身が貨幣の一つの独自の機能なのではない」と明確に否定する。さらに、蓄蔵貨幣を貨幣の第三の機能というのは間違いで、「第三の機能は——蓄蔵貨幣ではなくて——支払手段なのです」とする。久留間によれば、貨幣の第三の機能の主軸は支払手段で、貨幣蓄蔵はその契機ということになる。「貨幣蓄蔵は、それが支払手段の準備金形成のためのものになるときにはじめて、商品交換の契機になり、支払手段としての貨幣の機能のためのものになる」という。しかし、後の4段落の商品生産の拡大につれての貨幣蓄蔵の必要性や、8段落でみるように貨幣蓄蔵には支払手段の契機とはならない流通手段の貯水池機能があるのだから、「第三の機能は――蓄蔵貨幣ではなくて――支払手段」と限定するのは疑問である。

[2]段落――『要綱』でいう「自己目的としての貨幣」

ここでいう貨幣が、『経済学批判要綱』にある「自己目的として現れる」、あるいは「流通の外部で自立した存在」（Gr一三〇）であるところの「第三の規定における貨幣」である。（ただし、『要綱』ではこの貨幣をG―W―W―Gという流通形態でとらえている。）しかし、ここの貨幣蓄蔵機能は、あくまでも流通を前提し、いずれ流通に復帰する貨幣であるから、第三規定における貨幣が「流通手段および尺度としての貨幣の規定の否定（否定的統一）である」（Gr一三九）からといって、何か新しい機能、たとえば資本のように自己増殖していく機能を予感させる、とするのは行き過ぎである。

[3]段落――インドでなぜ金ではなく銀を蓄蔵するか

『批判』では貨幣蓄蔵は「古代経済の一つの特徴」（批一〇五）であり、それが金ではなく銀であるのは、インドでは本位貨幣が銀で銀装飾品が「直接に蓄蔵貨幣として機能している」からであるとしている。これと同じ指摘はこの第三節の原注九五のジョン・スチュワート・ミルの指摘にある。

[4]段落1――価値保蔵機能をもっと重視すべきだとする大内力説

［大内 *175*］は、『資本論』のSchatzbildungを「蓄蔵手段」と訳した上で、それは「流通から引き揚げられて価値の保蔵のために蓄蔵される」貨幣であるとする。［日高 *36*］も同じである。しかし、貨幣蓄蔵は「富のいつ

でも出動できる絶対的に社会的な形態の力」や「社会的な力が私人の私的な力になる」という、いわばW—G—Wの本性にそぐわない理由のために行われる。そしていずれは流通に復帰する無用な回り道である。だから「独立な致富形態としての貨幣蓄蔵はブルジョア社会の進歩につれてなくなる」(KⅠ一五六)ものである。その点大内らの「価値の保蔵」説は貨幣蓄蔵は商品生産・流通の本来の趣旨にそったものということになり、貨幣蓄蔵が商品流通の必然的な契機になってしまう。それは支払手段を論じてからでないと言えないことである。なお、『批判』には「金銀は、すでにアリストテレスが言っているように、他の諸商品の平均よりもはるかに永続的な価値の大きさをもっている」(批一三一)という観点があり、次のような指摘もある。「金銀の価値の変動は、……蓄蔵貨幣としての貨幣にとっては、決定的に重要になる。……支払手段としての貨幣にとっては、なおいっそう重要になる。」(批一二四)

4段落2——『批判』にある「鋳貨準備金」をどう扱うか

『批判』の第三節貨幣論は『資本論』よりはるかに詳しいが、その貨幣蓄蔵の項目の最初で、蓄蔵貨幣とは区別された「鋳貨準備金」が考察されている。鋳貨準備金とは、生産したものを売って一度に入ってきた貨幣を生活上徐々に使うしかないので販売者の手元に一時滞留している貨幣のことである。この4段落の前半にある「売ることなしに買うためには、前もって買うことなしに売っていなければならない」事態をさすものであろう。しかし、『資本論』ではこの鋳貨準備金が概念化されていない。それは『批判』ですでに、鋳貨準備金は「(流通手段としての)貨幣が鋳貨としてたえず流れるためには鋳貨はたえず[第三の規定での]貨幣となって凝固しなければならない」(一〇四、括弧の補足は山内)とあるように、本来は流通手段としての鋳貨論の問題であり、しかもそれは「貨幣通流そのもののたんに技術的な一契機」(一〇四)にすぎない問題である。それで『批判』貨幣としての貨幣論を要約して『資本論』に再録する際削除したのではないか。すでに[竹村 37]が同様の見解を示している。

しかし、［久留間3 8］は『批判』の「貨幣（ゲルト）が流通手段から区別された二つの形態、停止された鋳貨の形態と蓄蔵貨幣の形態」（批一一五支払手段論の冒頭、括弧は久留間の補足―山内）の規定を根拠に、鋳貨準備は流通手段から区別された貨幣蓄蔵の領域問題と受け取っているようである。しかし、そもそも「鋳貨」が流通手段の領域の概念で、かつ鋳貨準備は流通手段として「停止された」形態にすぎないから、『批判』の叙述をもって「鋳貨準備金は流通手段ではないと明言してい（る）」とは言えない。鋳貨準備金を貨幣蓄蔵の領域に入れるには無理がある。

5段落――貨幣蓄蔵の流通からの「必然性」を説く鈴木鴻一郎

［鈴木鴻1 63–5］は、貨幣蓄蔵を「貨幣を……一般的富として保持するためには流通からひきあげることが必要」から導いたうえで、マルクスが貨幣蓄蔵の根拠を貨幣が「一般的労働の体化物」であることから説明したことを批判し、この段落を問題にして、『批判』においても、『資本論』においても、流通からの退蔵貨幣の展開の必然性は理論的に説明し尽くされているとはいい難い」という。貨幣を労働実体から規定することを拒否し、流通形態として説明する宇野的発想はさておいても、「流通からの退蔵貨幣の展開の必然性」という問題を設定することはおかしい。貨幣蓄蔵が特殊に自己目的化することはあっても、一時的な貨幣機能にとどまり、支払手段のために必要でも、結局は商品流通に復帰する。仰々しく「必然性」を問題にするようなものではない。鈴木原理論のように流通↓蓄蔵↓資本と展開するために、退蔵貨幣形態の必然性を論ずることは必要であろうが、これ自体無理がある。

6段落――貨幣蓄蔵者の哲学とルター

『批判』でも、「貨幣蓄蔵者は、彼の禁欲主義が精力的な勤勉と結びついているかぎり、宗教上は本質的にプロテスタントであり、しかもなお清教徒的である」（批一〇八）とあり、その例として宗教改革者ルターの、貨幣と商業は認めるが奢侈品への支出は批判する、歯切れの悪い文章を挙げている。ルターは同じ『商業・高利貸論』で、ドイツ人の舶来品好きによるドイツ国内からの金の流出を嘆いている。ルターは清教徒ほどには貨幣批判を徹底していないのである。なお、ＫⅠ第三章原注三四にもルターの猛烈な高利貸攻撃が引用されている。

7段落――『批判』「第四節　貴金属」が『資本論』では消えた理由

この段落は、内容的には、『批判』にだけある貨幣章の第四節「貴金属」と一致する。すでに『要綱』でも「貨幣の素材としての貴金属」が詳細に分析され、『批判』の「貴金属」節冒頭部分でも「なぜ他の商品ではなく金銀が貨幣の材料として役立つかという問題は、ブルジョア的体制の限界を超えたところにある」（批一二九）としながらも、なぜ金銀が貨幣にふさわしいかを分析している。そこでは、価値尺度、流通手段、鋳貨と地金との相互乗り入れの機能に金銀が一番適していること、金銀の価値変動が他の商品と比較して少なく貨幣材料として適していることが叙述されている。しかし、どうして貴金属が「ブルジョア的体制の限界を越える」のかという肝心の分析がないので、なぜ「貴金属」を貨幣章の最後においたかはなお疑問である。貨幣論の最後に「貴金属」がおかれると、「商品と貨幣」世界の自己完結性が強くなり、資本としての貨幣への移行規定が逆に曖昧になるからだ。『資本論』では『批判』では不明確であった価値形態論が完成され、「光まばゆい貨幣形態」の「生成」と「貨幣の謎」が徹底的に分析されたので、「貴金属」節の内容は商品世界からの貨幣生成論（価値形態論・物神性論・交換過程論）に分散吸収されることになり、独立の節としては消滅した。

8段落1——貨幣蓄蔵から支払手段への移行

この段落に相当する『批判』部分には次のようにあった。「総流通の範囲が突然広がり、販売と購買との流動的統一が貨幣通流の速度よりも急速に増加するならば、蓄蔵貨幣は見る間に枯渇する。総運動が異常に停滞し、又は販売と購買との分離が固定すると、たちまち流通手段は著しい割合で貨幣に凝固して、蓄蔵貨幣の貯水池はその平均水準をはるかに越えて満ちあふれる。」（批一一四）ここで「販売と購買との流動的統一」や「販売と購買との分離」のさいの「蓄蔵貨幣の貯水池」としての役割がふれられているので、貨幣蓄蔵は、貨幣が支払手段のために一部使われても流通には支障がないような準備となっていることがよくわかる。したがってこの段落は貨幣蓄蔵から支払手段への移行規定の性格を持っている。

8段落2——蓄蔵貨幣を貨幣の独自機能と認めない久留間説

［久留間3 6］は、1段落の論点でもふれたように、貨幣は蓄蔵された状態にあることによって、支払手段、流通準備金、世界貨幣などの種々の機能を行うことになるが、蓄蔵貨幣そのものは貨幣の一つの独自機能ではないという。久留間によれば、「そのような貨幣は商品交換の契機をなすものとしてではなく、それとは無縁なものとして存在しているからです。そういうようなものを貨幣の『機能』だと考えるのはおかしくはないか」ということになる。しかし、この段落にもあるように、貨幣蓄蔵は流通手段量の調整貯水池の役を果たしているのであり、商品交換にとって「無縁のもの」とする訳にはいかない。

b　支払手段

[1]商品の譲渡と価格実現の分離――商品の価値形態の展開を変える

これまでに考察した商品流通の直接的形態①では、同じ価値の大きさ②がいつでも二重に存在していた。すなわち一方の極に商品があり、反対の極に貨幣があった。(149) したがって、商品所持者たち③は、ただ、現に双方の側にある等価物の代表者として接触しただけであった。ところが、商品流通の発展につれて、商品の譲渡を商品価格の実現から時間的に分離するような諸事情が発展する。ここでは、これらの諸事情の最も単純なものを示唆するだけで十分である。一方の商品種類はその生産により長い時間を、他方の商品種類はより短い時間を必要とする。商品がちがえば、それらの生産はちがった季節に結びつけられている。一方の商品は、それの市場がある場所で生まれ、他方の商品は遠隔の市場に旅しなければならない。したがって、一方の商品所持者は、他方が買い手として現れる前に、売り手として現れることがありうる④。同じ取引が同じ人々の

① 資本関係や信用関係を前提にしない単純な商品流通W―G―W。ここでは貨幣は単に流通手段にすぎない。
② Wertgrösse 価値量。
③ 「生産者＝交換者たち」(仏)。
④ 売り手のW―Gにおいて、買い手のG―WがGなしで先に済ますこと。W↓↑…Gとも表記できる。「交換者の一方は、他方の交換者がまだ買うことができないのに、売る準備のできていることがある。」(仏)

あいだで絶えず繰り返される場合には、商品の販売条件はその商品の生産条件に従って調整される。⑤他方では、ある商品種類の利用、たとえば家屋の利用は、一定の期間を定めて売られる。⑥その期限が過ぎてからはじめて買い手はその商品の使用価値を現実に受け取ったことになる。それゆえ、買い手は、それに支払をする前に、⑦それを買うわけである。一方の商品所持者は、現にある商品を売り、他方は、貨幣の単なる代理者として、⑧または将来の貨幣の代理者として、買うわけである。売り手は債権者となり、買い手は債務者となる。ここでは、商品の変態または商品の価値形態の展開が変わるのだから、貨幣もまた別の一機能を受け取るのである。貨幣は支払手段になる。[九六]

⑨九六　ルターは、購買手段としての貨幣と支払手段としての貨幣とを区別している。「汝は私に、私がここで支払うこともあそこで買うこともできないと言う、二重の損害を与える。」（マルティン・ルター⑩『牧師諸氏へ、高利に反対して、戒め』、ヴィッテンベルク、一五四〇年）

2 債権者と債務者——商品流通の場合と古・中代世界の場合

債権者または債務者という役割は、ここでは単純な商品流通から生ずる。①こ

⑤ 初版は「他方では」以下「支払をする前にそれを買うわけである」までの部分がない。『批判』にはある。→論点2。

⑥ 英語版の補足「普通の言葉で言えば、貸される」。

⑦ zahlen 後払いする。

⑧ 「まえには価値章標が貨幣を象徴的に代理したのに、ここでは買い手自身が貨幣を象徴的に代理する」（批）。

⑨ 仏語版は原注九六がない。

⑩ ドイツの宗教改革指導者・牧師（一四八三―一五四六）。

① W↓↑…Gにおける商品の譲渡と貨幣による購買に時間的分離がある。

の商品流通での形態の変化が売り手と買い手とにこの新しい刻印を押すのである。だから、さしあたりは、それは、売り手と買い手という役割と同じように、一時的なそして同じ流通当事者たちによってかわるがわる演じられる役割である②。とはいえ、対立は、今ではその本性からあまり気持ちの良くないものに見え③、また一層結晶しやすい④ものである。[七七] しかしまた、同じこれらの役割は商品流通から独立に現れることもありうる。たとえば、古代世界の階級闘争は、主として債権者と債務者との闘争⑤という形で行われ、そしてローマでは平民債務者の没落で終わり、彼らは奴隷にされた⑥。中世には闘争は封建的債務者の没落で終わり、この債務者は彼の政治的な力をその経済的基盤とともに失ったのである⑦。ともあれ、貨幣形態――債権者と債務者との関係は一つの貨幣関係の形態を持っている――は、ここでは、ただ、経済的生活条件⑧のもっと深く根ざしている敵対関係を反映しているだけである。

[七七] 一八世紀の初めのイギリス商人のあいだの債務者と債権者との関係について次のように言われている。「このイギリスで商人のあいだで支配している残酷な精神というものは、他のどんな人間社会でも、世界中のどんな王国でも、見られないほどのものである。」(『信用および破産法に関する一論』、ロンドン、一七〇七年、二ページ)

② 債権・債務関係とはいえ、商品流通での一時的・相互交代的な役割であるから、ここから階級の説明はできない。↓「売買はただ個々の個人のあいだでだけに行われるのだから、全体としての各社会階級のあいだでの関係を売買のうちに求めることは許されないのである」(KⅠ六一三)。

③ 売り手と買い手という対等な立場が権利―義務の関係になるから。「(商品価格が)買い手の義務の尺度としても実在する」(批)。

④ 債務者なら債務者という役割の固定化。

⑤ 「つねに更新される闘争」(仏)。

⑥ KⅠ第二四章では「ローマの平民の破滅をかくもはなはだしく促進した兵役」(七五五、原注二二)が、あるいは『批判』では「平民の債務の契約に用いられた銀の価値の上昇」(一一四)が原因であるとする。

⑦ KⅠ第二四章に、「旧封建貴族は封建的大戦争によって食い尽くされてしまった」(七四六)の例がある。

⑧ 「当該階級の一般的経済的生存条件」(英)。

3支払手段の機能――流通過程を媒介しないのに完結させる貨幣

商品流通の部面に帰ろう。商品と貨幣という二つの等価物が売りの過程の両極に同時に出現することはなくなった。今や貨幣は、第一には、売られる商品の価格決定において価値尺度として機能する。契約によって確定されたその商品の価格は、買い手の債務、すなわち定められた期限に彼が支払わなければならない貨幣額の大きさを度量する。[1]貨幣は、第二には、観念的な[2]購買手段[3]として機能する。それはただ買い手の貨幣約束[4]のうちに存在するだけとはいえ、商品の持ち手変換を引き起こす。支払期限が来たとき初めて支払手段が現実に流通にはいってくる。すなわち買い手から売り手に移る。流通手段は蓄蔵貨幣に転化した。というのは、流通過程[5]が第一段階で中断したからであり、言い換えれば、商品の転化した姿態が流通から引き上げられた[6]からである。支払手段は流通にはいってくるが[7]、しかしそれは、商品がすでに流通から出て行ってからのことである。貨幣はもはや過程[8]を媒介しない。貨幣は、交換価値の絶対的定在または一般的商品[9]として、過程を独立のものとして完結させる。[10]売り手が商品を貨幣に転化させた[11]のは、商品によってある欲望を満足させるためであり、

① 仏語版はここから段落替え。
② W—Gの際Gがないのに購買できるから。
③ 流通手段貨幣のうち買い手が行使する貨幣。「貨幣は商品の価格を実現することによって購買手段として機能する。」（KⅠ一三〇）
④ Geldversprechen 貨幣支払約束。
⑤ W—G—Wのこと。
⑥ W—G—Wの前半のW—Gでの「商品の転化した姿態」であるGは、本来はWの商品所持者の手にすぐはいるが、支払時期がきてから手に入ったので、他商品を買う必要がなくWの所持者のなかで蓄蔵貨幣になっている。
⑦ Gは買い手から後払いとして売り手に渡される。
⑧ W—G—Wの流通過程。
⑨ ここで流通に入る貨幣は、貨幣としてではなく「一般的商品」として流通に入る。「一般的支払手段としては、貨幣は契約の一般的商品となる。」（批一二〇）。貨幣が一般的商品であることはすでに交換過程論（KⅠ一〇四）にある。
⑩ 以上の一文『批判』が詳しい。「貨幣はむしろ、商品にとっての唯一の十全な等価物として、交換価値の絶対的定在として、交換価値の最後のことばとして、要するに貨幣として、しかも一般的支払手段としての一定の機能における貨幣として流通に入るのである。」
⑪ 本来のW—G—Wでの売り手。

貨幣蓄蔵者がそうしたのは、商品を貨幣形態で保存するためであり、債務を負った買い手がそうしたのは、支払ができるようになるためであった。もし彼が支払わなければ、彼の持ち物の強制売却が行われる。つまり、商品の価値姿態、貨幣は、今では、流通過程そのものの諸関係から発生する社会的必然によって、⑫売りの自己目的になるのである。⑬

4 商品変態の順序が変更――第一変態より第二変態が先になる

買い手①は、自分が商品を貨幣に転化させる前に貨幣を商品に再転化させる、すなわち、第一の商品変態よりもさきに第二の商品変態を行う。売り手②の商品は流通するが、しかしその価格をただ私法上の貨幣請求権においてだけ実現する。その商品は貨幣に転化される前に使用価値に転化される。③その商品の第一④の変態はあとからはじめて実行されるのである。⑤九六

九六　第二版への注。私が本文でこれと反対の形態⑥を考慮に入れなかった理由は、一八五九年に刊行された私の著書からとった次の引用によって明らかになるであろう。「逆に、過程G―Wでは、貨幣が現実の購買手段として手放されて、貨幣の使用価値が

⑫『批判』がもっと分かりやすい―「契約期限に支払うためには、彼はあらかじめ商品を売っていなければならない。だから売りは、彼の個人的欲望とはまったく無関係に、流通過程の運動によって彼にとって一つの社会的必然に転化される。」

⑬　最後の一文の仏語版―「商品がその価値姿態である貨幣に変換することは、このようにして、生産者ー交換者の個人的な必要や空想にかかわりなく彼に課せられた社会的必然になる。」

①　仏語版の例では農民。彼が小麦―貨幣―リンネルのW―G―Wのまえに「リンネルを信用買い」するとすれば、第一の商品変態W（小麦）―Gの転化の前に、第二の変態G―W（リンネル）を先行させる。

②　仏語版ではリンネル所持者。

③　リンネルはすでに農民に渡り流通から脱落して消費される。

④　リンネル。→論点1

⑤　以上の『批判』――「第一の変態における商品の姿である貨幣は新しい形態規定性を得る。貨幣、つまり交換価値の独立の展開は、もはや商品流通の媒介形態ではなくて、それを完結させる形態である。」

⑥　貨幣の後払い機能に対し貨幣の「前払い」の形態。

実現される前に、つまり商品が譲渡される前に、商品の価格が実現されることがありうる。これはたとえば日常見られる前払いという形で行われる。またはイギリス政府がインドで農民の阿片を買う場合の形で……。だが、この場合には、貨幣はただ購買手段というすでに知られている形態で働くだけである。……資本は、もちろん、貨幣の形態でも前貸しされる。……しかし、この観点は単純な流通の視野には入ってこないのである。」（カール・マルクス『経済学批判』、一一九、一二〇ページ）⑦

5 支払手段の必要量――支払われる価格総額を修正する諸要因

流通過程のどの一定期間においても、支払期限になった諸債務は、その売りによってこれらの債務が生まれた諸商品の価格総額を表わしている。① この価格総額の実現に必要な貨幣量は、まず第一に支払手段の通流速度②によって定まる。この通流速度は二つの事情に制約されている。すなわち、第一には、Aが自分の債務者Bから貨幣を受け取って次にこの貨幣を自分の債権者Cに支払うというような、債権者と債務者の関係の連鎖③に制約される。そして、いろいろな支払期限のあいだの時間の長さ④によっても制約されている。諸支払の過程的連鎖⑤、すなわちあとから行われる⑥第一の変態の過程的連鎖⑦は、先に考察した諸変態列のからみ合い⑧とは本質的⑨に区別される。流通手段の通流では、売り手と買い手との

⑦ 批一一七。

① repräsentiren 代表する。まず、支払手段貨幣量の考察の順番は、「諸債務額＝債務が生まれた価格総額」である。その上で、支払手段の場合独自の「修正」が入る。→批一二〇―一。
② Umlaufsgeschwindigkeit 流通速度。「通流速度＝通流回数」の指摘はＫⅠ一三三。
③ この場合は通流速度＝通流回数は2回である。
④ 「さまざまな支払期限を分け隔てしている séparé 時間の間隔」（仏）。
⑤ prozessierende Kette 連続的な連鎖。B→A→Cの支払の連鎖。
⑥ 「補完的な supplé mentaires」（仏）。
⑦ 先の例では、Bは後払いすることでAとのW―Gの変態を完成させ、Aはその貨幣でCとのW―Gの変態を完成させる。
⑧ 貨幣章第二節（a）の商品の変態は、一列のW―G―Wという循環の成立に、「四つの極と三人の登場人物」を必要とし、一商品の循環は他の商品の循環と「解きがたくからみ合っている」（ＫⅠ一二五―六）

関連がただ表現されているだけではない。この関連そのものが、貨幣通流において、また貨幣通流とともに、はじめて成立するのである。これに反して、支払手段の運動は、すでにそれ以前にできあがって現存する一つの社会的な関連を表現している⑩のである。

⑥支払手段の節約——振替え集中による債権・債務の相殺

多くの売り①が同時に並んで行われることは、通流速度が鋳貨量の代わりをすること②を制限する。③そのことは、反対に支払手段の節約の一つの梃子《てこ》になる。同じ場所に諸支払が集中されるにつれて、自然発生的に諸支払の決済のための固有な施設と方法とが発達してくる。たとえば、中世のリヨンの振替④がそれである。AのBにたいする、BのCにたいする、CのAにたいする、等々の債権は、ただつきあわせさえすれば或る金額までは正量と負量として相殺されることができる。こうして、あとに残った債務差額だけが清算されればよいことになる。諸支払の集中が大量になればなるほど、差額は相対的に小さくなり、したがって流通する支払手段の量も小さくなるのである。

とあった。

⑨ wesentlich。「質的に qualitativ」（批）。

⑩ 商品の変態の総体、すなわち商品流通を前提している。→論点

① 「売り（または買い）」（仏）。

② ↓「なぜならば、流通面が吸収しうる金量は、その［貨幣片の］各個の要素の中位の通流回数を掛ければ実現されるべき価格総額に等しくなるような量に限られているから」（KⅠ一三四、かっこは山内）。

③ 流通の場合、売買の価格総額が大きくなれば、通流回数（速度）が増したとしても追いつかず流通に必要な鋳貨量が増大するのが一般的である。「この制限は、支払手段として機能する貨幣にとってはなくなる」（批一二一）。

④ 原文は仏語 virements。

[7] 支払手段機能の無媒介矛盾――貨幣恐慌で爆発

支払手段としての貨幣の機能は、媒介されない①矛盾を含んでいる。諸支払が相殺されるかぎり②、貨幣は、ただ観念的に計算貨幣または価値尺度として機能するだけである。③ 現実の支払④がなされなければならないかぎりでは、貨幣は流通手段として・すなわち素材変換のただ瞬間的な媒介的な形態⑤・として現れるのではなく、社会的労働の個人的な化身⑥、交換価値の独立な定在⑦、絶対的な商品⑧として現れるのである。この矛盾は、貨幣恐慌と呼ばれる生産・商業恐慌⑨の瞬間に爆発する。[九九] それは、ただ、諸支払の連鎖と諸支払の決済の人工的な組織⑩とが十分に発達している場合にだけ起こる。この機構⑪の一般的な攪乱が起きれば、それがどういうわけで生じようとも、貨幣は、突然、媒介なしに、計算貨幣というただ単に観念的な姿態から堅い貨幣⑫に一変する。それは世俗の商品では代わることができないものになる。商品の使用価値は値打ちのないものになり、商品の価値はそれ自身の価値形態の前に霧消する。⑬ たった今まで、ブルジョアは、繁栄に酔い偉そうにして、貨幣などは空虚な妄想だと断言していた。商品だけが貨幣だ、と。いまや世界市場には、ただ貨幣だけが商品だ！ とい

① unvermittelten 無媒介的。Unmittelberkeit が「直接性」であるから、無媒介性＝直接性で、直接に直感でわかる、の意。sans moyen terme 媒概念なしの（仏）、without a terminus medius 終結的媒介なしの（英）。

② 売り手・買い手が相互にもつ債権を相殺する場合には。

③ いいかえれば「現実の貨幣の介入は全然行われない」（批一二二）。

④ 債権同士による精算ではなく、現実に貨幣でもって支払をすること。

⑤ 貨幣は流通手段としては「素材変換の媒介に役立つだけ」（批七七）。それも「瞬間的に」＝待ったなしにやらねばならない。

⑥ 支払手段では、Gは貨幣というよりは「一般的商品」として流通にはいるから。「一般的商品」としての貨幣は一般的社会的労働が物化した・化身した物であるが、ここでは支払のため個人のポケットにあるので「個人的化身」。↓本項[3]段落注⑨

⑦ 「交換価値の実在の独立的な形態」（英）。「独立的」とは、流通から独立しているから。

⑧ 本項[3]段落に「（支払手段の）貨幣はもはや過程を媒介しない。貨幣は、交換価値の絶対的定在または一般的商品として、過程を独立に閉じる」（KⅠ一五〇）とあった。

⑨ Produktions- und Handelskrisen 生産＝および商業恐慌。

⑩ 振替所や手形交換所。「支払を相互に相殺すべき人工的制度」（仏）。

⑪ Mechanismus 仕組み。

う声が響き渡る。鹿が清水を求めて鳴くように、彼の魂は貨幣を、この唯一の富を、求めて叫ぶ。[一〇〇] 恐慌のときには、商品とその価値姿態すなわち貨幣との対立は、絶対的な矛盾⑭にまで高められる。したがってまた、そこでは貨幣の現象形態はどうでもよくなる。金で支払われるはずであろうと、銀行券などの信用貨幣で支払われるはずであろうと、貨幣飢饉には変わりはないのである。[一〇一]

九九⑮　本文でどの恐慌の局面としても規定されている貨幣恐慌⑯は、やはり貨幣恐慌と呼ばれてはいてもまったく独立の現象をなすことのある、したがって産業や商業にはただはね返り的に作用するだけの特殊な恐慌種類とは、十分に区別されなければならない。このあとのほうの恐慌は、貨幣資本がその運動の中⑰心となり、したがってその直接的な部面は、銀行や取引所や金融業界という貨幣資本の政治劇⑱の部面であるものである。

一〇〇　「このような、信用主義から重金主義への突然の変化は、実際のパニックのうえに理論的な恐怖を付け加える。そして流通当事者たちは彼ら自身の諸関係の見透かしえない秘密の前に身震いする。」（カール・マルクス『経済学批判』、一二六ページ⑲）「貧乏人がなにもしないのは、金持ちが彼らを雇う貨幣をもっていないからである。といっても、金持ちは、食べ物や衣服を供給するための土地や人手は以前と同じようにもっているのだが、これらの物こそ一国の真の富なのであり、貨幣がそうなのではない。」（ジョン・ベラーズ⑳『産業専門学校設立提案』、ロンドン、一六九八年、三、四ページ）

一〇一　このような瞬間が「商業の友」によってどのように利用されるか。「あるおり

⑫　「現金」（仏）。
⑬　債務者が自分の所持する商品の価値を示しても、「商品の有用性は何の役にもたたず」（仏）、——いずれ価値で売れるから支払を待ってくれ、と言っても拒否され——、貨幣＝価値形態だけが要求される。
⑭　社会全体での全面的な債務不履行。「極点まで」（仏）。
⑮　以下の注は独語第二版の注。この注は、マルクス自用本の変更に基づいて、エンゲルス第三版で書き改められ、以降ヴェルケ版まで、それを「第三版へのマルクスの注」として採用されている。仏語版、英語版は基本的に第二版によっている。
⑯　「どの一般的な生産・商業恐慌の特別な段階として規定されている貨幣恐慌」（第三版）。
⑰　Geldkapital 貨幣資本。第三版以降は Geld-Kapital 貨幣—資本。
⑱　Haupt-und Staatsaktionen（独語古語）。「彼らの直接の活動の場」（英）。なお、第三版以降は「貨幣資本の政治劇」の用語はなし。
⑲　批一二三。
⑳　イギリスの経済学者・空想的社会主義の先駆者（一六五四—一七二五）。

に」（一八三九年）「ある欲深い銀行家（ロンドン・シティの）が、その私室で、自分がむかっている机のふたを開けて、一人の友人に幾束かの銀行券を示しながら、非常にうれしそうに言った。ここに六〇万ポンドあるが、これは金融を逼迫させるためにしまっておいたのだが、今日の三時以後はみんなはきだしてしまうのだ、と。」（『為替相場の理論。一八四四年の銀行勅許法』、ロンドン、一八六四年、八一ページ）半官半民の政府機関の『オブザーバー』誌は一八六四年四月二四日号で次のように述べている。「銀行券の払底を生じせしめるためにとられた手段について、ひどく奇妙なうわさがいくつか流れている。……なにかこの種のトリックが採用されたなどと想像することは、疑わしいとはいえ、うわさは相当広まっており、たしかに言及するに値するものである。」

（153）

8 支払手段まで含めた流通必要貨幣量——その出し方

次に、与えられた一期間に通流する[1]貨幣の総額を考察すれば、それは、流通手段および支払手段の通流速度が与えられていれば、実現されるべき商品価格の総額に、期限がきた諸支払の総額を加え、そこから相殺される諸支払をひき、[2]最後に、同じ貨幣片が流通手段の機能と支払手段の機能とを交互に果たす回数だけの通流額を引いたものに等しい。たとえば、農民が彼の穀物を二ポンド・スターリングで売るとすれば、その二ポンド・スターリングは流通手段として役

① umlaufende 流通する。
② マルクスはこの初版来の段落を「第二版の巻末」で修正している。傍線部分の本文はその修正版にしたがっている。

立っている。彼はこの二ポンドで、以前に織職が彼に供給したリンネルの代価をその支払期日に支払う。同じ二ポンドが今度は支払手段として機能する。そこで、織職は一冊の聖書を現金で買う——二ポンドは再び流通手段として機能する——等々。それだから諸価格と貨幣通流の速度と諸支払の節約とが与えられていても、ある期間たとえば一日に通流する貨幣量と流通する商品量とは、もはや一致しないのである。もうとっくに流通から引きあげられてしまった商品を代表する貨幣が通流する。その貨幣等価物がやっと将来はじめて現象するような諸商品が流通する。また、他方では、その日その日に契約される支払と、同じその日に期限がくる支払とは、まったく通約不可能[③]な大きさのものである。[一〇三]

一〇三「ある一日のあいだに行われる購買または契約の額は、この特定の一日に流通する貨幣の量には影響しないで、大多数の場合には、遅かれ早かれ後日流通するであろう貨幣の量を引き当てにする種々雑多な手形になってしまうであろう。……今日振り出された手形または開始された信用は、口数でも、金額でも、期間でも、明日または明後日振り出されたり記帳されたりするものと類似している必要は少しもない。むしろ今日の手形や信用の多くは、期限がくれば、過去のまったく一定していないいろいろな日付の債務の一団と一致するのであって、一二ヶ月とか六ヶ月とか三ヶ月とかあるいはまた一ヶ月などの手形が、しばしば一緒になって、特定のある一日に期限のくる債務を膨張させるのである。」（『通貨理論論評。スコットランド人民への手紙』、

③ inkommensurable 比較できない、関係のない。

イングランドの銀行家による、エディンバラ、一八四五年、二九，三〇ページのところどころ）

⑨信用貨幣の出自――債務証書の移転での支払手段の機能から

信用貨幣[①]は、支払手段としての貨幣の機能から直接に発生するものであって、それは、売られた商品にたいする債務証書そのものが、債権の移転のためにふたたび流通することによって発生するものである。他方、信用制度[②]が拡大されれば、支払手段としての貨幣の機能も拡大される。このような支払手段として、貨幣はいろいろな特有な実在形態を受け取るのであって、この形態にある貨幣は大口商取引の部面を住みかとし、他方、金銀鋳貨は主として小口取引の場に押し込められるのである。[一〇三]

〔一〇三〕 どんなにわずかしか現金が本来の商取引に入っていかないかを示す例として、ロンドンの最大の商社の一つ[③]の、一年間の貨幣収入と諸支払との一覧表をここに示しておこう。一八五六年のその取引高は数百万ポンドにのぼるのであるが、ここでは百万ポンド規模に縮約して表現されている。

収入　（単位ポンド）

① 英語版の流通手段論では「信用に基づいた貨幣」とあったが、それに近い。具体的には原注一〇三にある手形や銀行券。
② Kreditwesen 信用業。
③ モリソン・ディロン商会。

銀行手形、日付後払商業手形	五三三、五九六
一覧払銀行小切手その他	三五七、七一五
地方銀行券	九、六二七
イングランド銀行券	六八、五五四
金貨	二八、〇八九
銀貨、銅貨	一、四八六
郵便為替	九三三
合計	一、〇〇〇、〇〇〇

支出	（単位ポンド）
日付後払手形	三〇二、六七四
ロンドン諸銀行あて小切手	六六三、六七二
イングランド銀行券	二二、七四三
金貨	九、四二七
銀貨、銅貨	一、四八七
合計	一、〇〇〇、〇〇〇

（『銀行法特別委員会報告書』一八五八年七月、七一ページ）

10 商品流通の部面を越えた貨幣——支払手段として機能

商品生産がある程度の高さと広さとに達すれば、支払手段としての貨幣の機

（155）

能は商品流通の部面を越えておよぶ。貨幣は契約の一般的商品となる。①一〇四 租税や地代などは現物納付から貨幣支払に変わる。この変化がどんなに生産過程の総姿態②によって制約されているかは、たとえば、すべての貢租を貨幣で取り立てようとするローマ帝国の試みが二度も失敗したことに示されている。③ ボアギュベール④やヴォバン将軍⑤たちがあのように雄弁に非難したルイ一四世治下のフランスの農村住民のひどい窮乏は、ただ租税の高さのせいだけではなく、現物租税から貨幣租税への転化のせいでもあった。一〇五 他方、アジアでは、地代の現物形態が同時に国家租税の重要な要素でもあるが、それは自然関係と同じ不変性をもって再生産される生産関係⑥に基づいているのであり、この支払形態はまた反作用的に古い生産関係を維持するのである。⑦ それは、トルコ帝国の自己維持の秘密の一つをなしている。ヨーロッパによって強制された外国貿易⑧が、もし日本で現物地代から貨幣地代への転化を伴うならば、日本の模範的な農業もそれでおしまいである。その窮屈な経済的実在条件は消滅するであろう。⑨

一〇四 「取引の過程は、財貨と財貨との交換、または引き渡しと受け取りから、販売と支払に変わったので、すべての売買契約が……いまでは貨幣価格を土台にして定められる。」（『公信用に関する一論』、第三版、ロンドン、一七一〇年、八ページ）

① 「貨幣はすべての契約の一般的な趣旨である商品になる。」（英）
② 「生産の一般的状態」（仏）。
③ なぜなら、農産物がほとんど商品流通に入らなかったからである。→KⅢ七九四―五。
④ フランスの経済学者、重農学派の先駆者（一六四六―一七一四）。
⑤ フランスの軍事技術監、コルベール重商主義への反対者（一六三三―一七〇七）。
⑥ 「停滞的な生産関係」（仏）、「自然現象の規則性をもって再生産される生産条件」（英）。
⑦ なぜなら、現物地代にあっては、農業と家内工業の結合が不可欠で、農民家族が市場からも、商品生産や社会の動きからも孤立しているからである。
⑧ 「自由貿易」（仏）。
⑨ 「窮屈な経済的実在条件」とは、注⑦でふれた現物地代と国土の狭さ。仏語版は別の表現――「このような変革に抵抗するにはあまりに窮屈な経済条件に服しているから」。

一〇五　「貨幣は万物の死刑執行者となった。」財政技術は「このわざわいに満ちたエキスを得るために恐ろしく多くの財貨や商品を蒸発させた蒸留器である。」「貨幣は全人類に戦いを宣する。」（ボアギュベール『富、貨幣、租税の本質に関する論究』、デール編『財政経済学者』、パリ、一八四三年、第一巻、四一九、四一七、四一八ページ）

11 支払手段の通流速度――支払期間の長さに正比例

どの国でも、いくつかの①一般的な支払時期が固定してくる。それらの時期は、再生産の別の循環運行②を度外視すれば、ある程度まで、季節の移り変わりに結びついた自然的生産条件に基づいている。③それらはまた、直接に商品流通から生ずるのではない支払、たとえば租税や地代などをも規制する。社会の全表面に分散した、これらの支払のために一年のうちの何日かに必要な貨幣量は、支払手段の節約において、周期的な、しかしまったく表面的な攪乱を引き起(156)こす。(一〇六)④支払手段の通流速度に関する法則からは次のことがでてくる。すなわち、その起源が何であろうと、すべての周期的な支払について、支払手段の必要量は支払期間⑤の長さに反比例する、⑥ということである。(一〇七)

一〇六　一八二六年の議会の調査委員会でクレーグ氏は次のように述べている。

① 「大規模な支払については」（仏の補足）。
② Zirkelläufen 諸循環。たとえば慣行としてある商品流通期間など。
③ 仏語版の異文――「もしこれらの期限のいくつかのものが純粋に慣習的のものであれば、それは一般に、季節等の周期的な変化に結びついた、再生産の周期的、循環的運動に基づいている。」
④ 仏語版はここから段落替え。
⑤ Zahlungsperioden 支払周期、支払期間。
⑥ umgekehrtem Verhältniss 反比例。「逆比例 en raison inverse」in inverse proportion」（仏、英）。→論点。

「一八二四年の聖霊降臨節には、エディンバラの諸銀行にたいする銀行券の需要が莫大な額にのぼり、一一時には銀行の手元には一枚の銀行券も残ってはいなかった。そこであちこちのどの銀行に借りにやっても手に入れることができなかった。ついに取引の多くはただ書き付けによってのみ清算された。ところが、午後三時にはすべての銀行券が、それを発行した銀行に返されてきた。それはただ手から手へ渡されただけであった。」スコットランドでは銀行券の実際の平均流通高は三〇〇万ポンド・スターリングより少ないにもかかわらず、一年間のいくつかの支払日には、銀行業者の手元にある銀行券が全部ひっくるめて約七〇〇万ポンドも動員される。こうした時期には、銀行券は一つの独特な機能を果たさなければならない。そして、それを果たせば、銀行券を発行した銀行に流れて帰るのである。」（ジョン・フラートン[7]『通貨調整論』、第二版、ロンドン、一八四五年、八六ページ、注）[8]理解を助けるために付け加えれば、スコットランドでは、フラートンの著書が出た当時は、預金にたいして小切手ではなく銀行券だけが発行されたのである。

一〇七「もし一年当たり四〇〇〇万を調達する必要があるとすれば、産業が必要とする回転と流通のために、同じ六〇〇万（金）でこと足りるだろうか？」という問にたいして、ペティはいつものような巧妙さで次のように答えている。「私は、足りる、と答える。というのは、支出は四〇〇〇万だから、もし回転が、たとえば土曜ごとに受け払いをしている貧しい職人や労働者のあいだで見られるように、毎週というような短い周期であるならば、一〇〇万の貨幣の$\frac{40}{52}$でもこれらの目的が達せられるだろうからである。しかし、もし、周期が、わが国の地代支払や租税徴収の慣例どおりに、四半期であるならば、その場合には一〇〇〇万が必要であろう。それゆえ、一般に諸支払が一週間から一三週間までのまちまちの周期でなされるものと想定すれば、

⑦ イギリスの経済学者、通貨主義を批判した銀行学派（一七八〇―一八四九）。邦訳は岩波文庫版福田訳。
⑧ 英語版は「……を見よ」と付記。

$\frac{40}{52}$百万に一〇〇〇万を加えたものの半分は五五〇万だから、五五〇万あれば十分である。」（ウィリアム・ペティ⑨『アイルランドの政治的解剖　一六七二年』ロンドン版、一六九一年、一三、一四ページ⑩）

⑫ 支払手段準備金の蓄蔵——資本制社会の進歩につれて必要性増大

支払手段としての貨幣の発展は、債務額の支払期限のための貨幣蓄積①を必要とする。独立した致富形態としての貨幣蓄蔵②はブルジョア社会③の進歩につれてなくなるが④、反対に、支払手段の準備金⑤という形態では貨幣蓄蔵はこの進歩につれて増大する⑥。

⑨ →詳注二九。
⑩ マルクスがここで引用しているのは、『アイルランドの政治的解剖　一六七二年』の付録「賢者には一言をもって足る」、岩波文庫版、松川訳『租税貢納論』一八三—一八四ページ、である。

① Geldakkumulationen。
② Schatzbildung。
③ 資本主義社会。「ブルジョア的生産」(批)。
④ 第四章でみるように、貨幣蓄蔵は資本主義的致富手段としては邪道で「気の狂った資本家」（KⅠ一六八）のやることでしかないから。
⑤ 次の（c）世界貨幣への移行規定である。→論点1
⑥ 『批判』は補足あり——「というよりはむしろ、一般に商品流通の領域内で形成される蓄蔵貨幣 Schätz の一部分が、支払手段の準備金として吸収される。ブルジョア的生産が発展していればいるほど、この準備金はますます最小限度に限られる。」（一二三）

第三節b　段落ごとの論点

1段落1――支払手段発生を「商品を売りやすい」から説明する日高説

商品流通W―G―Wから、支払手段を導く場合、『資本論』では「商品の譲渡を商品価格の実現から時間的に分離するような諸事情」から説明する。ところが［日高 *37*］は「商品の売り手にとって、貨幣との同時交換を条件とするかぎりその商品は売りにくいが、後払いでよいということにすれば買い手がおり、しかもその買い手の支払い約束は確実で信用できるということになれば、後払いで商品を売るであろう」として、支払手段機能を導いている。［大内 *181*］も「『将来の貨幣』でならば買うという相手が現れる」場合を想定して日高説の同じことを主張している。しかし、これはW―G―Wで商品の「命がけの飛躍」を過度に強調し、マルクスのようにW―G―Wの正常な進行を前提にして議論を進めることを批判する宇野理論的発想そのものであり、単純な商品流通論段階で信用を組み込むことになるから理論的展開としてもおかしい。

1段落2――支払手段は「商品の変態の展開が変わる」から説明すべき

支払手段というと一般には「後払手段」のように理解されるが、『資本論』の支払手段はもう少し多様な意味を持っている。脚注⑤でも指摘してあるように、一定期間を決めた家屋の利用は「使用価値を事実上ゆだねることと、その現実の外化とは、時間的に食いちがっている」（批一一九）ことから貨幣は支払手段の機能を果たす。また、本項11段落の租税や地代といった「直接に商品流通から生じるのではない支払」（ＫⅠ一五五）に使われる貨幣も支払手段機能である。したがって支払手段機能の発生は、本文にあるように「商品の変態または価値形態の展開が変わる」ことから説明するのがより包括的である。

2段落──単純商品生産と資本主義的信用での債権・債務の違い

この段落での債権・債務関係はあくまで、商品＝貨幣論段階の問題である。それに対し、商品資本や貨幣資本が登場して、W―Gを信用取引することによって発生する債権・債務関係は、それが「再生産過程を媒介」することになるので、これが本来の信用制度に基づく債権・債務関係になる。（詳しくはKⅢ第三〇章四九八―四九九参照。）商品＝貨幣論レベルの債権・債務関係は「信用制度の原生的基礎」（批一一九）にとどまる。

3段落──支払手段を「価値の一方的移転手段」と規定する大内力

この段落にあるように、支払手段機能とは「もはや過程を媒介しない」で「過程を独立のものとして完結させる」機能である。『批判』では、「第一の変態における貨幣［W―Gの後払い貨幣のこと―山内］は、新しい形態規定性を得る。貨幣、つまり交換価値の独立の展開は、もはや商品流通の媒介形態ではなくて、それを完結する形態である」（一一九）として同じことを言っている。しかし「（流通）過程を媒介しない」とは言っても、商品流通から発生し、商品流通を独自に「完結」させることでは同じであるから、商品流通を離れてはあり得ない。贈与や賠償や租税での支払があるとはいってもそれらは副次的なものである。［大内 *180*］のように、「価値の一方的移転の手段となる機能を支払手段と呼ぶ」は、『批判』で言う「新しい形態規定性」に着目したものと考えられるが、一面的である。

4段落1――仏語版の全面的な叙述変更はなぜ必要だったか

この段落、独語第二版は初版の表現と同じであるが、わかりにくい。脚注②でもふれたように、W―G―Wの考察対象が小麦から途中でリンネルへ切り替わっているからである。それで、この段落の本文は仏語版では次のように全面的に書き直されている。

「農民が織工から二〇メートルのリンネルを二ポンド・スターリングの価格――それは小麦一クォーターの価格でもある――で買い、一ヶ月後にその支払いをする、と仮定しよう。農民は自分の小麦を貨幣に転化してしまう前に、これをリンネルに転化している。したがって、彼は、自分の商品の第一変態以前に、それの最終変態を果たしている。次いで、彼は小麦を二ポンド・スターリングで売り、この二ポンド・スターリングを決まった期日に織工に渡す。実在の貨幣はもはやここでは、リンネルを小麦に置き換える仲介者の役を果たさない。このことはすでに行われてしまった。それどころか、貨幣は彼にとっては、それが彼の提供しなければならない絶対的な価値形態、すなわち一般的な商品である限り、取引の最後のことばなのである。織工について言えば、彼の商品は流通してその価格を実現したが、このことはただ、民法から生ずる請求権によるものでしかない。彼の商品は貨幣に転化される前に、他人の消費に入り込まされる。したがって、彼のリンネルの第一の変態は、一時停止されたままであり、後ほど、農民の債務の支払期日にはじめて果たされるわけである。」

4段落2――なぜ「前払貨幣」を考察しないのか

原注穴にもあるように、前払いされた貨幣は購買手段の機能に解消される。『批判』では、その具体例として、イギリス政府がインドのライヤトという小作人からアヘンを買う場合や、ロシアに定住する外国商人がロシアの国産品を大量に買う場合を挙げている。いずれも商品生産や商品流通が未発達の領域で国外から持ち込まれた貨幣が、特異な産品を安く、独占的に確保するために前貸される場合である。実態は生産者や集荷業者の生活を保障するために「賃金」部分に前貸しされたもので、正常な購買手段とは言えないものである。昨今のプリペードカードや前払の電子マネーなどは『批判』でいう購買手段の理解でよい。

5段落――流通手段と支払手段との「からみ合い」の本質的違い

『批判』では、流通手段としての貨幣と支払手段としての貨幣の商品変態との関連を次のように区別する。

流通手段での貨幣の通流の場合は、「時間的に連続して現れるだけでなく、時間的に連続するなかではじめて連鎖とな」り、その連鎖は「偶然的に成立する」。他方、A→B→C→D……の支払手段の一連の連鎖では、「外面的関連においては、すでにできあがって現存している社会的関連が明るみに出てくるだけである。同じ貨幣がいろいろな人々の手を通っていくのは、それが支払手段として登場するからではなくて、いろいろな人々の手がすでにつながりあっているからこそ、それが支払手段として通流するのである。」以上から導かれる結論は、「だから貨幣が支払手段として通流する速度は、貨幣が鋳貨としてまたは購買手段として通流する速度よりも、個人が流通過程にはるかに深く入り込んでいることを示している。」（以上、批一二一）ことになる。この結論部分は、（一）個人にとっては、流通手段貨幣よりも支払手段貨幣が優先すること、（二）同じ売買現象、「多くの売りが同時に並んで行われる」ような場合、流通手段と支払手段では相反する要素があること、を示している。このことが『資本論』では次の段落で言われることになる。

6段落――支払手段機能に流通手段貨幣の節約を見る大内力

［大内 *183-184*］は、支払手段の機能の一つとして、「蓄蔵貨幣をある程度節約」と「流通手段としての貨幣を

も節約」することを指摘している。『資本論』もまた信用制度の役割の一つとして、流通費の削減や貨幣そのものの削減の削減を挙げ、「信用によって流通または商品変態の、さらには資本の変態の、一つ一つの局面を速くし、したがってまた再生産過程一般を速くするということ。」（KⅢ四五二）を指摘している。大内の指摘はそのとおりである。

7段落――流通手段での恐慌の可能性と支払手段での恐慌の可能性

資本主義的商品生産を、資本＝賃労働関係を捨象してまだ単純な商品生産・商品流通としてとらえた場合でも、流通手段機能ですでに「恐慌の可能性を、しかし可能性だけを含んでいる」（KⅠ一二八）ことはすでに明らかにされている。なぜなら、W―G―Wで貨幣が流通手段の機能を果たしている場合でも、外面的にはW―GとG―Wが時間的に分離し、社会的にW―Gの価値（価格）の販売総量がG―Wの価値（価格）の購買総量を上回ることがあり得、その矛盾をW―G―Wの内在的統一が暴力的に貫徹することで社会的に回復される場合があるからである。支払手段の機能になると、この恐慌の「一般的可能性」あるいは「形式的な可能性」は、一商品のW―G―Wにおける信用の連鎖故障が多くのW―G―Wに影響することで、「諸支払の一系列全体が実現されない」（MwⅡ五一五）ことが発生する。マルクスは流通W―G―Wでの恐慌を第一の可能性、支払手段登場での恐慌を第二の可能性と呼んで、「第一の可能性は第二の可能性がなくとも可能である。……しかし、第二の可能性は、第一の可能性がなければ、すなわち購買と販売とが分離することがなければ、不可能である。」（同上）と言っている。マルクスは同時に「貨幣市場での恐慌として現象するものは、事実上では、生産過程および再生産過程そのものでの異常な事態を表現している」（KⅡ三二〇）とし、生産や再生産過程とは別個に商品流通の局面における貨幣恐慌が恐慌の主導的要因になるのではないことを指摘している。支払不能の連鎖波及は、支払不能を受ける債権者の蓄蔵貨幣保有などの条件によってはそこで連鎖を食い止めることもでき、全流通のなかでは支払不能連鎖を部分的にすることも可能である。［井村 292］も、「貨幣の支払手段としての機能は、貨幣・信用恐慌の『抽象的な可能性』をなすにすぎない」としている。

8 段落——支払手段を含む流通必要貨幣量を導く考え方

この段落は、第二版分冊版は初版そのままで、「第二版後書き」で修正した部分である。本文の傍線部は、第二版修正版にはあるが初版＝第二版分冊版にはない部分である。

『批判』には当然、傍線部のような指摘はない。仏語版は第二版修正版にしたがっている。

マルクス自身変遷したように、支払手段まで含めた流通必要貨幣量に関する『資本論』の規定はわかりにくいが、次のような論理操作をして導いたものと考えるべきであろう。

（1）流通手段として機能する貨幣量は、（商品価格総額）÷（流通手段貨幣の通流速度）で求められる。支払手段として機能する貨幣量は、（満期になった諸支払の総額マイナス相殺される諸支払）÷（支払手段の通流速度）で求められる。（支払手段の通流速度の計算の仕方は後の13段落にある。）その上で

（2）流通手段の通流速度と支払手段の通流速度をどちらも同じ速度の「与えられた」もの、仮に1として前提すれば、（1）での式は「実現されるべき価格総額に、満期になった諸支払の総額を加え、そこから相殺される諸支払を引き」と簡略化できる。さらに、

（3）（1）で流通手段と支払手段を単純に合計では、「同じ貨幣片が流通手段の機能と支払手段の機能とを交互に果たす回数だけの流通額」が二重に計算されるから、（1）の合計額から重複分を差し引く必要がある。

基本は、流通貨幣量に関する法則——「流通過程のある与えられた期間については、（諸商品の価格総額）÷（同名の貨幣片の通流回数）＝（流通手段として機能する貨幣の量）となる。この法則は一般的に妥当する」（KⅠ一三三）——の確認である。この段落での式はこの一般的法則の特殊な現れということになる。

9段落――信用貨幣の広義狭義の概念

すでに、流通手段論で信用貨幣について次のような言及があった。「ここで問題にするのは、ただ、強制通用力のある国家紙幣だけである。それは直接的に、金属流通から生まれてくる。これに反して、信用貨幣は、単純な商品流通の立場からはまだまったくわれわれに知られていない諸関係を内蔵している。だが、ついでに言えば、本来の紙幣が流通手段としての貨幣の機能から生ずるように、信用貨幣は、支払手段としての貨幣の機能にその自然発生的な根源をもっているのである。」（ＫⅠ一四一）

ここにある「単純な商品流通」とは、Ｗ―Ｇ―Ｗの「商品流通の直接的形態」（ＫⅠ一四八）である。そこから商品の譲渡と価格の実現が時間的に分離するで支払手段の機能が発生し、「信用貨幣」が登場する。『資本論』では、資本関係抜きの商品―貨幣論段階で、約束手形が裏書きされて債務者から債権者へ、さらに第三者へと、流通手段の役割をもつものを「信用貨幣」としているのは明らかである。したがって、ここでの信用貨幣は紙幣のような価値章標と大差ない流通手段である。資本関係想定のＫⅢでは次のようにある。

「私は前に（第一部第三章第三節ｂ）、どのようにして単純な商品流通から支払手段としての貨幣の機能が形成され、それとともに商品生産者や商品取引業者のあいだに債権者と債務者との関係が形成されるか、を明らかにした。……このような生産者や商人同士のあいだでの相互前貸しが信用の本来の基礎をなしているように、その流通用具、手形は本来の信用貨幣すなわち銀行券などの基礎をなしている。」（ＫⅢ四一三）

他方で、『批判』の貨幣論の冒頭部分では、「以下の研究でしっかり把握しておかねばならないことは、商品の交換から直接に発生する貨幣の諸形態だけを問題にし、生産過程のもっと高い段階に属する貨幣の諸形態、例えば信用貨幣のようなものは問題にしないということである」（批四九）とある。現に、資本関係の分析に至らない『批判』では「信用貨幣」の分析はない。したがって、『批判』は、先のＫⅠの箇所と同趣旨の叙述でも、やや違う表現になっている。「信用貨幣は、社会的生産過程のもっと高い部面に属するものであって、まったく

別の諸法則によって規制されている。」（批九五）

『批判』執筆時の信用貨幣は、「社会的生産過程のもっと高い部面」＝資本の流通関係、で登場する兌換銀行券のようなものを考えていることは明らかである。つまり、信用貨幣の概念には、資本主義以前の手形を含む広義の曖昧な概念のものと、資本主義的信用制度発達後の兌換銀行券に限定した狭義・厳密なものの二種があることになる。

⑩段落――『批判』にある排他的支払手段論

この段落では、「商品の流通部面を越えて」「契約の一般的商品」となっている貨幣をも「支払手段」と規定している。地代や租税の支払いは一方的な価値移転であり、今まで論じてきた支払手段の機能、すなわちW―G―Wを前提にした債権・債務解消機能あるいはW―G―Wを独立に閉じる機能とも違う。支払手段の適用を、商品の流通部面とは別に支払義務のある貨幣の機能にまで拡大しているが、しかしこれは派生的なことである。『批判』はこの点を次のように言う。「一般的支払手段としては、貨幣は契約の一般的商品となる。――はじめはただ商品流通の領域の内部でだけだが。けれども貨幣のこの機能の発展につれて、他のすべての支払の形態は次第に貨幣支払に解消していく。貨幣が排他的支払手段として発達している程度は、交換価値が生産をどれだけ深くまた広くとらえているかという程度を示している。」（一二〇）

右で言う「排他的支払手段」概念は『資本論』にはないが『批判』にはあって、もっともっと採用されていい考え方である。「交換価値が生産を深く広くとらえた」場合、すなわち資本主義が発達すればするほど、賃金支払い、租税、公的保険の掛金、贈与や賠償などの支払で、排他的支払手段貨幣の存在が大きくなっていくからである。

11段落――支払手段量は「支払期限の長さ」に正比例するか逆比例か

脚注⑥の箇所は独語版初版から第4版まですべて「逆比例」である。現行ヴェルケ版で「正比例」とされている。大月全集訳やヴェルケ版による他の訳書もほとんど「正比例」である。仏語版でもエディシオン・ソシアル仏語版は「正比例 en raison directe」に直されており、江夏・上杉訳も「正比例」である。ただ長谷部文雄青木書店版（河出世界の大思想版も）だけは「逆比例」である。長谷部は、論点は「支払期間の長さ」を支払周期の長さ（1週間ごとの支払とか1ヶ月ごとの支払とか、支払期限と支払期限との間隔）と理解するか、それとも支払期間の長さ（1週間とか1ヶ月とかのうちに支払を全部すます支払猶予期間）と理解するかの違いであるとする。前者なら1週間ごとより1ヶ月ごとが各期の支払総額が大になるので「正」比例、後者なら「支払手段の通流速度が大となるがゆえに支払手段の必要分量はこれに逆比例する」と理解する。しかし、支払は1週間猶予より1ヶ月猶予のほうが「通流速度が大」＝支払手段としての通流回数が多いとは言えないから、「逆比例」関係もない。したがってやはり、独語版初版から第4版の「逆比例」は「正比例」の誤記であろう。

12段落1――支払手段準備金から世界貨幣への移行

『批判』の支払手段論の最後に、金銀は価値変動の観点が蓄蔵貨幣にとっても重要であるが、支払手段にとっては「いっそう重要」（一二四）とある。「ブルジョア社会の進歩につれて」「支払手段の準備金」の意義は大きくなる。本来の蓄蔵貨幣の一部も吸収する。しかし、国内流通の場合、金銀の価値変動は国内全部に影響し、支払手段は鋳貨や紙幣でも果たせるので、『資本論』では省略された。しかし、国際流通では、金銀の現物決済で、国による価値差があるから、金銀の価値変動は死活問題になる。「支払手段としての機能は、国際差額の決済のために、他の機能に優越している」（ＫＩ一五八）。一国の支払手段準備金の量は当然国際流通とも連動する。したがって論理として、支払手段の「準備金」から「世界貨幣」を論ずることになる。この移行規定の観点は『批判』にはあるが『資本論』では明確ではない。[宇野1 68] はこの移行規定をおいている点で彗眼である。

12 段落2――支払手段により蓄蔵貨幣の社会的節約を説く大内力

資本主義が発展すると、商品取引資本による貨幣の節約（KⅢ第一六章二八五―二九〇）、貨幣取引資本による貨幣の節約（KⅢ第一九章三三二―三三四）や信用制度による貨幣の節約（たとえばKⅢ第二七章四五一―四五二）の必要が生まれる。資本関係を捨象した商品―貨幣関係でも、貨幣の節約の観点は大事で、それを専門に扱うのが支払手段である。現に脚注⑤にあるように『批判』にはこの観点が明示されている。[大内 183] は、支払手段機能で買い手―売り手は債権者―債務者の関係にはいるが、」、「買手は売手の手もとに形成された蓄蔵貨幣を一時利用しながら、みずからのそれを節約する」のであり、「支払手段としての貨幣は蓄蔵貨幣を前提としつつ機能するが、同時にそれは、……蓄蔵貨幣を社会的にはある程度節約しつつ、その有効な利用を促進するという機能をももっている」としている。蓄蔵貨幣の社会的節約という論点は『批判』の観点をさらに一歩進めたものである。

c　世界貨幣①

1 世界貨幣の第一の意味――貨幣の定在様式が概念に適合

貨幣は、国内流通部面から外に出るとともに、価格の度量標準や鋳貨や補助鋳貨や価値章標というそこで成長する地方的な形態をふたたび脱ぎ捨て、②貴金属の元来の地金形態③に逆戻りする。世界貿易では、諸商品はそれらの価値を普遍的に④展開する。⑤したがってまた、ここでは諸商品にたいしてそれらの独立な価値姿態も世界貨幣として相対する。⑥世界市場ではじめて⑦貨幣は、十分な範囲にわたって、その自然形態が同時に抽象性での人間労働の直接に社会的な実現形態⑧である商品として、機能する。⑨貨幣の定在様式⑩はその概念⑪に適合したもの⑫になる。

① 「普遍的 universelle 貨幣」（仏）。
② 貨幣の国内制服と世界市場でのその脱ぎ捨てについては→第三章第二節「c 鋳貨　価値章標」の冒頭、ＫⅠ一三八―九。
③ 「延べ棒あるいは地金という形態」（仏）。
④ universell。「国内的・国民的ではなく」の意。
⑤ 以上仏語版の異文――「諸国間の商業においてこそ、商品の価値が普遍的に展開される。」
⑥ 以上の仏語版の異文――「商品の価値姿態が、普遍的貨幣――ジェームス、スチュアートが呼ぶように世界貨幣 monnaie du monde (money of the world) であり、彼のあとでアダム・スミスが述べたように、大商業共和国の貨幣である――の姿態のもとで、商品に向かい合うのも、そこにおいてである。」
⑦ 「世界市場で、またこの市場でだけ」（仏）。
⑧ Verwirkulichungsform。「化身」（仏）。
⑨ 貨幣なのに「商品として機能する」がポイント。
⑩ Daseinweise 存在様式。
⑪ 一般的商品ということ。→論点2
⑫ adäquat 十全な。

(157)

2 世界市場での価値尺度――金銀の二重が支配的

国内流通部面では、ただ一つの商品だけが価値尺度として、したがってまた貨幣として、役立つことができる。① 世界市場では、二重の価値尺度が、金と銀とが、支配的である。一〇八

一〇八 それだから、国内で貨幣として機能している貴金属だけを蓄蔵することを国民銀行②に命ずるような立法は、すべて愚かなのである。たとえば、イングランド銀行の、こうして自分が作り出した「快い障害」③はよく知られている。金銀の相対的価値変動のひどかった歴史上の諸時代については、カール・マルクス『経済学批判』、一三六ページ以下④を見よ。――第二版への追加。サー・ロバート・ピール⑤は、彼の立案した一八四四年の銀行法のなかで、イングランド銀行に、銀準備が金準備の四分の一を越えない範囲内で、銀地金で銀行券を発行することを許すことによって、先の不便を取り除こうとした。その場合、銀価値はロンドン市場での銀の市場価格（金での）によって評価された。

3 世界貨幣の諸機能――一般的支払手段

世界貨幣は、一般的支払手段①、一般的購買手段②、富一般 (universal wealth) の

① 国内市場では「価値尺度の二重化はその機能と矛盾する」（ＫⅠ一一一）。
② Nationalbank 中央銀行、国家銀行。「the bank of a country 一国の銀行」(英)。
③ 英語原文は pleasant difficulties。
④ 批一三一以下。そこでは、金銀の相対的価値変動の「展開」は「ここでの問題ではない」とある。
⑤ イギリスの政治家・首相で、土地貴族のブルジョアジーへの譲歩を強要し、一八四六年穀物法を廃止した（一七八八―一八五〇）。

① 『批判』の「国際的商品流通では、金銀は流通手段としてではなく、一般的 allgemeine 交換手段として現れる。しかし一般的交換手段は購買手段と支払手段という二つの発展した形態でだけ機能するが、

絶対的社会的物質化③として機能する。支払手段としての機能は、国際差額の決済のために、優越している。④ それだからこそ、重商主義の評語——貿易差額！（一〇九） 諸国間の素材変換の従来の均衡が突然攪乱されるたびに、金銀は、本質的に、国際的な購買手段として役立つ。最後に、それが、富の絶対的社会的物質化として役立つのは、購買でも支払でもなく、一国から他国への富の移転が行われるような場合であり、しかも商品形態でのこの移転が、商品市場の市況や所期の目的そのものによって排除されている場合である。（一一〇）

一〇九 重商主義⑤は金銀による貿易差額の決済を世界貿易の目的として取り扱うのであるが、その反対者たちの方は世界貨幣の機能をまったく誤解していた。⑥ 流通手段の量を規制する諸法則の誤った解釈⑦が貴金属の国際的運動の誤った解釈に反映しているだけだということを、私はリカードについて詳しく指摘しておいた。（『経済学批判』、一五〇ページ以下⑧を見よ。）それだから、リカードのまちがったドグマ、すなわち、「貿易の逆調は通貨の過剰からしか生じない。……鋳貨が輸出されるのは、それが安いせいであって、貿易の逆調の結果ではなく、むしろその原因である」⑨というドグマは、すでにバーボンの次のような言葉のうちに見いだされるのである。「貿易の差額は、もしそういうものがあるとすれば、一国から貨幣が輸出されることの原因ではなく、この輸出は、地金の価値が国によってちがうことから起きるのである。」（N・バーボン『より軽い新貨幣の鋳造に関する論究』、五九ページ）。マカロック⑩は、「経済学文献、斯学のさまざまな部門における選抜出版物の分類目録」、ロンドン、一八四五

けれども両者の関係は世界市場では逆になる。」の要約。

② 購買手段とは、貨幣を流通手段としてみた場合、買い手の側にある流通手段のことをいう。↓「貨幣はいつでも購買手段として買い手の側にたっている」（KI一二九）

③ 富＝土地と労働のいっさいの生産物。それは商品社会では価値や貨幣で表示される。「貨幣蓄蔵」で貨幣は「富のいつでも出動できる絶対的に社会的な形態の力」（KI一四五）とあった。

④ ↓注①。貿易差額の決済がは後払いの支払手段の機能である。

⑤ 絶対主義国家の金の獲得・貿易差額追求・輸出産業育成・貿易規制等の政策体系。「世界商業と世界商業に直接につながる国民的労働の特殊諸部門とを富または貨幣の唯一の真の源泉」（批一三三）と理解していた。

⑥ たとえばリカードは、貨幣を金属流通手段としてのみ把握し、国際的購買手段や国際的支払手段という世界貨幣の機能を捨象して、彼の貨幣論を組み立てた。

⑦ リカードは、誤って貨幣数量説すなわち「流通手段の量が価格を規定するという見解」（KI一三八、原注七九）を採用していた。

⑧ 批一四三以下、より絞り込めば批一五〇。

⑨ マルクスがここで引用しているのは、D・リカード『地金の高価格、銀行券減価の証拠』、第四版、ロンドン、一八一一年、である。マルクスによれば、リカードは当

年、のなかで、バーボンのこの先見をほめているが、しかし、バーボンでは「通貨主義」⑪の不合理な諸前提がとっている素朴な形態には、言及することさえも用心深く避けている、この目録の無批判性、むしろその不誠実性は、貨幣理論の歴史に関する篇では頂点に達している。というのは、マカロックが、ここでは、彼が「銀行家の定評ある指導者」と呼ぶオーヴァストン卿⑫（元銀行家ロイド）の追従者として、しっぽを振っているからである。⑬

二〇　たとえば、援助金とか、戦争遂行のためや銀行の正貨兌換再開のなどのための借款などの場合には、価値はまさに貨幣形態で要求される⑭ことがありうる。

（159）

4 蓄蔵貨幣の新たな役割――世界貨幣の準備金

各国は、その国内流通のために準備金を必要とするように、世界市場のためにもそれを必要とする。だから蓄蔵貨幣の諸機能は、一部は国内の流通および支払手段としての貨幣の機能から生じ、一部は世界貨幣としての貨幣の機能から生ずる。①二〇a このあとの方の役割のためには、つねに現実の貨幣商品②、生身の金銀が要求される。それだからこそ、ジェームズ・スチュアート③は、金銀を、それらの局地的代理物にすぎないものから区別して、はっきりと世界貨幣（money of the world）と性格づけているのである。

時「イギリスは商品が高く貨幣が安い市場で、他方大陸は商品が安く貨幣が高かった」と認識していた（批一五七）。

⑩　イギリスの経済学者で、リカードを卑俗化した（一七八九―一八六四）。

⑪　リカードの貨幣数量説的理論に基づき、銀行券の発行を保有金量によって規制すべきと主張する一派。

⑫　本名サミュエル・ジョーンズ・ロイド。イギリスの銀行家。通貨主義の代表者で、これに基づく一八四四年ピール銀行法の生みの親（一七九六―一八八三）。

⑬　以下に第四版以降の版では「エンゲルス追補」があり、「金銀の相対的価値変動」の最近の例が挙げられているが、本書では省略。

⑭　「要求されるのは、価値の他の形態ではなく、価値の貨幣形態である」（英）。

①　すなわち「蓄積された蓄蔵貨幣の一部分は、どの国民のもとでも世界貨幣の準備金として役立つ」（批）。

②　「素材的貨幣」（仏）。

②　イギリスの経済学者・「重金主義と重商主義の合理的表現」（MwⅠ一二）（一七一二―一八〇）。

③　「紙券は社会の貨幣（money of the society）であるが、金銀は世界の貨幣（money of the world）である。」（スチュアート『経済学の諸原理　自由諸国民の国内制政策学についての一論』、ダブリン、一七七〇年版、第二巻、三七〇ページ）

④　イギリスの経済学者、通貨主義を批判す

二〇a　第二版への注。「正貨兌換諸国での貨幣蓄蔵の仕組みが、一般流通からこれといった援助も受けずに、国際的調整に必要なあらゆる役目を果たしうることについては、じっさい、次のこと以上に確実な証明は望み得ないであろう。すなわち、フランスが破壊的な外敵の侵入の打撃からやっと立ち直ったばかりのときに、自分に課された連合国にたいする約二〇〇〇万［フラン］の賠償金の支払いを、しかも金額のかなりの部分を正貨で、二七ヶ月のあいだに容易に完了しながら、しかも国内通貨にはこれというほどの収縮や攪乱もなく、また為替相場のたいした動揺さえもなかったということがそれである。」（フラートン④『通貨調整論』、一九一ページ⑤⑥）

5 金銀の二重の流れ――生産源から世界市場へ、為替相場での移動

金銀の流れの運動は二重のものである。① 一方では、金銀の流れはその源から世界市場の全面に行き渡り、② そこでこの流れはそれぞれの国の流通部面によっていろいろな大きさでとらえられて、その国内通流水路に入っていき、摩滅した金銀鋳貨を補填したり、奢侈品の材料を供給したり、蓄蔵貨幣に凝結したりする。[二一] この第一の運動は、諸商品に実現されている各国の労働と金銀生産国の貴金属に実現されている労働との直接的交換③によって媒介されている。④ 他方では、金銀は各国の流通部面のあいだをたえず行ったり来たりしている。それは、

る銀行学派（一七八〇―一八四九年）。銀行学派は、貨幣数量説に反対し、物価の当落が流通貨幣量の増減に影響するのであり、その逆ではないと主張した。

⑤　岩波文庫版、福田訳、一七七ページ。第二版のフラートンの引用は英語原文（一八四五年版）。

⑥　現行版では、第四版での以下のエンゲルスの追補がある。――「われわれが知っているもっと適切な例は、同じフランスが、一八七一―七三年に、これの一〇倍以上にのぼる賠償金を、やはりかなりの部分まで金属貨幣で、三〇ヶ月のあいだに容易に支払うことができたということである。」

①　基本は貴金属としての流れと世界貨幣としての流れの二つ。

②　商品の流通部面には金銀生産源という「一つの穴」があり、そこから金銀が流通に入り込むとの指摘はＫＩ一二三、一三二にある。

③　この場合、金銀は産源地で直接的生産物のままで他の商品や鋳貨と交換される。

④　それだから、商品価値は各国の生産に要する労働量で決まるという国際価値法則は、世界市場では修正を受けるのである。↓ＫＩ第二〇章「労賃の国民的差異」ＫＩ五八四。なお仏語版は「労働の直接的交換」の記述がない。

為替相場⑤の絶え間のない振動に伴う運動である。一三

一二「貨幣は、つねに生産物によって引き寄せられて、……国々の必要に応じて国々のあいだに配分される。（ル・トローヌ『社会的利益について』、前出、九一六ページ）「たえず金銀を産出している諸鉱山は、それぞれの国にこのような必要量を供給するに足るものを産出する。」（J・ヴァンダリント『貨幣万能論』、四〇ページ）

一三「為替相場は毎週騰落するのであって、一年のある特定の時期には一国にとって逆高になり、また他の時期には反対に同じほど順高になる。」（N・バーボン『より軽い新貨幣の鋳造に関する論究』、三九ページ）

6 蓄蔵貨幣貯水池があふれるのは――商品流通の停滞

ブルジョア的生産の発展している諸国①は、銀行貯水池に大量に集積される蓄蔵貨幣を、その独自な諸機能に必要な最小限に制限する。②一三　いくらかの例外③はあるが、蓄蔵貨幣貯水池が平均水準を越えて目立つほどあふれるということは、商品流通の停滞または商品変態の流れの中断④を示すものである。一四

一三　これらのいろいろな機能は、銀行券の兌換準備という機能が加わってくれば、危険な衝突を起こすことがありうる。⑤

一四「国内取引のために絶対に必要であるよりもたくさんある貨幣は、死んだ資本

⑤　イギリスの輸入業者がドイツからの輸入品の代価の支払いに輸送費のかかる金に替わり英国でスターリング貨で「マルク為替」を買いドイツに送る場合の、「マルク相場のスターリング価格」を為替相場という。それは各国の金地金相場と密接に関連する。↓KⅢ第三五章「貴金属と為替相場」

①「生産が高度に到達した諸国」（仏）。

②「ブルジョア的生産の発達した段階では、蓄蔵貨幣の形成は、流通の種々の過程がその機能を自由に働かせるために必要な最小限に制限される。」（批）

③　例としては原注一四にあるような「遊休する富」（批一一七）。

④　具体的には、「諸支払の差額における超過の瞬間的な形態、中断された素材変換の結果、したがって商品［流通］のその第一変態での硬化」（批）。

⑤「ブルジョア的生産が発達していればいるほど、支払手段の準備金はますます必要な最小限に限られる。ロックは利子率の引き下げについての彼の著作で、彼の時代のこの準備金の大きさについての興味ある説明を与えている。この説明から、銀行制度

が発達し始めたばかりの時代に、イギリスでは支払手段の貯水池が一般に流通していた貨幣のどれほど大きな部分を吸収していたかがうかがい知られる。」(批一二三)

⑥　イギリスの経済学者、空想的社会主義者(一六五四―一七二五)。

であって、外国貿易で輸入されたり輸出されたりする場合のほかには、それを保蔵している国に何の利得も与えない。」(ジョン・ベラーズ⑥『論考』、一三ページ)。「もしわれわれのもっている鋳貨が多すぎる場合は、どうであろうか？　われわれは最も重いものを融解して、それを金銀の立派な皿にしたり、容器や什器にしてもよいし、あるいはそれを要望しているところへ物品として送り出してもよいし、あるいは利子が高いところがあれば利子を取って貸し付けてもよい。」(W・ペティ『貨幣小論』、三九ページ)。「貨幣は政治体の脂肪にほかならない。それが多すぎれば政治体の敏活さを妨げることが多く、少なすぎれば政治体を病気にする。……脂肪は筋肉の運動をなめらかにし、栄養の不足を補い、身体のくぼみを満たし、こうして身体を美しくする。それと同じに、国家の場合には貨幣がその行動を敏活にし、国内が飢饉のときに海外から食糧を取り入れ、貸借勘定を決済し……しかも全体を美化する。もっとも」と皮肉に結んで、「それをたっぷりもっている特別な人々を普通以上に、ではあるが」(W・ペティ『アイルランドの政治的解剖』、一四、一五ページ)

第三節c　段落ごとの論点

1段落1——原論で独自に「世界貨幣」の必要性を説く大内力

『批判』の世界貨幣の冒頭部分には次のようにある。「金が鋳貨と区別された貨幣になるのは、第一に蓄蔵貨幣として流通から引き揚げられることによるのであり、次には非流通手段として流通に入ることによるのであるが、最後には、商品の世界で一般的等価物として機能するために国内流通の制限を突破することによってである。こうして金は世界貨幣となる。」（批一二五）

第三節貨幣論において、貨幣が絶えず内部で駆け回っている商品流通の局面で「流通の制限を突破する」とは、⑴流通からの引き揚げ、⑵流通への復帰、の貨幣の機能しか考えられない。それが蓄蔵貨幣と支払手段であるが、しかしその二つとも、結局は「国内」の商品流通の制限から離れられないものである。それに対し、流通からの引き揚げと流通への復帰が「国内流通の制限を突破する」場合がある。世界貿易での貨幣である。W—G—Wを外国相手にやるのであるから、輸出品を国内生産商品の一方的な売りW—Gと見た場合、そのGは外国から入ってくる蓄蔵貨幣に近いものであり、逆に輸入品を国内への一方的な買いG—Wとみた場合は、その貨幣は外国に支払う支払手段に近いものである。そして、いずれも最終的には国内貨幣の姿を脱ぎ捨て金銀という貨幣本来の姿＝一般的等価物に戻った上でその機能を果たすことになる。つまり、〔商品世界で一般的等価物として機能するために、国内流通の制限を突破する〕のである。貨幣蓄蔵の第1段落の論点でふれたように、第三規定の貨幣は「流通にたいして独立した価値の定在」（批）としての貨幣であるが、その概念に最も適した定在として、「世界貨幣」が登場するのである。

宇野のような純粋資本主義論者がおしなべて世界貨幣を原論の世界から追放しようとする時に、〔大内 *191*〕が、マルクスとはちがう貨幣論でありながら、世界貨幣を、「ここで問題にしているのは、流通界の外と内とをつなぐ貨幣である。そのいみで流通世界へ外部世界から入り、もしくは出てゆく貨幣という抽象性をもって『世界貨幣』ということは差し支えないであろう。」と言っているのは正しい。

①段落2──「貨幣の概念」とは何か

この段落の要点は、〔世界貨幣は貨幣の定在様式がその概念に適合する〕であるが、では「貨幣の概念」とは何か、またそれに「適合する定在様式」とは何かという問題がある。『批判』では「金と銀は世界貨幣としては、その概念上一般的商品であるが、それは世界貨幣で普遍的 universelle 商品というそれに適応した entsprechende 存在形態をうけとる」（批一二七）とある。マルクスは価値形態論でもこういう表現をしていた。『資本論』初版付録の一般的価値形態の「相対的価値形態の変化した姿態」では、「価値形態が、その一般的性格によってはじめて、価値概念に照応する entsprechen。価値形態は、それにおいて諸商品が無差別な、同種の人間労働の単なる凝固として、すなわち、同じ労働の物的な諸表現として、相互に減少するところの一つの形態でなければならなかった。そのことはいまでは達成されている。」（初七七九）とある。価値形態には貨幣形態もあるが、価値の形態としては一般的価値形態が価値の概念に適応した形態である。同じように、「一般的商品」という貨幣の概念からすれば、世界貨幣が概念に適合した定在様式である。

②段落──金銀という二重の世界貨幣と価値尺度の問題

すでに価値尺度論で明らかなように、価値尺度の二重化はその機能と矛盾する。しかし、貨幣の概念と定在様式が一致する世界貨幣では金と銀とが価値尺度の位置を占めている。この矛盾はどう解決したらいいのだろうか。すでに『批判』には次のようにある。

「すでに見たように、一国の国内流通では、ただ一つの商品だけが価値の尺度として役立つ。しかしある国では金が他の国では銀がこの機能をはたすのであるから、世界市場では二重の価値尺度が通用し、貨幣はすべての機能でもその存在を二重化する。……それぞれの国内流通領域の商品所持者たちは、金と銀とを代わる代わる国外流通のために使用するよう、こうして国内で貨幣として通用する金属を他ならぬ外国で貨幣として必要とする金属と交換するよう強制される。だからどの国民も、金と銀との二つの金属を世界貨幣として用いる。」(批一二五)

世界貨幣における二重の価値尺度は過渡的・便宜的なものである。それは次第に唯一の価値尺度へ統一されていくものでしかない。その点で原注一〇八は示唆的である。ピール銀行法は、彼の通貨主義の立場で、中央銀行券の発行量を厳密に中央銀行の金準備と結びつけたため、商品が売れなかった企業が貨幣を求めて銀行に殺到したとき、金融恐慌に陥り、「理論的にも実践的にも不名誉な失敗」(批一五八)をこうむり、一八五七年停止した。その打開策として、一種の金本位制であるピール銀行法は金本位制を厳密にやると銀行券供給量不足が深刻になるので、方便として中央銀行の銀保有を金保有に読替え、これを根拠に銀行券増加発行を許したのである。その際銀の市場価格を金で評価することにより、事実上はこれは、金と同重量の銀を金で価値評価する、つまり銀を金の可除部分と見なして金を唯一の貨幣とするものである。世界貨幣における金銀の二重の価値尺度は、存在はしていても消滅していく存在である。

③段落——世界貨幣の第一の機能は交換手段だとする三宅義夫説

[三宅１ 41] は、「国際的な商品流通において、世界貨幣は、交換過程のなかから貨幣が発生したさいもった

最初の機能である交換手段としての機能を果たす」という。確かに、『批判』には世界貨幣＝交換手段論を裏付ける次のような表現がある。「国際的商品流通では、金銀は流通手段としてではなく、一般的交換手段として現象する。しかし一般的交換手段は購買手段と支払手段という二つの発展した形態でだけ機能するが、けれども両者の関係は世界市場では逆になる。」（批一二五―六）しかし、「交換手段」という用語は流通手段や支払手段の通俗的な表現で、*『批判』にはあるが、『資本論』では姿を消したものである。だから、世界貨幣の第一の機能は一般的支払手段とすべきである。

＊『批判』では、戦争の時期にロシアが、「フランスの五フラン銀貨を加工して粗雑な銀製品を作り、それが交換手段として役だった」（批一二六）例が挙げられている。

4段落――変動相場制で金は「廃貨」したか

本書のように考察を商品・貨幣論に限定している場合、「金廃貨論」にふれるのは限度があるが、考察の範囲で言及しておく。一九七一年のニクソン声明・一九七三年の変動相場制への移行以来、金は世界市場で貨幣でなくなったような外観がある。しかし、けっしてそうではなく、金の貿易や各国の政府保蔵金はそれ以後も増大している。たしかに、各国通貨とドルの交換比率は民間のニューヨーク外国為替市場が主導的に決めているが、そこでは、アメリカ政府当局が、従来国家の仕事としてやってきた基軸通貨ドルと金との固定比率での交換を、民間市場での変動するドル建て市場価格での金売買に置き換え、それを前提にして為替市場で各国通貨とドルとの交換比率の確定がなされているのであり、金と各国通貨とのリンクは保たれている。『資本論』では国家の仕事であるとされる金の価格の度量標準機能が民間市場にゆだねられているだけのことである。ＩＭＦ体制下での金一オンス＝三五ドルのレートが、二〇〇五年の金一オンス＝平均四四五ドルというレートになっていることも、金の生産費の高騰と紙幣の増発による紙幣減価を統一して論じることで説明できる。（詳細は［村岡］

を参照。）金は今でも価値尺度の位置を維持しており、マルクス貨幣論は為替の変動相場制にあっても基本的に妥当する。

5段落――貴金属としての金銀と世界貿易との関係

ここの第一の流れで問題になっている金銀は、世界貨幣としての金銀ではなく、貴金属としての金銀である。「貴金属は、金銀を生産する国々の手中では国際的購買手段であり、そこでは金銀は直接的な生産物であり、商品であって商品の転化された形態ではない」（批一二七）。これは次のように言うこともできる。「世界貨幣は、それがさまざまな国民的［自用本による。一八五九年版では国際的――山内］流通領域のあいだを往復する特殊な運動のほかに、一つの一般的運動を持ち、その出発点は金銀の生産源にあって、そこから金銀の流れがさまざまな方向へ世界市場を転々とするのである。」（批一二六―七）

6段落――『批判』の「世界市場創出」論

『批判』の世界貨幣論には、「金銀はその貨幣概念のうちに世界市場の定在を予想することによって、世界市場の創出を助ける」、という論点が存在する。その帰趨は「貨幣が世界貨幣に発展するように、商品所持者は世界人（コスモポリタン）に発展する。人間相互の世界主義的関係は、もともとただ商品所持者としての彼らの関係にすぎない。商品はそれ自身宗教的、政治的、国民的、言語的な一切の障壁を超越している。商品の一般的原語は価格であり、その共通の本質（Gemeinwesen 共同体の意味もある――山内）は貨幣である。」以上は『資本論』でも生かしてよい論点で、今日のグローバル経済を予想させ、これが「商品と貨幣」篇の掉尾におかれたら、まことに気宇壮大な「商品と貨幣」世界の展望である。しかし、その前にもう一度商品流通での貨幣に戻って「毎日われわれの目の前で繰り広げられる」貨幣の資本への転化を見なければならない。

第四章　貨幣の資本への転化

第一節　資本の一般的定式

1 資本の出発点――第一篇の「商品流通」

商品流通①は資本の出発点である。商品生産と商品流通②、そして発達した商品流通すなわち商業とは、資本が成立するための歴史的前提③をなしている。④一六世紀における近代の世界貿易と世界市場の創出により⑤、資本の近代的生活史が開始される。

2 何から資本を考察するか――第一篇の「貨幣」

商品流通の素材的な内容であるいろいろな使用価値の交換を度外視し、ただこの過程が生み出す経済的な諸形態だけを考察するならば①、われわれはこの過

① 第一篇で言う諸商品の変態列W―G―Wの総体。

② 労働生産物を商品として生産し、商品として流通させること。初版、第二版には「商品流通」があり、それが正しいが、現行版にはない。

③ なぜなら商人資本が、「貨幣財産の集積」と「個々の顧客相手ではない卸売り」という前提を準備するから。↓KⅢ三三九

④ 以上の仏語版「資本は販売のための生産と商業とがすでにある発展段階に到達した場合にはじめて現れる。」傍線部にあるように資本のためには商品生産のある発展段階が必要。

⑤ 一六世紀の地理上の発見が「世界市場の突然の拡大」を引き起こした。↓KⅢ三四五

① W―G―Wは「素材的な内容」から見れば使用価値の交換という「社会的な物質代謝」であり、経済的には「諸商品の形態変換」である。↓KⅠ一一九

程の最後の産物として貨幣を見いだす。[2] この、商品流通の最後の産物は、資本の最初の現象形態である。

[3]資本の歴史はここでは無視――資本の成立は日常現象

歴史的には、資本は、土地所有にたいして、どこでも最初はまず貨幣の形で、貨幣財産として、商人資本および高利資本として相対する。[1]一 とはいえ、貨幣を資本の最初の現象形態として認識するためには、資本の成立史を回顧する必要はない。同じ歴史は、毎日われわれの目の前で繰り広げられている。どの新たな資本も、はじめて舞台に、すなわち市場に登場するのは、言い換えれば商品市場や労働市場や貨幣市場に登場するのは、相変わらず貨幣としてであり、一定の過程[2]を経て資本に転化するべき貨幣としてである。

一　人身的な隷属関係・支配関係を基礎とする土地所有の権力と貨幣の非人身的な権力との対立は、次のようなフランスの二つのことわざにはっきりと言い表されている。「領主のない土地はない。」「貨幣に主人はない。」

② 商品流通では、Gは「いつでも流通部面に住んでおり、絶えずそのなかを駆け回っている」。→KⅠ一三〇

① 以上の英語版―「歴史としては、資本は、土地所有に反対して、いつも決まって最初に貨幣の形態をとる。資本は貨幣化された富すなわち商人の資本や高利貸しの資本の形態をとる。」

② 「特殊な spéciaux 過程」(仏)。先回りして言えばG―W―G′のことを指す。

[4] 貨幣としての貨幣と資本としての貨幣の最初の区別――流通形態の違い

貨幣としての貨幣[①]と資本としての貨幣とは、さしあたりは[②]ただ両者の流通形態の相違によって区別されるだけである。

① 「ただ貨幣だけの貨幣」(英)。第三章「貨幣または商品流通」で取り上げた商品流通に関わる貨幣。「貨幣としての貨幣」は普通には第三章第三節の蓄蔵貨幣・支払手段・世界貨幣の機能を果たす現物の貨幣をさすが、ここではそうではない。

② すぐ気がつくことは。「最初は」(仏)。

[5] 資本の流通形態――G―W―G

商品流通の直接的形態[①]は、W―G―W、商品の貨幣への転化と貨幣の商品への再転化、買うために売る、である。しかし、この形態と並んで、われわれは第二の・独自に[②]区別される・一つの形態、すなわち、G―W―Gという形態、貨幣の商品への転化と商品の貨幣への再転化、売るために買う、を見いだす。その運動によってこのあとのほうの流通[③]を描く貨幣は、資本に転化するのであり、資本になるのであって、すでにその使命から見れば[④]、資本なのである。

① 商品流通とは、諸商品の変態W―G―Wのからみあった総体(広義)であるが、単純に一商品の変態W―G―Wをさす場合もある(狭義)。「最も単純な形態」(英)。以後「商品流通」は広狭両義で使われる。

② specifisch。

③ 「流通形態」(初)、「循環運動」(仏)。

④ 可能性から見れば、の意。「即自にan sich、すなわち、その使命から見れば」(初)。「潜在的に」(英)。

6 G―W―GとW―G―Wと類似点――二つの反対の段階の統一

流通G―W―Gをもっと詳しく見よう。それは、単純な商品流通[①]と同じに、二つの反対の段階を通る。すなわち第一の段階、G―W、買いでは、貨幣が商品に転化される。第二の段階、W―G、売りでは、商品が貨幣に再転化される。しかし、二つの段階の統一は、貨幣を商品と交換してその同じ商品を再び貨幣と交換するという、すなわち売るために商品を買うという総運動である。または、買いと売りという形式的な相違を無視すれば、貨幣で商品を買い、商品で貨幣を買うという総運動である。[二][②] このすべての過程が帰着するその結果は、貨幣と貨幣との交換、G―Gである。私が一〇〇ポンド・スターリングで二〇〇〇ポンドの綿花を買い、その二〇〇〇〔重量〕ポンドの綿花を再び一一〇ポンド・スターリングで売るとすれば、結局、私は一〇〇ポンド・スターリングを一一〇ポンド・スターリングと、貨幣と貨幣とを交換したわけである。

二 「貨幣で商品を買い、商品で貨幣を買う。」（メルシェ・ド・ラ・リヴィエール『政治社会の自然的および本質的秩序』五四三ページ）

① W―G―W。
② 仏語版はここから段落分け。

7 G—W—Gを量捨象で形態W—G—Wと比較——内容的相違も明らか

ところで、流通過程G—W—Gは、そのような回り道をして[1]同じ貨幣価値を同じ貨幣価値と、たとえば一〇〇ポンド・スターリングを一〇〇ポンド・スターリングと交換しようとするならば、つまらない無内容のものだということは、まったく明白である。それよりも、自分の一〇〇ポンドを流通の危険にさらさないで、堅く握っている貨幣蓄蔵者[2]のやり方の方が、はるかに簡単で確実であろう。他方、商人が一〇〇ポンドで買った綿花を再び一一〇ポンドで売ろうと、またはそれを一〇〇ポンドで、また場合によっては五〇ポンドでさえも手放さざるを得なくなろうと、どの場合にも彼の貨幣は一つの特有な特徴ある[3]運動を描いたのであり、その運動は、単純な商品流通[4]での運動、たとえば穀物を売り、それで手に入れた貨幣で衣服を買う農民の手のなかでの運動とは、まったく種類の違うものである。そこで、まず循環G—W—GとW—G—Wとの形態的相違の特徴付けをしなければならない。そうすれば、同時に、これらの形態的相違の背後に隠れている内容的[5]相違も明らかになるであろう。

① 前段の同額の貨幣交換のためのG—Gに対して、G—W—Gはわざわざする回り道になる。先回りすればG—W—Gは必ずG—W—G′でなければならないことの布石。
② Schatzbildner。
③ originelle 独創的な。「オリジンな」とは今までにはなかった概念を展開しなければならないから。
④ W—G—W。
⑤ inhaltliche。「現実的な réelle, real」(仏、英)。

（163）

8 形態からすぐいえること——二つの段階の順序が逆

まず、両方の形態に共通なものを見よう。

どちらの循環も同じ二つの反対の①段階、W—G、売りと、G—W、買いとに分かれる。二つの段階のどちらでも、貨幣と商品という同じ二つの物象的②要素が相対しており、また、買い手と売り手という同じ経済的扮装③の二人の人物が相対している。二つの循環のどちらも同じ反対の諸段階の統一である。そして、どちらの場合にも、この統一は三人の契約当事者の登場によって媒介され、そのうちの一人はただ売るだけであり、もう一人はただ買うだけであるが、第三の当事者は買いと売りとを交互に行なう。

① entgegengesetzten 対立的な。
② sachliche。物象的には貨幣と商品だから、人化して買い手と売り手になる。なお、この段落は初版の全面的な書き直しであるが、以後、同じことを物象から見る場合と担い手から見る場合の二とおりの見方をしていく布石。
③ 直訳は「経済的な役者仮面」ですでに、KⅠ一〇〇に登場。

9 両形態を媒介物の観点から見ると——商品か貨幣か

とはいえ、二つの循環W—G—WとG—W—Gとをはじめから区別するのは、同じ反対の流通段階①の逆の順序である。単純な商品流通は売りで始まって買いで終わり、資本としての貨幣の流通は買いで始まって売りで終わる。前の方で

① W—G（売り）とG—W（買い）。
② Gesamtverlauf 全過程。「運動」（英）。

は商品が、あとの方では貨幣が、運動の出発点と終点とをなしている、第一の形態では貨幣が、第二の形態では逆に商品が、総経過②を媒介している。

10 両形態を貨幣の役割から見ると――決定的支出か前貸しか

流通W―G―Wでは貨幣は結局、使用価値として役立つ商品に転化される。だから貨幣は決定的に①支出される。②これに反して、逆の形態G―W―Gでは、買い手が貨幣を支出するのは、売り手として貨幣を取得するためである。彼は商品を買うときには貨幣を流通に投ずるが、それは同じ商品を売ることによって貨幣を再び流通から引きあげるためである。彼が貨幣を手放すのは、再びそれを手に入れるというたくらんだ意図③があってにほかならない。それだから貨幣はただ前貸しされるにすぎないのである。三

三 「ある物が再び売られるために買われる場合には、使用された金額は、前貸しされた貨幣と呼ばれる。それが売られるためにではなく買われる場合には、それは支出されたと言ってよい。」（ジェームズ・スチュアート『著作集』、その子サー・ジェームズ・スチュアート将軍編、ロンドン、一八〇五年、第一巻、二七四ページ）

① difinitive 最終的に。
② W―G―Wの最後の商品は消費に落ちるから。
③ hinterlistigen Absicht 底意。

11 両形態を場所変換の担い手から見ると――貨幣か商品か

形態W―G―Wでは、同じ貨幣片が二度場所を替える。売り手は、貨幣を買い手から受け取って、別のある売り手にそれを支払ってしまう。商品と引き換えに貨幣を手に入れることで始まる総過程は、商品と引き換えに貨幣を手放すことで終わる。形態G―W―Gでは逆である。ここでは、二度場所を替えるのは、同じ貨幣片ではなくて、同じ商品である。買い手は商品を売り手から受け取って、それを別にある買い手に引き渡してしまう。単純な商品流通では同じ貨幣片の二度の場所変換がそれを一方の持ち手から他方の持ち手に決定的に移すのであるが、ここでは同じ商品の二度の場所変換が貨幣をその最初の出発点に還流させるのである。

(164)

12 G―W―Gの還流の特徴――循環G―W―Gが成立しさえすればよい

その出発点への貨幣の還流は、商品が買われた時よりも高く売られるかどうかにはかかわりがない。①そういう事情は、ただ還流する貨幣額の大きさに影響す

① 同量の貨幣で還流しようと、前より少ない貨幣で還流しようと、「還流」にはかかわりがないから。

② 量的規定は質的規定に無関心、というヘーゲル論理学の考え方。

るだけである。②　還流という現象そのものは、買われた商品が再び売られさえすれば、つまり循環G―W―Gが完全に描かれさえすれば、起きるのである。③　要するに、これが、資本としての貨幣の流通と単なる貨幣としての貨幣の流通との感覚的に認められる相違である。④

③　「還流という現象そのもの」は、あとで見るようにG―W―Gの条件ではあるが本質的なことではないから。
④　以上で感覚的にわかる考察は終了するから、次に一歩突っ込んだ考察が開始される。

13 貨幣の還流の意義――W―G―Wでは目的外、G―W―Gでは最初から条件

ある商品の売りが貨幣を持ってきて、それを他の商品の買いが再び持ち去れば、それで循環W―G―Wは完全に終わっている。それでもなお、その出発点への貨幣の還流が起きるとすれば、それはただ全過程の更新または反復によって起きるだけである。もし私が一クォーターの穀物を三ポンド・スターリングで売り、この三ポンド・スターリングで衣服を買うならば、この三ポンドは私にとっては決定的に支出されている。私はもはやその三ポンドと何の関係もない。それは衣服商人のものである。そこで私が第二の一クォーターの穀物を売れば、貨幣は私のところに還流するが、それは第一の取引の結果としてではなく、ただそのような取引の繰り返しの結果としてである。その貨幣は、私が第

二の取引を終えて再度買うならば、再び私から離れていく。だから、流通W—G—Wでは貨幣の支出はその還流とはなんの関係もないのである。これに反して、G—W—Gでは貨幣の還流はその支出の仕方そのものによって条件付けられている。この還流がなければ、操作が失敗したか、または過程が中断されてまだ完了していないかである。というのは、過程の第二の段階、すなわち買いを補って最後のきまりをつける売り、が欠けているからである。

14 循環の最終目的——W—G—Wは使用価値、G—W—Gは交換価値

循環W—G—Wは、ある一つの商品の極から出発し別の一商品の極で終結し、この商品は流通から出て消費に帰属する。それゆえ、消費、欲望充足、一言でいえば使用価値が、この循環の最終目的である。これに反して、循環G—W—Gは、貨幣の極から出発して、最後に同じ極に帰ってくる。それゆえ、この循環の推進的動機も規定的目的[①]も交換価値そのものである。[②]

① 「決定的な目的」(仏)。
② 「G—W—Gでは、交換価値が流通の内容であり、自己目的である。」(草稿一〇)

15 「剰余価値」の最初の規定――前貸しされた価値の超過分

単純な商品流通では両方の極が同じ経済的形態をもっている。それはどちらも商品である。それらはまた同じ大きさの価値をもつ商品である。しかし、それらは質的にちがう使用価値、たとえば穀物と衣服である。生産物交換、社会的労働がそこに表示されているいろいろな素材の変換が、ここでは運動の内容をなしている。①流通G―W―Gではそうではない。この流通は同義反復だから、一見無内容に見える。どちらの極も同じ経済的形態をもっている。それは両方とも貨幣であり、したがって質的にちがう使用価値ではない。なぜならば、貨幣は諸商品の転化した姿態であり、この姿態においては諸商品の特殊な使用価値が消え去っているからである。まず一〇〇ポンド・スターリングを綿花と交換し、次にまた同じ綿花を一〇〇ポンド・スターリングと交換すること、つまり回り道をして貨幣を貨幣と、同じものを同じものと交換することは、無目的でもあればばかばかしい操作のように見える。四 およそ或る貨幣額を他の貨幣額と区別することができるのは、ただその大きさの相違によってである。②それゆえ、過程G―W―Gは、その両極がどちらも貨幣なのだから、両極の質的な

① W―G―Wでは両極のWは価値量が等しくても使用価値がちがうから「内容」がある。そして価値どおりの交換の原則を侵害していない。

相違によって内容をもつのではなく、ただ両極の量的相違によってのみ内容をもつのである。最後には、最初に流通に投げこまれたよりも多くの貨幣が流通から引きあげられるのである。たとえば、一〇〇ポンド・スターリングで買われた綿花が、一〇〇プラス一〇ポンドすなわち一一〇ポンドで再び売られる。それゆえ、この過程の完全な形態は、G—W—G′であって、ここではG′＝G＋ΔGである。すなわちG′は、最初に前貸しされた貨幣額・プラス・或る増加分に等しい。この増加分、または最初の価値を越える超過分を[3]、私は剰余価値（surplus value）と呼ぶ。それゆえ、最初に前貸しされた価値は、流通のなかで自分を維持するだけでなく、その中で自分の価値量を変え、剰余価値をつけ加えるのであり、言い換えれば自分を価値増殖するのである[4]。そして、この運動がこの価値[5]を資本に転化させるのである。

四　「貨幣と貨幣を交換するものはない」、メルシェ・ド・ラ・リヴィエール[6]は重商主義者たちに向かってこう叫んでいる。（『自然的および本質的秩序』、四八六ページ。）特に職業上から[7]「商業」や「投機」を論じている一著作には次のように書いてある。「すべて商業は、種類のちがう諸物の交換である。そして、利益」（商人にとっての？）「はまさにこの種類の相違から生ずる。パン一ポンドをパン一ポンドと交換しても……何の利益もないであろう。……それだから、商業と、ただ貨幣対貨幣の交換でしかな

② 「一方の貨幣額は、それが価値をあらわす限り、その量によってしか他方の貨幣額と区別され得ない。」（仏）
③ 「剰余価値」のここでの定義は「最初の価値を超える超過分」にすぎないことに注意。
④ verwertet。
⑤ 原文は代名詞「ihn」だから、「最初に前貸しされた価値」を指す。
⑥ フランスの経済学者・重農主義者（一七二〇—九四）。
⑦ ex professo 職務上。

い賭博との有益な対照……。」（T・コーベト[8]『個人の富の原因と様式の研究、または商業と投機との原理の説明』、ロンドン、一八四一年、五ページ）。コーベトは、G―Gすなわち貨幣を貨幣と交換することは、ただ商業資本だけでなくすべての資本の特徴的な流通形態だ、ということがわかっていないとはいえ、少なくとも、この形態が商業の一種である投機と賭博とに共通だ、ということは認めているが、次にマカロック[9]が現れて、売るために買うことは投機することであり、したがって投機と商業との相違はなくなってしまう、ということを見いだすのである。「ある個人がある生産物を再び売るために買うという取引は、すべて事実上は一つの投機である。」（マカロック『商業・海運関係実用・理論歴史事典』、ロンドン、一八四八年、一〇〇九ページ）。これよりもずっと素朴に、アムステルダム取引所のピンダロス[10]であるピント[11]は次のように言う。「商業は賭博であり」（この一句はロックから借用したもの）「そして乞食からはなにももうけることができない。もしながいあいだにみなのものから何もかも巻き上げてしまったならば、あらためて賭博を始めるためには、穏やかに話し合って、もうけの大部分をもう一度返してやらなければならないであろう。」（ピント『流通・信用論』、アムステルダム、一七七一年、二三一ページ）

16 両極の価値差の意義の違い――W―G―Wの場合とG―W―G

もちろん、W―G―W[1]で両極のWとW、たとえば穀物と衣服とが、量的にち
(166) がった価値の大きさであるということもありうることである。農民が自分の穀

⑧ 一九世紀イギリスの経済学者、リカード追随者。
⑨ 「リカード経済学の俗流化者」（一七八九―一八六四）。
⑩ 古代ギリシャの抒情詩人（前五二二―四四三）。ここでは直後ピントからのしゃれ。
⑪ オランダのユダヤ人富豪・財務官・著述家（一七一五―八七）。

① 「たとえば穀物―貨幣―衣服という」（仏の補足）。

物を価値よりも高く売ったり、衣服をその価値よりも安く買ったりすることもありうる。また彼の方が衣服商人にだまされることもありうる。とはいえ、このような価値差[②]はこの流通形態そのものにとってはやはりまったく偶然である。この流通形態は、その両極、たとえば穀物と衣服とが互いに等価物であっても、けっして過程G—W—Gのように無意味になってしまいはしない。両極が等価値[③]であるということは、ここではむしろ正常な経過の条件なのである。

② Wertverschiedenheit 価値（量）の相違。「交換された価値が等しくないということ」（仏）。
③ Gleichwert 等価。

17 G—W—G′——W—G—Wと違い更新運動が無限の自己目的

買うために売ることの反復または更新は、この過程そのものがそうであるように、限度と目標とを、過程の外にある最終目的としての消費に、すなわち特定の諸欲望の充足に、見いだす。これに反して、売りのための買いでは、はじめも終わりも同じもの、貨幣、交換価値であり、すでにこのことによってもこの運動は無限である。たしかに、GはGプラスΔGになり、一〇〇ポンド・スターリングは一〇〇・プラス・一〇ポンドになっている。しかし、単に質的に見れば、一一〇ポンドは一〇〇ポンドと同じもの、すなわち貨幣である。また量的に見ても、一一〇ポンドは、一〇〇ポンドと同じに一つの限定された価値額である。もし一一〇ポンドが貨幣として支出されるならば[①]、それはその役割を逸脱したのである。それは資本ではなくなる。流通から引きあげられれば、それは蓄蔵貨幣[②]に化石して世界の最終審判日までしまっておいてもびた一文も増えはしない。つまり、ひとたび価値の増殖[③]が問題となれば、増殖の欲求は一一〇ポンドの場合も一〇〇ポンドの場合も同じことである。なぜならば両方とも交換価値の限定された表現であり、したがって両方とも量的拡大によって富そのものに近づくという同じ使命をもっているからである。[④]たしかに、はじめに前貸しされた価値一〇〇ポンドは、流通でそれに加わる一〇ポンドの剰余価値からは一瞬区別されるにちがいないが、しかしこの区別はすぐにまた消えてなくなる。過程の終わりには、一方の側に一〇〇ポンドの原価値が出てきて他方の側に一〇ポンドの剰余価値が出てくるのではない。出てくるものは、一一〇ポンドという一つの価値であって、それは最初の一〇〇ポンドとまったく同じに、価値増殖過程を始めるのに適した形態である。貨幣は運動の終わりには再び運動の始めとして出てくるのである。[五]それゆえ、売りのための買いが行われる各個の循環の終わりは、おのずから、一つの新しい循環の始めをなし

① W—G—Wの貨幣として支出されれば。
② Schatz。
③ 「そういうものとしての価値量が、価値の増殖が」（初）。
④ 仏語版はここから別段落。

ているのである。単純な商品流通――買いのための売り――は、使用価値の取得、欲望の充足という流通の外にある最終目的のための手段として役立つ。これに反して、資本としての貨幣の流通は自己目的である。[⑤] というのは、価値の増殖は、ただこれの絶えず更新される運動のなかでだけ存在するのだからである。[⑥] それだから資本の運動には限度がないのである。[六]

五「資本は……原資本と利得、すなわち資本の増殖分とに分かれる。……最も、実際はこの利得をすぐに再び資本につけ加えて、これといっしょに流れのなかに入れるのであるが。」(フリードリッヒ・エンゲルス「国民経済学批判大綱」、アーノルト・ルーゲ、カール・マルクス共編『独仏年誌』、パリ、一八四四年所収、九九ページ[⑦])

六 アリストテレスは貨殖術に家政術を対比させている。彼は家政術から出発する。それが生計術であるかぎりでは、それは、生活のために必要で家や国にとって有用な財貨の調達に限られる。「真の富はこのような使用価値から成っている。なぜならば、快適な生活をするのに足りる程度のこの種類の財産は、限度のないものではないからである。ところが、生計術には第二の種類があって、それは特に、また当然、貨殖術と呼ばれ、これによれば富や財産の限界は存在しないように見える。商品取引」(エイ・カペイリッペイ[⑧]は言葉どおりには小売商業を意味しており、アリストテレスがこの形態を取り上げるのは、そこでは使用価値が主になっているからである。)「は本来は貨殖術には属しない。というのは、商品取引では交換はただ彼ら自身」(買い手と売り手)「に必要なものだけに関して行われるからである。」彼はさらに続ける。それだから、商品交換の元来の形態も物々交換だったのであるが、それが拡大されるにつれ

⑤「それ自身のうちに自己目的をもっている」(仏)。
⑥ 価値増殖という流通の目的が流通自体を更新・反復することによってだけ可能であるから。「価値が増殖し続けることはこの絶えず更新される運動によるほかはないからである」(仏)。
⑦ 全集①五一一。
⑧ この語はギリシャ語。

て必然的に貨幣が発生したのである。[9] 貨幣の発明とともに、物々交換は必然的にカペイリケーすなわち商品取引に発展せざるをえなかった。そして、商品取引は、その元来の傾向とは矛盾して、貨殖術に、金儲け術に成長してきた。今や貨殖術は次のことによって家政術から区別される。「貨殖術にとっては、流通が富の源泉である。そして、貨殖術は貨幣を中心として回転しているように見える。というのは、貨幣こそはこの種の交換の始めであり終わりであるからである。それゆえ貨殖術が追求する富にも限度がない。すなわち、目的のために手段を追求するだけの術は、目的そのものがそれに限界を設けるので、限界がないものではないが、その目標を手段ではなく最終目的としているような術は、すべて、その目的に絶えず近づこうとしているので、その追求には限界がないのであって、それと同様に、この貨殖術にとってもその目標の限界はなく、その目標は絶対的な致富である。[10] 家政術は、貨殖術とはちがって、ある限界をもっている。……前者は、貨幣そのものとはちがうものを目的とし、他方は貨幣の増殖を目的とする。……互いに重なり合う面をもつこの二つの形態の混同は、ある人々に、無限に貨幣を保持し増殖することが家政術の最終目的だと考えさせている。」(アリストテレス『政治学』、ベッカー版、第一巻、第八、九章の所々[11])

18 資本家の貨幣蓄蔵者との違い――流通を利用して致富

この運動の意識ある担い手として、貨幣所持者は資本家になる。彼の一身、またはむしろ彼のポケットは、貨幣の出発点であり復帰点である。あの流通の

⑨ 以上のアリストテレス貨幣論には『批判』の次のような論評がある。「彼は、さまざまな共同体の間の交換取引から、どのようにして独特な商品に、したがってそれ自身価値をもった実体に貨幣の性格を与える必要が発生するかを、みごとに説明している。」(批九七)

⑩ 「富をその一般的な形態で手に入れようとする絶対的な致富衝動」(草稿一六)。マルクスはこのことをアリストテレス『政治学』は正しく指摘しているとして「詳しくふれるべき」(同上)としている。

⑪ 山本光雄訳『政治学』岩波文庫、五〇―三ページ。なお第二版ではアリストテレスのギリシャ語引用が所々にあるが、省略した。

客観的内容——価値の増殖①——が彼の主観的目的②なのであって、ただ抽象的な富をますます多く取得することが彼の操作の唯一の推進的動機であるかぎりでのみ、彼は資本家として、または人格化され意思と意識とを与えられた資本として、機能するのである。だから、使用価値はけっして資本家の直接的目的として取り扱われるべきものではない七。個々の利得もまたそうではなく、ただ利得すること③の無休の運動④だけがそうなのである八。この絶対的な致富衝動、この熱情的な価値追求九は、資本家にも貨幣蓄蔵者にも共通であるが、しかし、貨幣蓄蔵者は気のちがった資本家でしかないのに、資本家は合理的な貨幣蓄蔵者なのである。価値の無休の増殖⑤、これを貨幣蓄蔵者は、貨幣を流通⑥から救い出そうとすることによって追求一〇するのであるが、もっと利口な資本家は、貨幣を絶えず繰り返し流通にさらす⑦ことによって、それをなしとげるのである一〇a。

七　「商品（ここでは使用価値の意味でのそれ）は取引を営む資本家の最終目的ではない。貨幣こそは彼の最終目的である。」（T・チャーマズ⑧『経済学について』、第二版、グラスゴー、一八三二年、一六五、一六六ページ）

八　「商品は、すでにえた利得は軽視しはしないにしても、彼の目はつねに将来の利得に向けられているのである。」（ジェノヴェーシ⑨『市民経済学講義』、一七六五年。クストディ編『イタリア経済学者』、近世編、第八巻、一三九ページ）

① 「A—M—A′という流通の客観的内容、すなわち価値が生む剰余価値」（仏）。仏語版は以後G—W—Gの代わりにG—W—G′（仏語で言えば A—M—A′）をよく使っている。
② 「主観的、内的な目的」（仏）。
③ Gewinnen。
④ 「絶えず更新される利得への不断の運動」（仏）。
⑤ 「価値の永遠の生命」（仏）。
⑥ 「流通の危険」（仏）。
⑦ preisgaben 投ずる、ゆだねる。
⑧ スコットランドの神学者・経済学者。マルサスの賛美者（一七八〇—一八四七）。
⑨ イタリアの神学者・経済学者・重商主義者（一七一二—六九）。

九　「利得に対する押さえきれない熱情、金に対する呪われた渇望は、つねに資本家を規定する。」（マカロック⑩『経済学原理』、ロンドン、一八三〇、一六五ページ）。もちろんこの見解は、マカロック自身やその同類が、理論的困難に陥った時、たとえば過剰生産を論ずるに際して、同じ資本家を一個の善良な市民にしてしまうことを妨げるものではない。そして、この善良な市民なるものは、ただ使用価値だけを問題にし、しかも長靴や帽子や卵や綿布などまったくありふれた種類の使用価値に対する真正の人狼的渇望を示すのである。

一〇　「ソーゼイン」（救う）は、貨幣蓄蔵を表すギリシア人の特徴的な表現の一つである。同様に“to save”には「救う」ということと「貯える」という二つの意味がある。

一〇a　「無限なるものを、諸物は漸進ではもっていないが、循環ではもっている。」（ガリアーニ⑪『貨幣について』、一五六ページ）

19 G—W—Gでの自動的な運動主体——価値

諸商品の価値が単純な流通のなかで取る自立的な形態①、貨幣形態は、ただ商品交換を媒介するだけで、運動の最後の結果では消えてしまっている。これに反して、流通G—W—G②は、両方とも、商品も貨幣も、ただ価値そのものの別々の実在様式③として——貨幣はその一般的な実在様式として、商品はその特

⑩ イギリスの経済学者。リカード理論を俗流化した（一七八九—一八六四）。
⑪ イタリアの僧侶・外交官・経済学者。重商主義者として重農主義に反対（一七二八—一八七）。

① selbstständige　独立の。
② 仏語版はA（貨幣）—M（商品）—A′（増殖した貨幣）とダッシがついている。このほうがわかりやすい。
③ Existenzweise　存在様式。

（169）

殊的な、いわばただ仮装しただけの実在様式として――機能するだけである。[二] 価値は、この運動のなかで消えてしまわないで絶えず一方の形態から他方の形態に移行し、そのようにして、一つの自動的な④主体⑤に転化する。自分を増殖する価値がその生活の循環のなかで交互に取ってゆく特殊な諸現象形態を固定してみれば、そこに得られるのは、資本は貨幣である、資本は商品である、という説明である。[三] しかし、実際には、価値がここでは一つの過程の主体⑥になるのであって、この過程のなかで絶えず貨幣と商品とに形態を変換しながらその大きさそのものを変え、原価値としての自分から剰余価値としての自分を突き放し、自分自身を増殖するのである。なぜならば、価値が剰余価値をつけ加える運動は、価値自身⑦の運動であり、価値増殖であり、したがって自己増殖であるからである。⑧ 価値は、それが価値だから価値を生む、というオカルト的な性質を受け取った。それは生きている子を生むか、または少なくとも金の卵を生むのである。

二　「資本を形成しているものは、素材ではなく、この素材の価値である。」（J・B・セー⑨『経済学概論』、第三版、パリ、一八一七年、第二巻、四二九ページ）

三　「生産的目的のために使われる通貨（！）は資本である。」（マクラウド⑩『銀行業

④「自動的な、自分で過程を進行する」（初）。
⑤ Subjekt 価値はG―W―G′の形態変化のなかで自己を維持し、拡大するから「主体」という。
⑥「自動的な主体」（仏）。
⑦ eigne 独自の。
⑧ 以上の仏語版はかなりちがう――「しかし、実際には、価値はここでは、自己の形態を絶えず変換しながら大きさも変えるという固有の生命を授けられたところの自動的な実体として現れ、母価値として、剰余価値という新たな若芽を自然発生的に産み、ついには自分自身の力で増殖するのである。」傍線部は「主体」の理解に役立つ。
⑨ フランスの俗流経済学者・アダム・スミスの大陸への紹介者（一七六七―一八三二）。
⑩ スコットランドの経済学者（一八二一―一九〇二）。
⑪ イギリスの歴史家・哲学者・リカード派経済学者（一七七三―一八三六）。

の理論と実際』、ロンドン、一八五五年、第一巻、第一章)。「資本は商品である」(ジェームズ・ミル⑪『経済学綱要』、ロンドン、一八二一年、七四ページ)

20 資本としての価値――貨幣形態とともに商品形態をも取らねばならない

価値は、このような過程の支配的な主体①として、すなわち、この変換のなかで貨幣形態と商品形態を取ったり捨てたりしながら、しかも自分を維持し自分を拡大するのであるが、価値はなによりもまず一つの自立的な②形態を必要とするのであって、この形態によって価値の自分自身との同一性が確認されなければならないのである。そしてこの形態を、価値はただ貨幣においてのみもっている。それだからこそ、貨幣は、どの価値増殖過程でもその出発点と終点とをなしているのである。それは一〇〇ポンド・スターリングだった。それが今では一一〇ポンドである、等々。しかし、貨幣そのものはここではただ価値の一つの形態としてだけ意義をもつ。というのは、価値はその形態を二つもっているからである。商品形態をもつことなしには、貨幣は資本にならない③。だから、貨幣はここでは貨幣蓄蔵の場合のように商品にたいして敵対的態度④は取らない

① übergreifende 全面をおおう、統括する。
② 「固有の」(仏)。
③ 仏語版はここに理由を説明した長い挿入がある。「同じ商品の二度にわたる位置変換、すなわち、一度目は、商品が前貸しされた貨幣にとって代わる買いにおいての位置変換、二度目は、貨幣が再び取りもどされる売りにおいての位置変換が、ひとりこの二重の移動だけが、貨幣が自分の出発点に還流することを、しかも流通に投じられたよりも多くの貨幣が還流することを、生じ占めるのである。」
④ 貨幣蓄蔵者の場合、彼の貨幣を商品に変態することを禁欲することが必要。
⑤ ↓「貨幣の出自が何であろうとそれは臭くない」(KⅠ一二四)
⑥ im Glauben und in der Wahrheit 内心と真実とにおいて。一見キリスト教徒に見せているが内的信仰は金儲けのユダヤ人、というニュアンス。「正真正銘の」(仏)。
⑦ ユダヤ教では男子の陰茎の包皮を切り取る手術をうけたものがユダヤ教徒。キリスト教徒の洗礼にあたる。内的には、つまり秘密にはユダヤ教徒であるがキリスト教徒に見せかけている。
⑧ 初版はこの箇所に次のようにあった。

のである。資本家は、すべての商品が、たとえそれがどんなにみすぼらしく見えようと、どんなにいやな臭いがしようとも、⑤信仰と真相とにおいては⑥貨幣であり、内的に割礼を受けたユダヤ人⑦であり、しかもそのうえ貨幣をより多くの貨幣にするための奇跡を行う手段である⑧、ということを知っているのである。

「G—G′貨幣を生む貨幣—（money which begets money は資本の最初の通訳である重商主義者たちの口からでた資本の描写を示している）は、事実上価値を生む価値、自分自身を増殖する価値の直接的な現象形態にすぎない。」傍線部の記述は第二版では22段落末に移された。

21 W—G—Wと区別されたG—W—Gでの価値の役割——過程を進行し運動する実体

単純な流通では、商品の価値は、せいぜい商品の使用価値に対立して貨幣という自立的な形態を受け取る①のであるが、その価値がここでは、突然、過程を進行しつつある②、自分自身で運動する実体③として表示されるのであって、この実体にとっては商品や貨幣は両方ともただの形態でしかないのである。だがそれだけではない。いまや、価値は、諸商品の関係を表示する代わりに④、いわば自分自身に対する私的な関係に入るのである。それは、原価値としての自分自身を剰余価値としての自分自身から区別するのであるが、神という父も神という子も同じ年なのである、しかも、実は両者は一個の人格なのである⑤。なぜならば、ただ一〇ポンド・スターリングという剰余価値によってのみ、前貸しさ

① W—G—Wでは、「商品とその価値—その価値は貨幣姿態のもとで商品に対立する—とのはっきりした分離が実現される」（仏）。

② prozessirende。G—W—Gでは価値は運動するものとして把握される。

③ Substanz。価値は商品や貨幣の形態で現れる実体である。自己を維持し・拡大する「主体 Subjekt」とは区別されるが、ここでは「主体」にちかい。↓前段落の論点

④ W—G—Wのこと。「商品の内的対立の外化」を指す。↓商品変態論の第4段落、KⅠ一一九

⑤ 以上の仏語版—「神が自己一身のうちで、父と子を区別はしても、父子双方とも一者をなすにすぎず、同じ年齢であるように、価値は自分自身のうちで原価値を剰余価値から区別する。」

(170)

れた一〇〇ポンドは資本になるのであって、それが資本になるやいなや、すなわち子が生まれて子によって父が生まれるやいなや、両者の区別は再び消えてしまって、両者は一者⑥、一一〇ポンドになるからである。

22 本節の総括――資本とは自己増殖する価値

つまり、価値は、過程を進行しつつある①価値、過程を進行しつつある貨幣②になるのであり、そしてこのようなものとして資本になるのである。それは、流通から出てきて、再び流通に入っていき、流通のなかで自分を維持し自分を何倍にもし、大きくなってその流通から復帰するのであって、そしてこの同じ循環を絶えず繰り返してまた新しく始めるのである。[一三] G―G′貨幣を生む貨幣――money which begets money――これが資本の最初の通訳、重商主義者たちの口から出た資本の描写③である。

一三 「資本……永久的な、何倍にもなる価値。」(シスモンディ④)『新経済学原理』、第一巻、八九ページ。

⑥ Eins　一つのもの。

① prozessierender 運動しつつある。「progressive 累増する」(仏)。

② 「つねに芽を出し成長する貨幣」(仏)。

③ 「定義 définition」(仏)。

④ スイスの経済学者・歴史家。経済的ロマン主義の立場から古典派経済学を批判した(一七七三―一八四二)。以下の著書は一八一九年刊行。

23 資本の一般的定式――G―W―G′

売るために買うこと、または、もっと完全にいえば、より高く売るために買うこと、G―W―G′は、たしかに、ただ資本の一つの種類だけに、商人資本だけに、特有な形態のように見える。しかし、産業資本もまた、商品に転化し商品の販売によってより多くの貨幣に再転化する貨幣である。① 買いと売りとの中間で、すなわち流通部面の外で、行われるかもしれない行為は、この運動形態を少しも変えるものではない。最後に、利子生み資本では、流通G―W―G′は短縮されて、媒介のないその結果として、② いわば簡潔体で、G―G′として、より多くの貨幣に等しい③貨幣、それ自身よりも大きい価値として、表示される。

要するに、事実上、G―W―G′は、直接に④流通部面に現象しているとおりの資本の一般的定式⑤なのである。

① 産業資本の運動は原料・機械・労働力を買ってきて、生産し、新生産物を売るというG―W…P…で表される。Pは生産過程でここでは「買いと売りとの中間、すなわち流通の外」である。
② 「中間項なしでその両端に」（仏）。
③ 「値する」（仏）。
④ 「反証がないかぎりそうみえる appear prima facie」（英）。なぜ、こんな言い方をしたというと、G―W―G′の定式は定式として矛盾をもっているから。↓第二節
⑤ 商人資本、産業資本、利子生み資本に共通な資本の運動を一般的に定式化したもの。

第一節　段落ごとの論点

1段落1――宇野の三資本形式の歴史＝論理転化説

『資本論』は、一六世紀以降の発達した商品流通という歴史的事実をふまえて、資本の一般的定式を導いているが、前期的な商業資本や高利貸資本は資本成立の歴史的条件として指摘するだけで、論理展開には少しも組み込んでいない。

これに対し、宇野弘蔵は商品↓貨幣↓資本の「流通形態」としての論理展開を重視し、「商品・貨幣の場合と異なって、一般的な資本の規定には、そういう歴史的形態に対応した理論的展開が必要になる」［宇野6 *172*］とする。しかもそれは、「理論的にも『貨幣の資本への転化』は、G―W―G′の商品資本的形式から、G……G′の金貨資本的形式を経てG―W……P……W′―G′の産業資本的形式を展開するものとしなければならない。」［宇野9 *297*］というものであった。これは「歴史的には、……資本の原始的蓄積の過程がその展開の条件をなす」のであるから、「歴史的形態に対応した理論展開」を徹底させるなら、原始的蓄積過程を転化論にどうしても組み込まざるを得なくなり、それを原論から排除することを力説する宇野説そのものと矛盾する。

1段落2――花井益一の異生産関係の歴史＝論理転化説

［花井 *256*］は、鈴木鴻一郎の貨幣としての貨幣が「自己運動」して貨幣↓商人資本↓産業資本と展開する

見解に反対し、「単純商品生産という同一質の枠内で……商品が貨幣に転化するのとはちがって、貨幣の資本への転化は異質な商品生産様式のあいだでの問題である」と、転化問題を単純商品生産が資本主義的生産へ発展・転化する際の問題であるとする。花井は、単純商品生産社会の単純「再生産」はW—G—W—G—W……で、この循環の出発点としてはWをとろうがGをとろうが変わらないとしてG—W—Gを導き、単純商品生産における拡大再生産は「すぐ頭打ち」になるから、「自らの発展の過程において、他人労働の利用の可能性を生み出す」とする。かくして「営業としての単純商品生産のG—W—Gが本格的なG—W—G′に転化する」とする。転化を、異質な商品生産様式間における生産力の発展によるものだとする歴史＝論理説である。しかし、「単純商品生産」のような架空の「生産様式」を設定するのは間違いである。

また、G—W—Gも「単純商品生産」から導くのではなく『資本論』のように、資本主義の商品から下向＝捨象して得た第一篇「商品と貨幣」のW—G—Wから導き出されたものである。

1段落3——宮川実の資本主義の弁証法的発展を反映する論理＝歴史転化説

［宮川 88］は論理的展開の順序は歴史的発展の順序に照応するとしても、『資本論』の転化論は、論理的転化が主で、歴史的転化は前提されているだけだとした。発達した資本主義を前提にして、転化問題とは、「生産的諸関係は弁証法的に組み立てられており、そのもっとも単純な、もっとも抽象的な・もっとも基礎的な生産関係から出発して、内面的必然的連関をたどりながら、より複雑な・より具体的な・生産関係にすすむこと（これは論理的展開である）」を解明することだとした。しかし、その「弁証法的」編制や転化の内容は不明確である。また「生産関係」論を採用すれば、転化の際、小商品生産関係の「商品と貨幣」論理を資本主義的生産関係の契機に組み込んだということになり、資本主義の論理では一貫しないことになる。

2 段落——見田の弁証法的方法一貫否定論

本書補論の「資本論の方法」でも力説したように、マルクスは『資本論』の叙述にあっては、「発展形態の内的な紐帯」をつけて「まるで先験的な構成がなされているかのように」工夫した。しかもその発展は弁証法的な方法である。だから、『資本論』の叙述そのものから、第一篇の世界が第二篇の世界を生み出そうとするその論理を読み取らねばならない。

［見田1 *51*］は、「貨幣の資本への転化は資本の事実を前提する」とし、第一篇の世界が第二篇の世界に発展するという考え方を繰り返し批判する。商品の矛盾は貨幣をうむだけで、「商品生産そのものが、価値法則の作用そのものが、資本関係をうみだすのではない。すなわち、価値、商品、貨幣は資本を生み出すわけではない」［見田2 *112*］。宇野理論や花井益一などのいわゆる歴史＝論理説が前資本主義的貨幣の概念から何とか資本を引き出そうとすることへの適切な批判ではある。しかし、見田説では「単純な商品流通としてのW—G—Wとならんで資本の流通形態としてのG—W—Gが存在しているという事実は、あたえられているものとして前提されている」［見田1 *53*］となり、G—W—GはW—G—Wから導かれるものではなく、したがってKⅠの第一篇と第二篇は「内的紐帯」なしの展開になる。また、見田は、商品から貨幣を導く過程は「弁証法的方法」であるが、商品流通から資本への展開は「抽象的なカテゴリーにいわば外から形態規定を加えることでなされる単純な綜合過程」［見田2 *121*］であるというのでは、『資本論』は弁証法的方法と分析綜合方法が混在した、大事なところで一貫性を欠いた方法ということになる。叙述展開上の弁証法的方法は『資本論』に一貫した方法である。

④段落――二つの流通形態の同次元性を批判する鈴木鴻一郎

第四章では、第三章W―G―Wの世界に「見出す」G―W―Gがあらたに分析される。第三章第三節の貨幣蓄蔵・支払手段・世界貨幣はW―G―Wから飛び出しつつも、また流通に復帰する場合にはGから流通を開始するほかはない。W―G―Wそれ自体がG―W―Gをうみだす。換言すれば、W―G―WがW―G―WとG―W―Gに二重化するのである。しかし、これに無理解なのが〔鈴木鴻2 *365*〕で、鈴木は「G―W―GがW―G―Wと同じ次元において考えられている」と正しく指摘しながら、「G―W―Gを自明のもの」とすることに「疑問」を呈し、G―W―G′だけでいいとし、G―W―Gを「なくもがなの流通形式」と批判する。

⑤段落――G―W―G′にG―W―Gを「見いだす」松石勝彦

この段落では、W―G―Wに「並んで」G―W―Gを「見いだす」とある。本書では注③にあるように貨幣蓄蔵・支払手段・世界貨幣にそれを見ている。W―G―Wのなかから同次元でG―W―Gをどう導き出すかは転化論の一大論点である。

松石は「商品生産と商品流通は資本主義的生産様式の一般的前提」（KⅠ三七四）などのマルクスの文言を根拠に、冒頭商品＝事実上の資本主義的商品説の立場から、「商品生産という一般が特殊化したものが資本主義的生産である。かくて、一般としての商品生産は一特殊としての資本主義的生産を含み、それを萌芽として最初から胎内にもっている。」〔松石2 *88-89*〕とする。この考えでは、『上向の動力』から貨幣の資本への転化をとく宇野派の試みは誤りだとしても、〔見田のように―山内〕貨幣の資本への発展そのものを否定するのは他面での行き過ぎである。」〔松石2 *94*〕となる。

では、松石はどうW―G―Wの世界から、G―W―Gという流通形態を「見いだす」か。資本主義的流通から導くのである。「ちょうど資本主義的生産を抽象したものが商品生産、商品流通であるように、W—G—Wは資本主義的な流通形態G—W—G′を抽象したものであ（り）」、「G—W—G′の一般的基礎がW—G—Wである」、「だから第一篇でW—G—Wの分析を終えたあと、第二篇でわれわれはG—W—G′にもどる。つまりわれわれはG—W—G′を『見いだす』のである」［松石1 *14-5*］。しかし、このG—W—Gを「見いだす」説は問題がある。先行するW—G—Wの内部からG—W—Gが生み出されていないからだ。これでは、［松石1 *97*］が「商品→貨幣→資本の発展は発生的展開、弁証法的方法である」と明言していることに合致しない。

6段落――『批判』貨幣論にあったG—W—Gが『資本論』では消えている理由

『批判』の「商品の変態」論の冒頭部分に「よく観察してみると、流通過程は二つの異なった循環の形態を示している」（批六九）として、W—G—WとあいならんでG—W—Gが示されている。しかし、流通手段貨幣の考察ではもっぱらW—G—Wだけが取り扱われている。

さらに第三節の「貨幣」論でW—G—WとG—W—Gとのちがいがもう一度取り上げられて、「循環G—W—Gは貨幣と商品という形態のもとに、いっそう発展した生産関係を潜めている」（批一〇二）から、むしろ第三節では取り上げないとされている。『資本論』には以上のような叙述はないが、それは貨幣論に関して『資本論』は『批判』の「要約」の性格を持っていたからである。

18段落――貨幣としての貨幣の「矛盾」からG—W—G′を引き出す尾崎芳治

［尾崎 *86-87*］は、貨幣蓄蔵などの貨幣としての貨幣には、流通に入らなければ経済関係でなくなり、流通に入れば消費に脱落するとして、「自己自身の解体を迫る矛盾」（『要綱』一四四）があり、「循環G—W—G′こそは、

単純な流通の限界に条件付けられた『貨幣としての貨幣』の矛盾が、この限界を突破して現実に運動しうる形態にほかならない」として、「循環」するG―W―G′は「貨幣は『なぜ』資本に転化するか」を考察している箇所であるとする。G―W―G′のもつ矛盾からではなく、貨幣としての貨幣のもつ矛盾から資本を導く議論である。しかし、本書第二部の方法論で明らかにしているように貨幣としての貨幣のもつ矛盾は単純商品流通における超出・復帰という叙述を完全にするための認識上の矛盾であり、それ自体資本へ転化していくような矛盾ではない。

19段落――「実体」と「主体」の違い

注⑥にあるように、G―W―G′では価値は「自動的な主体」に転化する。後の21段落では、価値はG―W―Gでは「自分自身で運動する実体として現れ、この実体にとっては商品や貨幣は両方とも形態でしかない」とある。だからG―W―G′においては価値は「主体」＝「自分自身で運動する実体」である。

ここでの主体と実体との関係は、「主体」＝「固有の生命を授けられたところの自動的な実体」（仏）＝自分自身で運動する実体、である。

ヘーゲルの『精神現象学』では次のようにある。「一切のことはあげて真理を単に実体 Substanz として捉えるだけでなく主体 Subjekt としても捉え表現するか否かにかかっている。……生きた実体とは本当には主体であるところの存在である。換言すれば、それは自己を定立する運動をし、自己を他者にし又その他者を自己自身と媒介する運動をする限りで真に現実的になる存在である。実体は主体であるから、単一物の純粋な否定性であり、したがって単一物の二分である。あるいは自己を二重化し、自己自身と対立させるものである。」（［ヘーゲル３ *55–56*］

［平野喜一郎 *142*］も言うように実体と主体の区別と関連はマルクスとヘーゲルはほぼ同一である。

22段落——資本とは「自己増殖する価値」

先の19段落以降、仏語版の重要な叙述変更が目につく。共通しているのは資本を「自己を増殖する価値」（KⅠ一六九）として、生命体になぞらえた表現をしていることである。この段落もそうで、資本を「つねに芽を出し成長する貨幣」ととらえている。仏語版での叙述変更は「資本の蓄積」および「本源的蓄積」篇に集中しているが、そこの第二四章「剰余価値の資本への転化」の独自の注（ラシャトル版二五七Ⅱの注4）に「価値増殖ということばは、価値をそれ自身の増殖手段とする運動を、最も正確に表現していると思われる。」とある。これでよりはっきりするように、資本とは、価値を実体とするが、生命体のように自分で運動し、自己増殖していく価値の別名である。「素材の生命が観念的に反映する」という表現を借りれば、『資本論』とは価値の自己運動を追求した書であるといってよい。↓本書補論「『資本論』の方法と「貨幣の資本への転化」」参照。

第二節　一般的定式の矛盾

1 G—W—G′はW—G—Wと順序が逆——それが価値増殖を可能にするか

貨幣が資本に変態する①場合の流通形態は、商品や価値や貨幣や流通そのものの性質についての以前に展開されたすべての法則②に矛盾している。この流通形態を単純な商品流通から区別するものは、同じ二つの反対の過程である売りと買いとの順序が逆になっている③ことである。では、どうして、このように純粋④に形態的な相違がこれらの過程の性質を魔術のように変化させる⑤のであろうか？

① entpuppen （成虫となって）繭から出る。
② 一言でいえば商品流通は等しい価値の交換であること。
③ W—G・（G）—WとG—W・（W）—Gは順序が逆の「同じ二つの反対の過程」。
④ rein。「単に」（仏）。
⑤ umzaubern　手品のように早変わりさせる。価値増殖を可能にするということ。

2 順序の逆転は無意味――真の問題は単純な流通で価値増殖が可能か

それだけではない。このような逆転が存在するのは、互いに取り引きする三人の取引仲間のうちのただ一人だけにとってのことである。資本家としては私は商品をAから買ってそれをまたBに売るのであるが、ただの商品所持者としては[①]、商品をBに売ってそして商品をAから買うのである。取引仲間のAとBとにとってはこのような相違は存在しない。彼らはただ商品の買い手かまたは売り手として姿を現すだけである。私自身も、彼らにたいしてはその都度ただの貨幣所持者または商品所持者として、買い手または売り手として、相対するのであり、しかも、私は、どちらの順序でも、一方の人にはただ買い手として、他方の人にはただ売り手として、一方にはただ貨幣として、他方にはただ商品として、相対するだけであって、どちらの人にも資本または資本家として相対するのではない。すなわち、なにか貨幣や商品以上のものとか、貨幣や商品の作用以外の作用をすることができるようなものとかの代表者として相対するのではない。私にとっては、Aからの買いとBへの売りとは、一つの順序をなしている、しかし、この二つの行為の関連はただ私にとって存在するだけで

① 「単なる交換者としては」(仏)。

ある。Aは私とBとの取引にかかわりがないし、Bは私とAとの取引にかかわりがない。もし私が彼らに向かって、順序の逆転によって私が立てる特別な功績を説明しようとでもすれば、彼らは私に向かって、私が順序そのものを間違えているのだということ、この取引全体が買いで始まって売りで終わったのではなく逆に売りで始まって買いで終わったのだということを証明するであろう。事実、私の第一の行為である買いはAの立場からは売りだったのであり、私の第二の行為である売りはBの立場からは買いだったのである。これだけでは満足しないで、AとBは、この順序全体が余計なものでごまかし[②]だったのだ、と言うであろう。Aはその商品を直接にBに売るであろうし、Bはそれを直接にAから買うであろう。そうすれば、取引全体が普通の商品流通の一つの一面的な行為に萎縮して、Aの立場からは単なる売り、Bの立場からは単なる買いになる。だから、われわれは順序の逆転によっては単純な商品流通の部面から抜け出ていないのであって、むしろ、われわれは、単純な商品流通がその性質上、そこに入り込む価値の増殖したがってまた剰余価値の形成を許すものかどうかを、調べなければならないのである。

② Hokus Pokus ペテン。

3 交換は使用価値に関しては双方が得――交換価値に関しては得をしない

流通過程が単なる商品交換として表示されるような形態にある場合をとってみよう。二人の商品所持者①が互いに商品を買い合って相互の貨幣請求権の差額を支払日に決済する②という場合は、つねにそれである。貨幣はこの場合には計算貨幣として、商品の価値をその価格で表現するのに役立ってはいるが、商品そのものに物的に相対してはいない③。使用価値に関するかぎりでは、交換者は両方とも利益④を得ることができることは明らかである。両方とも、自分にとって使用価値としては無用な商品を手放して、自分が使用するために必要な商品を手に入れるのである。しかも、これだけが唯一の利益ではないであろう。葡萄酒を売って穀物を買うAは、おそらく、穀物農民Bが同じ労働時間で生産することができるよりも多くの葡萄酒を生産するであろう。また、穀物農民Bは、同じ労働時間で葡萄栽培者Aが生産することができるよりも多くの穀物を生産
(172) するであろう。だから、この二人のそれぞれが、交換なしで、葡萄酒や穀物を自分自身で生産しなければならないような場合に比べれば、同じ交換価値と引き換えに、Aはより多くの穀物を、Bはより多くの葡萄酒を手に入れるのであ

① 「生産者＝交換者」（仏）。
② 「彼ら相互の信用が支払期日に清算される」（仏）。現在でも、証券会社と株投資家が信用売買で株取引する場合にも当てはまるが、ただしこの場合は同一の商品（同一の株）の売買である。
③ 仏語版は以上のことを簡単に「計算貨幣として観念的にしかはいりこまない」とある。「物的に dinglich 相対する」とは、現物の商品同士として交換される、の意。
④ Nutzen　効用。

る。だから、使用価値に関しては「交換は両方が得をする取引である」[一四]とも言えるのである。交換価値に関しては別である。「葡萄酒はたくさんもっているが穀物はもっていない一人の男が、穀物はたくさんもっているが葡萄酒はもっていない一人の男と取引をして、彼らのあいだで五〇の価値の小麦が葡萄酒での五〇の価値と交換されるとする。この交換は、一方にとっても他方にとっても、少しも交換価値の増殖ではない。なぜならば、彼らはどちらも、この操作によって手に入れた価値と等しい価値をすでに交換以前にもっていたのだからである。[一五]」貨幣が流通手段として商品と商品のあいだにはいり、買いと売りという行為が感覚的に分かれても、事態にはなんらの変わりもない。[一六]商品の価値は、商品が流通に入る前に、その価格に表示されているのであり、したがって流通の前提であって結果ではないのである。[一七]

一四　「交換とは不思議な取引であって、そこでは契約当事者が両方ともつねに（！）得をするのである。」（デスチュット・ド・トラシ⑤『意志および意志作用論』、パリ、一八二六年、六八ページ）。同じ著書は、『経済学論』としても刊行された。

一五　メルシェ・ド・ラ・リヴィエール⑥『自然的および本質的秩序』、五四四ページ。

一六　「これら二つの価値の一方が貨幣であるか、それとも両方とも普通の商品であるかは、それ自体まったくどうでもよいことである。」（メルシェ・ド・ラ・リヴィエー

⑤ フランスの哲学者・経済学者（一七五四―一八三六）。

⑥ 第四章第一節原注四参照。

ル、同前、五四三ページ）

一七「契約当事者たちが価値を決定するのではない。それは契約に先立って確定されているのである。」（ル・トローヌ⑦『社会的契約について』、九〇六ページ）

④単純な商品流通では——商品の変態や貨幣形態の変転しかない

抽象的に考察すれば、すなわち、単純な商品流通の内在的な諸法則からは出てこない①諸事情を無視すれば、ある使用価値が他のある使用価値と取り替えられるということの②ほかに、単純な商品流通のなかで行われるのは、商品の変態③、単なる形態変換④のほかにはなにもない。同じ価値が、すなわち同じ分量の対象化された⑤社会的労働が、同じ商品所持者の手のなかに、かわるがわる、彼の商品の姿態で、次にはこの商品が転化する貨幣の姿態で、さらにこの貨幣が再転化する商品の姿態で、留まっている。この形態変換は少しも価値の大きさの変化を含んではいない。そして、商品の価値そのものがこの過程で経験する変転は、その貨幣形態の変転に限られる。⑥この貨幣形態は、最初は売りに出された商品の価格として、次にはある貨幣額、と言ってもすでに価格に表現されていた貨幣額として、最後にはある等価商品の価格として存在する。この形態変換がそ

⑦ フランスの傑出した重農主義者（一七二八―八〇）。なおル・トローヌの著作は一八四六年刊行。

① 仏語版は「偶然的」を挿入。
② W―G―Wは「その素材的内容から見れば、この運動はW―W、商品と商品との交換であり、社会的労働の物質代謝であって、その結果では過程そのものは消えてしまっている」（KⅠ一二〇）。
③ Metamorphose。
④ Formwechsel。
⑤ 「実現された」（仏）。
⑥ 価値量に変化がないのだから、貨幣形態の「変転 Wechsel」は、値札・現実の取引価格・等価物価格という「変転」に限られる。

（173）

れ自体としては価値量の変化を含むものではないことは、ちょうど五ポンド銀行券をソヴリン貨や半ソヴリン貨やシリング貨と両替するようなものである。こうして、商品の流通がただ商品の価値の形態変換だけを条件とする⑦かぎりは、もし現象が純粋に進行するなら、商品の流通は、等価物どうしの交換を条件とするのである。それだから、価値がなんであるかに感づいてもいない俗流経済学でさえも、それなりの流儀で現象を純粋に考察しようとするときには、いつでも、需要と供給とが一致するということ、すなわちおよそそれらの作用がなくなるということを前提しているのである。だから、使用価値に関しては交換者が両方とも得をするということがありうるとしても、交換価値で両方が得をするということはあり得ないのである。ここでは、むしろ、「平等のあるところに利得はない[一八]」ということになるのである。もちろん、商品は、その価値から偏差した価格で売られることもありうるが、しかし、このような偏差は商品交換の法則の侵害として現象する。[一九] 商品交換は、その純粋な姿態⑧では等価物の交換であり、したがって、価値を増やす手段ではないのである。[二〇]

一八　ガリアニ『貨幣について』クストディ編、近世篇、第四巻、二四四ページ。

一九　もしなにか外的な事情が価格を上げるか下げるかするならば、交換は両当事者

⑦ bedingen　引き起こす、生じさせる。

⑧ 「正常な形態」（仏）。

の一方にとって不利になる。その場合には平等は侵害されるが、しかし、この侵害は、右の原因によって引き起こされるのであって、交換によって引き起こされるのではない。」（ル・トローヌ『社会的利益について』、九〇四ページ）

三〇「交換は、その性質上、ある価値とそれに等しい価値とのあいだに成立する対等の契約である。だから、それは致富の手段ではない。というのは、受けるのと同じだけを与えるのだからである。」（ル・トローヌ、同前、九〇三、九〇四ページ）

5 商品流通を剰余価値の源泉とする謬論——使用価値と価値の混同

それだから、商品流通を剰余価値の源泉として表示しようとする試みの背後には、たいていは一つの取り違え（quid pro quo）が、つまり使用価値と交換価値との混同が、隠れているのである。たとえばコンディヤック[①]によると次のようである。「商品の交換では等しい価値と等しい価値とが交換されるというのは、間違いである。逆である。二人の契約当事者はどちらもつねに小さな価値をより大きな価値と引き換えに与えるのである。……もしも実際につねに等しい価値どうしが交換されるならば、どの契約当事者にとっても利得は生じないであろう。だが、両方とも得をしているか、またはとにかく得をするはずである。なぜか？[②] 諸物の価値は、ただ単に、われわれの欲望に対するそれらの

① フランスの哲学者・重農主義者（一七一五—一八〇）。

② 以下仏語版によると、コンディヤックの原文は次のよう。「物はわれわれの必要にとって相対的価値しかもたず、ある人にとってより多いものは、別の人にとってより少ない物であり、また、この逆である。」

物の関係にある。一方にとってより多く必要なものは、他方にとってはより少なく必要なのであり、またその逆である。……われわれが自分たちの消費に欠くことのできないものを売りにだすということは問題にならない。われわれは、自分に必要な物を手に入れるために自分にとって無用な物を手放そうとする。われわれは、より多く必要なものと引き換えにより少なく必要なものを与えようとする。……交換された諸物の各々が価値において同量の貨幣に等しかったときには、交換では等しい価値が等しい価値と引き換えに与えられる、と判断するのは、当然だった。しかし、もう一つ別の考慮が加えられなければならない。われわれは、両方とも、余分なものを必要なものと交換するのではないか、と言うことがそれである。[三]」これでもわかるように、コンディヤックは、使用価値と交換価値とを混同しているだけではなく、まったく子供じみたやり方で、発達した商品生産の行われている社会と、生産者が自分の生活手段を自分で生産し、そして自己需要分を越える超過分・余計なものだけを流通に投ずるという状態とを、すり替えているのである。[三] それにもかかわらず、コンディヤックの議論はしばしば近代の経済学者たちによっても繰り返されている。ことに、商品交換の発達した姿である商業を、剰余価値を生産するものとして表示しようとする場合がそれである。たとえば、次のように言う。「商業は生産物に価値をつけ加える。なぜならば、同じ生産物でも、生産者の手にあるよりも消費者の手にあるほうがより多くの価値をもつことになるからである。したがって、商業は文字通りに（strictly）[③]生産行為とみなされなければならない。[22]」しかし、人々は商品に二重に、一度はその使用価値に、もう一度はその価値に[④]、支払うのではない。また、商品の使用価値が売り手にとってよりも買い手にとってのほうがもっと有用だとすれば、その貨幣形態は買い手にとってよりも売り手にとってのほうがもっと有用である。そうでなければ、売り手がそれを売るはずがあろうか？　また、それと同じように、買い手は、たとえば商人の靴下[⑤]を貨幣に転化させることによって、文字通りに（strictly）一つの「生産行為」を行うのだ、とも言えるであろう。

[22]　コンディヤック『商業と政府』（一七七六年）、デールおよびモリナリ編『経済学叢書』、パリ、一八四七年、二六七、二九一ページ。

[23]　それだから、ル・トローヌは彼の友人コンディヤックに次のように非常に正しく答えているのである。「発達した社会にはおよそ余分なものというものはないのである。[⑥]」同時に彼は次のような皮肉でコンディヤックをからかっている。「もし交換当事者の両方が、同じだけ少ないものと引き換えに同じだけより多くのものを受け取ると

③　原義は「厳密に」。もちろんマルクスの皮肉。
④　「交換価値」（初、仏）。
⑤　「靴下販売人 bonnetier」（仏）―仏語の「いかさま師 bonneteur」とのしゃれ。
⑥　ル・トローヌ『社会的利益について』、九〇七ページ。
⑦　同右、九〇四ページ。
⑧　ドイツの俗流経済学者（一八一七―一八九四）。

すれば、彼らは両方とも同じだけを受け取るのだ。[7]」コンディヤックは、交換価値の性質には少しの予感もないのだからこそ、教授ヴィルヘルム・ロッシャー氏[8]にとっては氏自身の子供じみた概念の似合いの保証人なのである。ロッシャーの『国民経済学原理』、第三版、一八五八年、を見よ。

㆔ S・P・ニューマン『経済学綱要』、アンドウヴァおよびニューヨーク、一八三五年、一七五ページ。

6 小括——等価物どうしの交換では剰余価値は生まれない

もし等しい交換価値をもつ商品どうしが、または商品と貨幣とが、つまり等価物どうしが交換されるとすれば、明らかにだれも自分で流通に投ずるよりも多くの価値を流通から引き出しはしない。その場合には、剰余価値の形成は行われない。しかし、商品の流通は、その純粋な形態では、等価物どうしの交換を条件とする。とはいえ、ものごとは現実には純粋に行われない。そこで、次に非等価物どうしの交換を想定してみよう。

7 所持者の観点を入れる――商品と貨幣の区別が再現するだけ

どちらにしても、①商品市場ではただ商品所持者が商品所持者に相対するだけであり、これらの人々が互いに及ぼし合う力は彼らの商品の力だけである。②いろいろな商品の素材的な相違は、交換の素材的な動機であり、商品所持者たちを互いに相手に依存させる。というのは、彼らのうちのだれもが自分自身の欲望の対象はもっていないで、めいめいが他人の欲望の対象をもっているのだからである。このような、使用価値の素材的相違のほかには、諸商品のあいだにはもう一つの区別があるだけである。すなわち商品の自然的形態③と商品の転化した形態④との区別、商品と貨幣との区別である。したがって、商品所持者たちは、ただ、一方は売り手すなわち商品の所持者として、他方は買い手すなわち貨幣の所持者として、区別されるだけである。

8 売り手に価格つり上げの特権想定――彼は次は買い手で損

そこで、なにかわけのわからない特権によって、売り手には高く売ること、

① 等価物どうしの交換でも、非等価物どうしの交換でも。
② なぜなら「人々の経済的扮装はただ経済的諸関係の人化でしかない」(詳注一六二、KⅠ一〇〇)から。
③ Naturalform 現物形態すなわち使用価値の形態。
④ 「価値形態」(仏)。

たとえばその価値が一〇〇ならば一一〇で、つまり名目上一〇％の価格引き上げをして売ることが許されると仮定しよう。つまり、売り手は一〇という剰余価値を収めるわけである。しかし、彼は売り手だったあとでは買い手になる。今度は第三の商品所持者が売り手として彼に出会い、この売り手もまた商品を一〇％高く売る特権を持っている。例の男は、売り手としては一〇の得をしたが、次に買い手としては一〇を損することになる。[二四] この全体の帰着するところは、事実上、すべての商品所持者が互いに自分の商品を価値よりも一〇％高く売り合うので、それは、彼らが商品を価値どおりに売ったのとまったく同じことである、ということである。このような、諸商品の一般的な名目的な価格引き上げは、ちょうど、商品価値がたとえば金の代わりに銀で評価されるような場合と同じ結果を生み出す。諸商品の貨幣名、すなわち価格[①]は膨張するであろうが、諸商品の価値比率は変わらないであろう。

二四 「生産物の名目的価値の引き上げによっては……売り手は富裕にはならない。……というのは、彼らが売り手として儲けるのとちょうど同じだけを、彼らは買い手の資格で出してしまったのだからである。」（『諸国民の富の主要原理』[②]、ロンドン、一七九八年、六六ページ。）

① 「名目価格」（仏）。
② 著者はジョン・グレー（一八世紀末のイギリスの思想家）。空想的社会主義者にして労働貨幣論で有名なジョン・グレイとは別人。

9 買い手に安く買う特権想定——買い手の前は売り手で損

今度は、逆に、商品をその価値よりも安く買うことが買い手の特権だと仮定してみよう。ここでは、買い手が再び売り手になるということを思い出す必要さえもない。彼は買い手になる前にすでに売り手だったのである。[①] 彼は買い手として一〇％儲ける前に、売り手として一〇％損をしていたのである。[二五] いっさいはやはり元のままである。

二五 「もし二四リーヴルの価値を表すある分量の生産物を一八リーヴルで売らざるを得ないとすれば、同じ貨幣額を買うために使えば、やはり二四リーヴルで得られるのと同じだけが一八リーヴルで得られるであろう。」（ル・トローヌ、前掲書、八九七ページ）

10 小括——特権の想定では剰余価値を説明できず

だから、剰余価値の形成、したがってまた貨幣の資本への転化は、売り手が商品をその価値よりも高く売るということによっても、また、買い手が商品をその価値よりも安く買うということによっても、説明することはできない。[二六]

① 単純な商品流通では同一人が売りと買いを交互にやることが前提であるから。

二六「だから、どの売り手も、つねに[1]自分の商品を値上げすることができるためには、自分もつねに他の売り手の商品によって高く支払うことを承認せざるを得ない。そして、同じ理由によって、どの消費者もつねにより安く買い入れることができるためには、自分の売る商品も同様に値下げすることに同意せざるをえない。」（メルシェ・ド・ラ・リヴィエール、前掲書、五五五ページ）

① habituellement 慣例として。

11 生産者・消費者観点の持ち込み——売り手特権想定と同じ

そこで、異質な諸関係[1]をこっそり持ち込んで、たとえばトレンズ大佐などとともに、「有効需要とは、直接的あるいは間接的な交換によってであろうと、商品と引き換えに、資本のすべての成分のうちの、その商品の生産に要費するよりもいくらか大きい部分を与える、[2]という消費者の能力と傾向（！）とにある」二七などと語ることによっては、問題は少しも簡単にはならない。流通のなかでは、生産者は消費者とはただ売り手と買い手として相対するだけである。生産者にとっての剰余価値は消費者が商品に価値よりも高く支払うということから生ずる、と主張することは、商品所持者は売り手としてより高く売る特権を持っているという命題を仮装させるだけのことでしかない。売り手はその商品

① 単純な商品流通と無関係な。

② 以上はマルクスによる独語訳であるが、トレンズの原文は「受け取る商品と引き換えに、資本の全成分のうちから、それらの商品に要費するよりも大きい一部分を引き渡す」とある。

を自分で生産したか、またはその商品の生産者を代理するか、のどちらかである。同様に買い手もまた、彼の貨幣に表示された商品を自分で生産したか、またはその生産者を代理しているか、のどちらかである。だから、ここで相対するのは、生産者と生産者とである。彼らを区別するものは、一方は買う、他方は売る、ということである。商品所持者は、生産者という名では商品をその価値よりも高く売り、消費者という名では商品に過分に高く支払うのだ、と言ってみても、それは、われわれを一歩も前進させるものではない。③(二八)

二七　R・トレンズ④『富の生産に関する一論』、ロンドン、一八二一年、三四九ページ。

二八　「利潤は消費者によって支払われるという考えは、たしかにまったくおかしい。消費者とはだれのことか?」(G・ラムジ⑤『富の分配に関する一論』、エディンバラ、一八三八年、一八三ページ)

12 買うだけで売らない階級の想定――だましあいは致富にならない

それゆえ、剰余価値は名目上の価格引き上げから生ずるとか、商品を過分に高く売るという売り手の特権から生ずるとか、いう幻想を首尾一貫して主張する人々は、売ることなしにただ買うだけの、したがってまた生産することなし

③　なぜなら、「そもそも諸個人がただの商品所持者として交換を行なうにすぎない場合には、各人は生産者であるとともに消費者でもなければならない」(草稿二一)から。

④　イギリスの軍人・修正リカード派の経済学者・政治家(一七八〇―一八六四)。

⑤　イギリスの哲学者・リカード派の経済学者(一八〇〇―一八七一)。

にただ消費するだけの、一つの階級を想定しているのである。このような階級の存在は、われわれがこれまで到達した立場すなわち単純な流通の立場からは、まだ説明のできないものである①。しかし、ここでは先回りしてみることにしよう。このような階級が絶えずものを買うための貨幣は、交換なしで、無償で、任意の②法的および暴力的権原に基づいて③、商品所持者たち自身から絶えずこの階級に流れてこなければならない④。この階級に価値よりも高く売るということは、無償で引き渡した貨幣の一部分を再びだまして取りもどすというだけのことである[二九]。たとえば、小アジアの諸都市は年々の貨幣貢租を古代ローマに支払った。この貨幣でローマはそれらの諸都市から商品を買い、しかもそれを過分に高く買った。小アジア人はローマ人をだました。というのは、彼らは商業という方法で征服者から貢租の一部分を再びだまし取ったからである。しかし、それにもかかわらず、やはり小アジア人はだまされた人々であった。彼らの商品の代価は、相変わらず彼ら自身の貨幣で彼らに支払われたのである。こんなことはけっして致富または剰余価値形成の方法ではないのである。

二九 「ある人にとって需要がないとき、マルサス氏⑤は、この人の品物を買わせるためにだれか他の人に支払ってやれ、と勧告するであろうか？」リカード派の一人は憤慨

① 資本主義には生産手段の所有形態との関係で、資本家・労働者・土地所有者の三大階級がある。
② beliebige。
③ 「自発的にまたは既得権によって」（仏）。
④ なぜなら、「これらの階級の富はやはり、ただ、生産者たちの商品からの取り分から成り立つほかはない」（草稿二三）からである。
⑤ イギリスの僧侶で経済学者。僧侶や地主などの不生産的消費者を賛美した（一七六六―一八三四）。

してマルサスにこう尋ねるのであるが、このマルサスは、その弟子の坊主チャーマズ⑥と同じように、単なる買い手または消費者の階級を経済的に賛美しているのである。『近時マルサス氏の主張する需要の性質および消費の必要に関する原理の研究』、ロンドン、一八二一年、五五ページを見よ。

⑥ スコットランドの神学者・マルサスの熱烈な信奉者（一七八〇―一八四七）。

13 **経済的範疇の人格化ではなく――個人の狡猾さの観点を導入**

そこで、われわれは、売り手は買い手であり買い手はまた売り手であるという商品交換の限界のなかにとどまることにしよう。われわれの当惑は、ことによると、われわれの諸人物①を人格化された範疇②としてだけとらえて、個人としてとらえてはいない、ということからきているのかも知れない。③

① 「流通当事者たち」（仏）。
② 経済学では、「人々の経済的扮装はただ経済的諸関係の人格化でしかない」（詳注一六二、KI一〇〇）とし、ここでは売り手や買い手を「売り」と「買い」という範疇の経済的仮面の下でとらえる。
③ 仏語版はここで段落替えしないで次の段落と合体。その方がいい。

14 **不等価交換――交換での価値の総量は不変で分配を変えるだけ**

商品所持者Aは非常にずるい男で、仲間のBやCに一杯くわせるかも知れないが、BやCの方ではどうしても仕返しができないということにしよう。Aは四〇ポンド・スターリングという価値のあるぶどう酒をBに売って、それと引き換えに五〇ポンド・スターリングという価値のある穀物を手に入れるとしよう。Aは彼の四〇ポンドを五〇ポンドに転化させた。よりわずかの貨幣をより多くの貨幣にし①、彼の商品を資本に転化させた。もう少し詳しく見てみよう。交換が行われる前には、Aの手に四〇ポンド・スターリングのぶどう酒があり、Bの手には五〇ポンド・スターリングの穀物があって、総価値は九〇ポンド・スターリングだった。交換のあとでも、総価値は同じく九〇ポンド・スターリングである。流通する価値は少しも大きくなっていないが、AとBとへのその分配②は変わっている。一方で剰余価値として現象するものが他方では不足価値であり、一方でのプラスは他方でのマイナスとして現象するようなものである。同じ変化は、Aが交換という仮装した形態によらないでBから直接に一〇ポンドを盗んだとしても、起きたであろう。流通する価値の総額をその分配の変動によって増加させることはできないということは明らかであって、それはちょうど、あるユダヤ人がアン女王時代の一ファージング貨③を一ギニー④で売っても、それで一国の貴金属を増やしたことにはならないようなものである。一国の資本家階級の全体が自分で自分からだまし取ることはできないのである。[三〇]

[三〇] ヂステュット・ド・トラシ⑤は、フランス学士院会員だったにもかかわらず――

① 不等価交換を貨幣額で表現すればこうなる。
② Verteilung 配分。「価値配分」(仏)。
③ 骨董的価値のある最低価額の銅貨。
④ その当時の最高価額の金貨。
⑤ フランスの哲学者・自由主義的経済学者・ブルジョア擁護家(一七五四―一八三六)。

またおそらくそうだったからこそ——これとは反対の意見であった。彼は次のように言う。産業資本家たちは、「彼らがすべてのものをその生産にかかったよりも高く売る」ということによって彼らの利潤をあげる。「では、だれが彼らに売るのか？まず第一に、互いに、である。」（『意志とその作用』、二三九ページ）

15 小括——流通または商品交換は価値を創造しない

（178）

要するに、どんなに言いくるめようとしても、結局はやはり同じことなのである。等価物どうしが交換されれば剰余価値は生まれないし、非等価物どうしが交換されてもやはり剰余価値は生まれない。[三] 流通または商品交換は少しも価値を創造しないのである。[三]

三 「二つの等しい価値のあいだで行われる交換は、社会にある価値の量を増やしも減らしもしない。二つの価値の交換も……やはり社会の価値の総額を少しも変えはしない。といっても、それは、一方の財産から取り上げるものを他方の財産に加えるのではあるが。」（J・B・セー[①]『経済学概論』、第二巻、四四三、四四四ページ）。セーは、もちろんこの命題の帰結がどうなるかにはお構いなしに、これをほとんどその言葉どおりに重農学派から借用している。その当時は知られていなかった[②]重農学派の著作を彼が自分自身の「価値」の増殖のために利用したやり方は、次の例によってもわかるであろう。セー氏の「最も有名な」命題、「生産物は生産物でしか買えない」（同

① フランスでスミス理論を紹介した俗流経済学者（一七六七—一八三二）。生産物で生産物を買うから一般的恐慌はあり得ないとした。

② 「彼の時代には流行おくれになった」（仏）。

前、第二巻、四三八ページ）は重農学派の原文では、「生産物は生産物でしか支払われない」（ル・トローヌ『社会的利益について』、八九九ページ）となっている。

亖「交換は生産物にまったく少しの価値も与えない。」（F・ウェーランド③『経済学綱要』、ボストン、一八四三年、一六八ページ）

③ アメリカの経済学者で大学教授（一七九六―一八六五）。

16 古い商業資本と高利資本を考慮しない理由――等価交換ではないから

以上のことから、なぜ、資本の基本形態、すなわち近代社会の経済組織を規定するものとしての資本の形態①をわれわれが分析するにあたって、資本の最も通俗的ないわば大洪水以前的な②姿態である商業資本③と高利資本④を、さしあたりはまったく考慮に入れないでおくのか、がわかるであろう。

① 先回りになるが、近代社会の経済組織はまず第一に産業資本の形態である。
② 歴史的に近代資本主義以前にもあった商業資本や高利資本は、産業資本主義確立後はそれに組み込まれた。ちょうどかつての地球上の全生物がノアの大洪水によって新しい生物体系に組み込まれたように。
③ 前近代的な商業資本は、遠隔地商業や安く買って高く売る譲渡利潤により富をえていた。
④ 前近代的な高利資本は流通によらず法外な暴利行為をすることで富をえていた。

17 商業資本――等価交換の下では商業は詐取のように現象

本来の商業資本①では、形態G―W―G′、より高く売るために買う、が最も純粋に現象する。他方、商業資本の全運動は流通部面の内部で行われる。②しかし、貨幣の資本への転化、剰余価値の形成、を流通そのものから説明することは不

① 固有の意味での、大洪水以前の商業資本。
② 以上の仏語版――「他方、この運動は流通の域内で全面的に遂行される。」

(179)

可能なのだから、商業資本は、等価物どうしが交換されるようになれば、不可能であるように現象し、[三三] したがって、ただ、買う商品生産者と売る商品生産者とのあいだに寄生的に割り込む商人によってこれらの生産者たちが両方ともだまし取られるということからのみ導き出すことができるように現象する。この意味で、フランクリン③は、「戦争は略奪であり、商業は詐取である」[三四] と言うのである。商業資本の価値増殖が単なる商品生産者の詐取からではなく説明されるべきだとすれば、そのためには長い列の中間項が必要なのであるが④、それは、商品流通とその単純な諸契機⑤とがわれわれの唯一の前提となっているここでは、まだまったく欠けているのである。

三三 「等価物の交換を不変の規則とするならば商業は不可能であろう。」（G・オプダイク⑥『経済学に関する一論』、ニューヨーク、一八五一年、六六―六九ページ）⑦。「真実価値と交換価値との相違の根底には一つの事実がある――すなわち、ある物の価値は、商業でその物と引き換えに与えられるいわゆる等価とはちがうものだということ、すなわちこの等価は等価ではないということがそれである。」（フリードリッヒ・エンゲルス『国民経済学批判大綱』九五、九六ページ）

三四 ベンジャミン・フランクリン『著作集』、第二巻、スパークス篇、『国民の富に関する検討されるべき諸見解』。

③ アメリカの政治家・経済学者（一七〇六―一七九〇）。注三四の著書は一八三六年出版。

④ 第三部第四篇で行われる。

⑤ 売りと買い、商品と貨幣、とか。

⑥ 銀行家・ニューヨーク市長（一八〇六―一八九〇）。

⑦ 『草稿』には、オプダイクの引用のあとに、次のようにある。「だからこそエンゲルスは、似たような意味で、……交換価値と価格との相違を、諸商品がその価値で交換されるならば商業は不可能だ、ということから説明しようとしているのである。」（二一五）

⑱高利資本――G―G′は商品交換から説明できない

商業資本にあてはまることは、高利資本にはもっとよくあてはまる。商業資本では、その両極、すなわち市場に投じられた貨幣と、市場から引きあげられる増殖した貨幣とは、少なくとも買いと売りとによって、流通の運動によって、媒介されている。[①] 高利資本では、形態G―W―G′が、無媒介の[②]両極G―G′に、より多くの貨幣と交換される貨幣に、言い換えれば貨幣の性質と矛盾しており、したがって商品交換の立場からは説明することのできない形態に、短縮されている。それだからアリストテレスも次のように言うのである。「貨殖術は二重のものであって、一方は商業に属し、他方は家政術に属している。後者は必要なもので称賛に値するが、前者は流通にもとづいていて、当然非難される（というのは、流通は自然にもとづいていないで相互の詐取にもとづいているからである）。それゆえ、高利が憎まれるのはまったく当然である。というのは、ここでは貨幣そのものが営利の源泉であって、それが発明された目的のために用いられるのではないからである。実際、貨幣は商品交換のために生じたのに、利子は貨幣をより多くの貨幣にするのである。その名称（トーホス、

① 「中間項とされている」（仏）。
② 「中間項なしに」（仏）。

利子および生まれたもの）もここからきている。なぜならば、生まれたものは、生んだものに似ているからである。しかし、利子は貨幣から生まれた貨幣であり、したがって、すべての営利部門のうちでこれが最も反自然的なものである。[三五]」

三五　アリストテレス『政治学』、第一巻、第一〇章。

19 小括——近代的な商業資本と利子生み資本は資本の派生形態

商業資本①と同様に、利子生み資本②もわれわれの研究の途上で派生的な形態③として見いだされるであろう。また、同時に、なぜそれらが歴史的に資本の近代的な基本形態④よりも先に現象するか、を見るであろう。

20 流通以外の生産を想定——新価値の付加ではあるが自己増殖する価値ではない

以上から、剰余価値は流通から発生することはできないのだから、それが形成されるときには、流通そのもののなかでは見ることのできないなにごとかが流通の背後で①起きるのでなければならない、ということが示された。[三六]しか

① 近代的商業資本のこと。KⅢ第4篇「商人資本または商業資本」にその分析がある。
② 旧来の高利資本とはちがう利子生み資本（銀行資本等）。KⅢ第5篇にその分析がある。
③ 先回りになるが、基本形態は産業資本で、その価格体系と剰余価値の分配形態が成立したあとで、近代的商業資本と利子生み資本が位置づけられるから。
④ 産業資本のこと。「近代社会の経済組織を規定する基本形態としての資本」（仏）。

① hinter ihrem Rücken、「外で en dehors de」（仏）。「買いと売りとの中間で、すなわち流通部面の外で」（KⅠ一七〇）の意。

（180）

し、剰余価値は流通からでなければほかのどこかから発生することができるだろうか？　流通は、商品所持者たちのすべての相互連関の総計である。流通の外では、商品所持者はもはやただ彼自身の商品と連関するだけである。その商品の価値について言えば②、関係は、その商品が彼自身の労働の、一定の社会的法則にしたがって計られた量を含んでいる、ということに限られている。③この労働の量は、彼の商品の価値の大きさに、そして価値の大きさは計算貨幣で表示④されるのだから、かの労働量は、たとえば一〇ポンド・スターリングというような価格で表現される。しかし、彼の労働は、その商品の価値とその商品自身の価値を超える超過分というふうに表示されるのではない。すなわち、同時に一一という価格である一〇という価格で、それ自身よりも大きい一つの価値で、表示されるのではない。商品所持者は彼の労働によって価値を形成することはできるが、しかし自己増殖する価値⑤を形成することはできない。彼がある商品の価値を高くすることができるのは、現にある価値に新たな労働によって新たな価値を付加することによってであり、たとえば革で長靴を作ることによってである。同じ素材が今ではより多くの価値をもつのだが、それはより大きな労働量を含んでいるからである。それゆえ、長靴は革よりも多くの価値をもって

② 「使用価値について言えば」ではないことに注意。第三節でこの点が生きてくる。

③ 価値どおりの、したがって生産に必要な労働量どおりでの交換であるかが関心事である。

④ 「貨幣は、あるものを価値として、したがって貨幣形態に、固定することが必要な時には、いつでも計算貨幣として役立つ」（KⅠ一一五）。

⑤ sich verwertende Wert　自分を増殖させる価値。「自分自身の力で増加するような価値」（仏）。

いるのだが、しかし革の価値はもとそうであったままである。革は自分の価値を増殖したのではなく、長靴製造中に剰余価値を身につけなかった。したがって、商品所持者⑥が、流通部面の外で、他の商品所持者と接触することなしに⑦、価値を増殖し、したがって貨幣または商品を資本に転化させるということは、不可能なのである。

三六 「市場の通常の状況のもとでは、利潤は交換によっては得られない。もしそれがこの取引より前になかったとすれば、その後にもあり得ないであろう。」（ラムジ⑧『富の分配に関する一論』、一八四ページ）

21 総括

だから、資本①は流通から発生するわけにはいかないし、同様に流通から発生しないわけにもいかない②のである。資本は、流通のなかで発生しなければならないと同時に、流通のなかで発生してはならないのである③。

⑥ 「生産者＝交換者」（仏）。
⑦ 「流通の外部」を「他の商品所持者と接触することなし」と言い換えている点に注意。
⑧ イギリスのリカード派経済学者（一八〇〇―七一）。

① 自己増殖する価値。
② 「流通から離れて創造される」（英）。
③ 以上の一文の英語版――「資本は流通のなかでと同様に流通のなかではなく、の両方でその起源をもたねばならない。」仏語版はこの段落なし。

22 資本定式の矛盾——等価物の交換と価値増殖との同時的説明という課題

こうして二重の結果が生じた。

貨幣の資本への転化は、商品交換に内在する諸法則に基づいて展開されるべき(181)であり、したがって等価物どうしの交換が出発点として意義をもつ。[三七] まだ資本家の幼虫として現存在しているにすぎないわれわれの貨幣所持者は、商品をその価値どおりに買い、価値どおりに売り、しかも過程の終わりには、自分が投げ入れたよりも多くの価値を引き出さなければならない。彼の蝶への成長は、流通部面で行われなければならないし、流通部面で行われてはならない。これが問題の条件である。ここがロドス島だ、ここで跳んでみろ！①

三七　以上の説明によって、読者は、ここでは、ただ、資本形成は商品価格が商品価値に等しい場合でも可能でなければならないということが言われているだけだと言うことを、理解するであろう。資本形成は、商品価値からの商品価格の偏差によって説明することはできない。価格が価値から現実にずれているならば、まず価格を価値に還元して②、すなわちこのような状態を偶然的なものとして無視して、商品交換を基礎とする資本形成の現象を純粋な姿で眼前におき③、その考察にさいしては本来の過程には関係のない攪乱的な付随的な事情に惑わされないようにしなければならない。なお、言うまでもなく、この還元はけっして単なる科学的な手続きにすぎないものではない。

① Hic Rhodus, hic salta! ここにこそ課題がある、ここで実際できることを示せ、の意。元々はイソップ寓話にある話。一人のほら吹きが、自分はロドス島で非常に大きく跳んだことがあると自慢した。彼はこう言い返された。「ここがロドス島だ。ここで跳んでみろ！」ヘーゲルの『法哲学』の序文でも、『資本論』と同じ意味で使われている。

② たとえば、価値四〇が価格五〇で表示されている場合、五〇を価値どおりの四〇に「還元して」の意。

③ sich vorhaben 表象する。

市場価格の絶え間のない振動、その騰落は、相殺され、互いに消去しあい[4]、おのずからその内的規制[5]としての平均価格[6]に還元されるのである。この規制は、たとえば、いくらか長い期間にわたるすべての企業で商人や産業家の導きの星となる。つまり、彼はいくらか長い期間を全体としてみれば、商品は現実にはその平均価格よりも安くも高くもなくその平均価格で売られるということを知っているのである。だから、かりに、損得なしの考え方こそがおよそ彼の関心事なのだとすれば[7]、彼は自分にたいして資本形成の問題を次のように提起しなければならないであろう。価格が、平均価格によって、すなわち結局は商品の価値によって、規制される場合に、いかにして資本は発生することができるのか？　と。私が「結局は」と言うのは、平均価格はA・スミスやリカードなどが考えるように直接に商品の価値の大きさと一致するものではないからである[8]。

④　sich aufheben 止揚しあい。

⑤　innern Regel 内的規準。

⑥　第三部でいう価値と量的に一致する「生産価格」のこと。

⑦　「はっきり見抜くことを望ましく思うならば」(仏)。独語版の「関心事 Interesse」は「損得なし interesselosses」とのしゃれ。

⑧　原注三七の理解のためには、次のマルクスの、フェルディナント・ドメラ・ニーヴェンホイスあて一八八〇年六月二七日付け手紙を参照。

《「シュラム氏（中略）は私の価値論を誤解しています。『資本論』のなかの一つの注［原注三七］のなかで、A・スミスもリカードも、価値と生産価格とを（市場価格のことはまったく別としても）混同している点でまちがっている、ということが述べてありますが、この注を読んだだけでも彼は次のことを理解できたでしょうに。すなわち、「価値」と「生産価格」との関係、したがってまた「価値」と「生産価格」を中心として振動する市場価格との関係は、けっして価値論そのものに属するものではなく、まして一般的なスコラ的な空語によって予想されるものではなおさらない、ということがそれです。》

第二節　段落ごとの論点

1段落――資本の定式の矛盾を「認識上の主観的矛盾」とする平野喜一郎

［平野喜一郎 *151*］は、資本定式の矛盾を「この矛盾は客観的事物そのものの矛盾ではなく、認識が不十分なため生じる」ところの、「抽象的な法則と事実との矛盾という認識上の主観的矛盾、理論を発展させる原動力」であると言う。「読者のまえにもちだして考えさせようとした矛盾」［平野喜一郎２ *212*］ということになる。しかし、こんな軽くクイズを解くような矮小なものではない。G―W―G′が出てきた商品流通とその法則とを対決させ、資本定式に自己矛盾があることを明らかにすることは、それは実は、資本主義を資本＝賃労働捨象の「商品と貨幣」という方法で考察してきた方法自体がこれ以上の展開の制約となることを明らかにすることでもある。「商品と貨幣」方法のもつ内在的な矛盾が発展した箇所であり、したがって解決のためには、方法がここで大転換して、〈生産と流通における資本主義的形態の捨象〉の要素が一歩一歩解除されて行くことを宣言したものである。。

20段落――自営生産者の労働の付加は剰余価値の説明にはならない

この段落は、流通部面でG―W―G′のもつ矛盾を検討したなかで「生産」にふれている唯一の箇所である。想定されているのは、たとえば、自営の職人が革という原料を買ってきて長靴を作る過程である。〈生産と流通の資本主義的形態の捨象〉の方法からして、彼は原料・道具等のモノだけを買ってきて長靴を作ることしかできない。しかし、革に自らの労働を加えて新価値を付加することはできるということは、同じことを他人の労働力を買って来て他人に労働させれば価値を創造できることを意味する。実はGの「自己増殖」までもう一歩である。マルクスはこの可能性にはあえてふれることなく叙述を進める。それは〈生産と流通の資本主義的形態の捨象〉の方法を厳格に守っているからである。『草稿』には次のようにある。「貨幣所持者は商品を買うが、彼はこれを加工し、生産的に充用し、こうしてそれに価値を付加し、それから再び売るのだ、と言いたいのだとすれば、この場合には剰余価値は、完全に彼の労働から発生することになるであろう。この場合には、価値そのものは働かなかったであろうし、自己を増殖することもなかったであろう。」(二三)

22段落1——原注三七は事実上の移行規定

原注三七の要点は「資本形成は価値からの商品価格の偏差によって説明することはできない」ということである。第一篇「商品と貨幣」でも価格は価値と量的に一致するものとして議論が展開されてきたし、「市場価格のたえまない振動」は当初より捨象されてきた。これにより流通から「資本形成」を論ずることが完全に封じられて、改めて「流通または商品交換は価値を創造しない」(KⅠ一七八)が確認される。

しかし、この原注の意義は右につきるものではない。『資本論』では考察領域の転換が行われる際の移行規定に注がよくおかれる。たとえば「商品で表示される労働の二重性」から「価値形態」へ移行する際原注一六がおかれているし、初版では「価値形態」から「商品の物神的性格とその秘密」への移行に原注二四がおかれていた(第二版では注の位置が移動して原注三二になった)。ここもそうである。「問題の条件」はここで跳ぶことを要求されるロドス島であるが、実は考察方法も今までの方法から飛躍することを要求されるロドス島である。今までの〈下向=生産と流通の資本主義的形態の捨象〉の方法は実は矛盾をもつものであった。そもそも「資本主義的生産様式」の解明を進めながら、生産と流通における資本主義的形態を捨象して第一篇「商品と貨幣」を考察する方法自体、当初より資本に至らない点で内在的矛盾をもっていた。それが、第四章の第一、二節で価値どおりの交換を前提にしながらG―W―G′を説明する矛盾として深化させられた。今までの考察方法では、これ以上「後方への旅」という認識の運動を進めることはできない。それで方法自体が解決の運動を開始することになる。〈下向＝生産と流通における資本主義的形態の捨象〉の制約が一つ一つ解除される。生産と流通における資本主義的形態には、資本による生産過程、生産価格、競争、労賃形態等いろいろあるが、一挙に解除することはできないので、G―W―G′で唯一価値増殖の可能性が残されたWの使用価値の消費の考察のために、まず〈労働力商品の捨象〉が解除されることになるのである。

22 段落2――「価値と価格の偏差」を資本転化論に生かそうとする宇野派

［鎌倉孝夫 212］は、マルクスがG―W―Gで価格変動を排除して、「価値どおりに支払われる」として、議論をWの「使用価値としての使用価値」に絞り込んでいったことを、「形式的」と批判する。鎌倉は商品流通に「必然的に」発生する「価格変動」は排除できないという立場をとる。同様に、［山口3 82］も、マルクスが「諸資本の個別的行動決定の指針としての意味をもつ価格変動を『偶然的』な、『攪乱的』な外的事情と捉えていたのでは、資本主義的生産に独自な運動法則の形態と機構とは十分に明らかにならないであろう」という。これら宇野派の議論は原注三七で明確に否定されているにもかかわらず、商品の価値と価格の偏差から「資本形成」の可能性を説くものであるが、鎌倉にも山口にもそれによる積極的な資本形成論はないし、もともと不可能である。

第三節　労働力の売買

1 流通部面でG―W―G′成立――Wの消費が価値の源泉である商品の必要

資本に転化するべき貨幣の価値変化[①]はこの貨幣そのものには起こりえない。なぜならば、購買手段としても支払手段としても、[②]貨幣は、ただ、それが買うかまたは支払う商品の価格を実現するだけ[③]であり、また、それ自身の形態にとどまっていれば、同等不変な大きさの価値の化石に固まってしまうからである。[三八]同様に、第二の流通行為[④]、商品の再販売からも変化は生じえない。なぜならば、この行為は商品をただ自然形態から貨幣形態に再転化させるだけだからである。そこで、変化は第一の行為G―Wで買われる商品とともに起きるのでなければならないが、しかし、その商品の価値におきるのではない。というのは、等価物どうしが交換されるのであり、商品はその価値どおりに支払われるのだから

① Wertveränderung　価値量の変化。「価値の増加」（仏）。
② G―W―G′という流通で、第一の流通行為G―Wを考えると、そこのGは購買手段か後払いの支払手段。
③ 貨幣が価格を実現する点の指摘は↓KI一二三。
④ G―W―Gのうちの後半のW―G。そこでのGはWの価値の転化した形態。

である。だから、変化はその商品の使用価値としての使用価値⑤から、すなわちその商品の消費から生ずるより他はない。ある商品の消費から価値を引き出すためには、われわれの貨幣所持者は、価値の源泉であるという特有な性質⑥をその使用価値そのもの⑦が持っているような一商品を、つまりその現実の消費そのものが労働の対象化であり、したがって価値創造であるような一商品を、運よく⑧、流通部面のなかで、市場で、見つけださなければならないであろう。そして貨幣所持者は市場でこのような独自な⑨商品に出会うのである——労働能力または労働力に。

三六　「貨幣の形態にあっては……資本は利潤を生まない。」（リカード⑩『経済学および課税の原理』、二六七ページ）

2 労働力の定義——生きた人格のなかに実在する能力

われわれが労働力①または労働能力というのは、人間の肉体すなわち生きている②人格のなかに実在していて彼が何らかの種類の使用価値③を生産するときにそのつど運用させる④ところの、肉体的および精神的諸能力の総体のことである。

⑤　「商品の使用価値、つまり商品の使用」（仏）。
⑥　eigentümliche 固有な。
⑦　selbst それ自体。「使用価値そのもの」とは、使用価値を消費することすなわち労働。「この特殊な besondre 商品、労働力が、労働を供給するという、したがって価値を創造するという特有な eigentümliche 使用価値を持っている」（KⅠ六一〇）。
⑧　「資本主義的生産は、自由な労働者、すなわち売るべきものとしては自分自身の労働能力しか持っていない売り手が、流通の内部に、市場に、見いだされる、という前提から出発する」（草稿三三）。
⑨　specifische。「独自な効力を授けられた」（仏）。それ自体に独自な、固有な、の意。この段落での specifische と eigentümliche はほぼ同義。一般・特殊 besondre の「特殊」ではない。
⑩　イギリス古典派経済学の最良の代表者（一七七二—一八二三）。

①　商品としての労働力。↓論点2段落2。
②　「生きている」は労働生産物の「死んだ」労働との対比。↓論点1段落1。
③　「有用物」（仏）。
④　「運動させる」（仏）。「労働力の使用は労働そのものである。労働力の買い手は、労働力の売り手に労働させることによって、労働力を消費する。そのことによって労働力の売り手は、現実に actu、活動してい

３ 労働力が商品になるための第一条件——労働力の自由な所持者の存在

（182）

しかし、貨幣所持者が市場で商品としての労働力に出会うためには、いろいろな条件[①]が満たされていなければならない。商品交換は、それ自体としては、それ自身の性質から生ずるもののほかにはどんな依存関係も含んではいない。この前提のもとで、労働力が商品として市場に現れる[②]ことができるのは、ただ、それ自身の所持者によって、すなわちその労働力がその人[③]である人によって、それを商品として売りに出されるか[④]または売られるかぎりでのことであり、またそうだからである。労働力の所持者が労働力を商品として売るためには、彼は、労働力を自由に処分することができなければならず、したがって彼の労働能力、自分の一身の、自由な所有者でなければならない[三九]。彼と貨幣所持者とは、市場で出会って互いに同じ身分の商品所持者として関係を結ぶのであり、彼らの違いは、ただ、一方は買い手で他方は売り手だということだけであって、両方とも法律上では平等な人間である。この関係が持続するためには[⑤]、労働力の所持者がつねにただ一定の時間を限ってのみ労働力を売るということを必要とするが、なぜかといえば、もし彼がそれをひとまとめにして一度に売ってしま

る労働力、労働者になるのであって、それ以前はただ潜勢的に potentia そうだっただけである。」（ＫⅠ一九二）

① 「あらかじめ」—仏語版の補足。
② erscheinen 現象する。
③ Person 人、人格、人間、一身。この段では Person は適宜訳し分ける。
④ feilbieten 金でどうにでもできるものにする。
⑤ 取引が一回かぎりではなく、繰り返されるためには。

うならば、彼は自分自身を売ることになり、彼は自由人から奴隷に、商品所持者から商品になってしまうからである。人格としての彼は、彼の労働力にたいしては、つねに彼の所有物にたいする、したがって彼自身の商品にたいする取扱いでなければならないのであり、そして、そうでありうるのは、ただ、彼がいつでもただ一時的に、一定の期間を限って、彼の労働力を買い手に自由にさせ、その消費に任せるだけで、したがって、ただ、労働力を譲渡してもそれにたいする自分の所有権は放棄しないというかぎりでのことである。[四〇]

三九　古典的古代[6]に関する百科事典のなかでは次のようなばかげたことを読むことができる。すなわち、古代世界では、「自由な労働者と信用制度がなかったことを別とすれば」資本は十分に発達していた、というのである。モムゼン氏[7]も彼の『ローマ史』のなかでたびたび取り違え[8]をやっている。

四〇　それゆえ、多くの立法が労働契約の最大期限を確定しているのである。自由な労働が行われている諸国民の場合には、すべての法律書が契約解除告知条件を規定している。いくつかの国、ことにメキシコでは（アメリカの南北戦争以前にはメキシコから切り離された準州でも、またクーザ[9]の変革まではドナウ諸州でも）奴隷制が債務奴隷制[10]という形態の下に隠されている。労働で返済されることになっていて、代々続けられていく前貸し金によって、労働者個人だけでなく彼の家族も事実上は他の人々やその家族の所有物になる。ファレス[11]は債務奴隷制を廃止した。自称皇帝マキシミリアン[12]は一つの勅令によって再び債務奴隷制を取り入れたが、この勅令はワシン

⑥　ギリシャやローマの奴隷制の生産様式に基づく古代社会。
⑦　ドイツの古代歴史家（一八一七—一九〇三）。彼の『ローマ史』は一八五六—七年刊行。↓原注四三。
⑧　quid pro quo　取り替え、交替。マルクスの愛用する言葉↓詳注七二、KⅠ七一。
⑨　一八六〇年代農地改革を実施した。
⑩　Peonage。将来の労働を抵当にした貨幣前借り制度。
⑪　メキシコ共和国大統領（一八六一—七二在職）。
⑫　オーストリアのハプスブルグ家の出。仏のナポレオン三世のメキシコ遠征で、一八六四—六七年にメキシコ皇帝を自称したが、革命派に暗殺された。

トンの下院で、メキシコにおける奴隷制の再採用のための勅令であるとして、当然のごとく非難された。「わたしの肉体的・精神的な特殊技能や活動の可能性のうち、……時間的に限られたその使用は、他人に売ることができる。このような限定がつけば、それは、わたしの全体性や一般性の外に出たものとなるのだから。労働によって具体化された時間の全体や産物の全体を売るのは、わたしの魂を、わたしの活動一般と現実一般を、わたしの人格性を、他人に所有されることである。」（ヘーゲル『法哲学』⑬、ベルリン、一八四〇年、一〇四ページ、第六七節）

⑬ 翻訳は長谷川宏訳『法哲学講義』→［ヘーゲル2］。

（183）

[4]労働力が商品になる第二の条件——その所持者は他に売る商品がない

貨幣所持者が労働力を市場で商品として見いだすための第二の本質的な条件は、労働力所持者が自分の労働が対象化されている①商品を売ることができないで、ただ自分の生きている肉体のうちにだけ実在する自分の労働力そのものを商品として売りに出さなければならないということである。

① 「実現されている」（仏）。

[5]労働力をなぜ売らざるをえない——生産手段、生活手段をもたないから

ある人が自分の労働力とは別の商品を売るためには、もちろん彼は生産手段

たとえば原料や労働用具などを所持していなければならない。彼は革なしで長靴を作ることができない。彼はそのほかにも生活手段が必要である。未来の生産物では、したがってまたその生産がまだ完成していない使用価値では、だれでも、未来派の音楽家[①]でさえも、食っていくことができない。そして、人間は、地上に姿を現わした最初の日のように、生産の前にも生産のあいだにも、いまもなお毎日消費しなければならない。生産物が商品として生産されたならば、生産物は生産されてから売られなければならないのであって、売られてからはじめて生産者の欲望を満足させる[②]ことができるのである。生産時間[③]に販売のために必要な時間がつけ加わってくるのである。[④]

6 総括——二重の意味で自由な労働者の存在

だから、貨幣が資本に転化するためには、貨幣所持者は商品市場で自由な労働者に出会わなければならないのであり、ここで自由というのは、二重の意味でそうなのであって、自由な人格[①]として自分の労働力を自分の商品として処分できる[②]という意味と、他方では労働力の他には商品として売るものをもってい

① ワーグナーやリストは音楽を改革しようとしたが、それに反対派がつけたあだ名。
② W—G—Wの流通の結果はじめて、生産者は消費欲望物を手に入れることができる。
③ zur Produktionszeit 生産時間のうえに。「生産に必要な時間に」(仏)。
④ たとえ売る生産物があっても生産期間と販売期間の間じゅうずっと生活手段が必要で、それがないなら結局「労働力」を売るしかない。小商品生産者が没落して賃金労働者になるしかない理由の一つである。

① Person 人。
② 奴隷や農奴ではなく、職業選択と居住移転の自由を保障された労働者。

なくて、自分の労働力の実現③のために必要なすべてのものから切り離されており、自由であるという意味で、二重に自由なのである。

7 自由な労働者が発生する歴史的過程——本源的蓄積過程はあとで考察

なぜこの自由な労働者が流通部面で貨幣所持者の前に立ち現れるかという問題には、労働市場を商品市場の一つの特殊な部門として見いだす貨幣所持者は関心をもたない。そして、この問題はしばらくはわれわれの関心事でもない。貨幣所持者が実践上では事実に執着するように、われわれは理論的に事実に執着するの①である。とはいえ、一つのことは明らかである。自然が、一方の側に貨幣または商品の所持者を生みだし②、他方の側にはただ自分の労働力だけの所持者を生み出すのではない。この関係は自然史的な関係③ではないし、また歴史上のあらゆる時代に共通な社会的関係でもない。それは、明らかに、それ自体が、先行の歴史的発展の結果なのであり、多くの経済的変革の産物、一連となっているすべての古い社会的生産の構成④の没落の産物、なのである。

③ 前段でいうように、労働力の実現のためには生産手段と生活手段が必要。

① 労働市場成立の歴史的考察はあとにして、現実に存在する労働市場を前提にして、それを商品流通の理論で説明するということ。

② 仏語版挿入—「無条件に」。

③ 「自然的基礎をもつもの」(仏)。「自然史的過程」については、第二版後記のカウフマン抜き書きで、人間の意識や意図から独立し、逆に人間の意識を規定するもの、という説明があるが(→KⅠ二六)、ここでは、人間の貨幣所持者と労働力のみの所持者との分裂を「自然的基礎を持つ歴史として当然視する説を批判する意味で使っている。→論点

④ Formationen 構成体、構造。

8 一般の商品の存在――低い生産段階でも社会的分業があれば成立

さきに考察した経済的諸範疇①もまたそれらの歴史的な痕跡を帯びている。生産物の商品としての定在のうちには一定の歴史的な諸条件が包みこまれている。商品になるためには、生産物は、生産者自身のための直接的生存手段②として生産されてはならない③。われわれが、さらに進んで、生産物のすべてが、単にその多数だけでも、商品という形態をとるのはどんな事情のもとでかを探求したならば、それは、ただ、まったく独自な生産様式である資本主義的生産様式の基礎の上だけで起きるものだということが見いだされたであろう。とはいえ、このような探究は商品④の分析には縁遠いものだった。商品生産や商品流通は、非常に大きな生産物量が直接に自己需要に向けられていて商品に転化していなくとも、つまり社会的生産過程⑤がまだまだその全体的な広さからも深さからも完全には交換価値に支配されていなくても、行われうるのである⑥。商品としての生産物の表示は、社会内部での分業⑦がかなり発展して、最初は直接的交換取引⑧において始まる使用価値と交換価値との分離⑨がすでに完成されていることを条件とする。しかし、このような発展段階は、歴史的に⑩非常にちがった経

① 商品や貨幣という範疇。
② 「必要を直接にみたすもの」(仏)。
③ 生産物は「所持者の直接的欲望を越える量の使用価値」(詳注一七一、KⅠ一〇二)であってはじめて商品として交換されうる。
④ 「単純な商品」(仏)。
⑤ 「社会的生産」(仏)。
⑥ 最初は余ったもの、すなわち「非使用価値としての、その所持者の直接的欲望を超える量の使用価値」どうしが商品になるのである。↓詳注一七一、KⅠ〇二。
⑦ 「社会的分業は商品生産の存在条件である。」(詳注二二五、KⅠ五六)
⑧ 「物々交換」(仏)。
⑨ 「直接的必要のための物の有用性と、交換のための物の有用性の分離」(詳注一七二、KⅠ一〇三)。
⑩ 「歴史が証明するように」(仏)。

済的社会構成に共通なものである。⑪

9 資本主義的な商品生産――労働力が市場にあることを前提

あるいはまた貨幣を考察するなら、それは商品交換のある程度の高さを前提する。① 種々の特殊な貨幣形態、単なる商品等価物、② または流通手段、または支払手段・蓄蔵貨幣・世界貨幣③は、そのあれこれの機能の範囲の相違や相対的な重要さにしたがって、社会的生産過程④の非常にさまざまな段階をさし示している。それにもかかわらず、これらのすべての形態が形成されるため⑤には、経験の示すところでは、商品流通の比較的わずかな発達で十分である。資本はそうではない。資本の歴史的存在条件は、商品・貨幣流通がそこにあればあるというものではけっしてない。資本は、生産手段や生活手段の所持者が市場で自分の労働力の売り手としての自由な労働者に出会うときにはじめて発生するのであり、そしてこの一つの⑥歴史的な条件は一つの世界史⑦を包括しているのである。それだから、資本は、はじめから社会的生産過程の一時代を告知しているのである。四一

⑪「社会の非常に多様な経済的形態と両立しうるものである」(仏)。

① 以上の仏語版――「他方、貨幣が舞台に登場しうるためには、生産物の交換が商品流通の形態をすでに保有していなければならない。」
② 価値尺度を指す。
③「準備金」(仏)。
④「社会的生産」(仏)。このあたり「社会的生産過程」は仏語版はすべてこの用語である。ドイツ語の「Process 過程」に適当な仏語訳がないからである。
⑤「孵化する」(仏)。
⑥「唯一無二の」(仏)。
⑦「新しい世界全体」(仏)。

四一　第二版への注[⑧]。だから、資本主義時代を特徴づけるものは、労働力が労働者自身にとって彼に属する商品という形態をとっており、したがって彼の労働が賃労働という形態をとっている[⑨]ということである。他方、この瞬間からはじめて労働生産物の商品形態が一般化される[⑩]のである。

⑧ 現行ウェルケ版はこの注意書きの表記を落としている。メガⅡ6はちゃんと載せている。
⑨ 「資本に従属する賃労働」（KⅢ二〇五）。
⑩ 「支配的な社会的形態になる」（仏）。

10 労働力という特有な商品——他の商品と同じく一つの価値をもつ

そこで、この特有な商品[①]、労働力が、もっと詳しく考察されなければならない。他のすべての商品と同じに、この商品も一つの価値[②]をもっている。[四二] それはいかにして規定されるのか？[③]

四二　「一人の人の価値または値打ちは、他のすべての物の価値と同じに、彼の価格である。すなわち、彼の力の使用にたいして与えられるだけのものである。」（T・ホッブズ[④]『リヴァイアサン』、『著作集』所収、モールズワース編、ロンドン、一八三九―四四年、第三巻、七六ページ）

① eigentümliche　独自な。1段落では「独自な specifische 商品」とあった。
② 「交換価値」（初）。商品である労働力の使用価値については1段落。
③ 仏語版は答えとしてもう一行ついている。―「その生産に必要な労働時間によって」。
④ イギリスの哲学者、社会契約論を最初に提出（一五八八―一六七九）。

11 労働力の価値——労働者の維持に必要な生活手段の価値

労働力の価値は、他のどの商品の価値とも同じに、この独自な物品[①]の生産に、

① specifische 独特な Artikel 商品＝使用価値としての商品（→詳注二〇、KⅠ五五）。

(185)

したがってまた再生産に必要な労働時間によって規定されている。労働力が価値であるかぎりでは、労働力そのものは、ただそれに対象化されている社会的平均労働の特定の量を代表しているだけである。労働力は、ただ生きている個人の資質[2]として存在するだけである。したがって、労働力の生産はこの個人の存在を前提とする。この個人の存在を与件とすれば、労働力の生産とは、彼自身の再生産または維持である。[3]自分を維持するためには、この生きている個人はいくらかの量の生活手段を必要とする。だから、労働力の生産に必要な労働時間は、この生活手段の生産に必要な労働時間に帰着するのである、すなわち、労働力の価値は、労働力の所持者の維持のために必要な生活手段の価値である。[4]だが、労働力は、ただその発現[5]によってのみ実現され、ただ労働においてのみ実証される。しかし、その実証である労働によっては、人間の筋肉や神経や脳などの一定量が支出されるのであって、それは再び補充されなければならない。この支出の増加は収入の増加を条件とする。[6][四三] 労働力の所有者[7]は、今日の労働が終わったならば、明日も力や健康の同じ条件のもとで同じ過程を繰り返すことができなければならない。だから、生活手段の総額は、労働する個人を、その正常な生活状態にある労働する個人として維持するに十分なものでなければな

② Anlage 素質。「力あるいは力能」(仏)。
③ bestehen (本質的には) ～ということになる。
④ 仏語版はここで行替え。
⑤ 「外的発現」(仏)、すなわち労働すること。
⑥ 「その損耗が大きいほど修理の費用もますます大きくなる」(仏)。
⑦ Eigentümer。第二章の冒頭には「商品所持者 Warenbisitzer」とあった。法律用語では所有(所有権を持つ)と所持(占有している)とはちがうが、ここでは同義。

らない。[*] 食物や衣服や採暖や住居などの自然的欲望そのものは、一国の気象その他の自然的な特色によってちがっている。他方、必要欲望の範囲[8]もその充足の仕方もそれ自身一つの歴史的な産物であり、[**] したがって、大部分は一国の文化段階によって定まるものであり、ことにまた、本質的には、自由な労働者の階級[9]がいかなる条件のもとで、したがっていかなる習慣や生活欲求をもって形成されたか、に依存する。[四四] だから、労働力の価値規定は[10]、他の諸商品の場合とは反対に、歴史的な精神的な要素を含んでいる。とはいえ、一定の国については、また一定の時代には、必要生活手段の平均範囲は与えられているのである。

四三　それだからこそ、古代ローマのヴィリクス[11]は、農耕奴隷の先頭に立つ管理者として、「奴隷よりも仕事が楽だ」という理由で、「奴隷よりももっと不十分な量」を受け取ったのである。（T・モムゼン[12]『ローマ史』、一八五六年、八一〇ページ）

四四　『過剰人口とその解決策』、ロンドン、一八四七年、W・T・ソーントン[13]著、参照[14]。

⑧「数」（仏）。
⑨「賃金労働者の階級」（仏）。歴史的には市民革命や産業革命を経て誕生したかどうか、など。
⑩「労働力は価値の観点から見れば」（仏）。
⑪ヴィリクス自身は解放奴隷であった。
⑫→3段落注⑦。
⑬イギリスの経済学者、J・S・ミルの信奉者（一八一三—一八八〇）。
⑭仏語版の追加—「この本のなかで、この点について細かい興味ある説明を提供している」。
＊印の文章は『草稿』では次のように説明。「つまり、労働能力の価値は、第一に、それを維持するために、すなわち労働者を労働者として生かしておくために、こうして労働者が今日の労働を終えたあと、翌朝にも、同じ過程を同じ諸条件のもとで繰り返すことができるようにするために必要な生活手段の価値、に帰着する。」（三七）
＊＊印は→論点11段落2。

12 生活手段の総額——労働者の子どもの生活手段も含む

労働力の所有者[1]は死を免れない。だから、貨幣の資本への継続的な転化が前提するところとして、彼が市場に現れることが継続的であるためには、労働力

① Eigentüumer。

の売り手は、「どの生きている個体も生殖によって永久化されるように[四五]」、やはり生殖によって永久化されなければならない。消耗と死によって市場から奪い取られる労働力は、どんなに少なくとも同じ数の新たな労働力によって絶えず補充されなければならない。だから、労働力の生産に必要な生活手段の総額は、補充人員すなわち労働者の子どもの生活手段を含んでいるのであり、こうしてこの特有な②商品所持者③の種族が商品市場で永久化されるのである[四六]。

[四五] ペティ④。

[四六] 「その」（労働の）「自然価格は……労働者を維持するために、また市場で、減少しない労働供給を保証するだけの家族を彼が養うことを可能にするために、一国の気候や習慣に応じて必要になる生活手段と享楽手段の量に存する。」（R・トレンズ⑤『穀物貿易論』、ロンドン、一八一五年、六二ページ）。ここで労働という言葉が労働力の代わりに誤用されている。

13 修業費——労働力の価値の一部をなす

一般的・人間的性質①を変化させて、それが一定の労働部門②で熟練と技能③とを体得して発達した独自な④労働力になるためには、一定の養成または教育が必要であり、それにはそれでまた大なり小なりの額の商品等価物が費やされる。労

② eigentümliche 独自な。
③ Besitzer。この段は「所有者」と「所持者」とが混在。
④ マルクスが、『経済学批判』の注で「天才的剛胆さ」および「独創的」と評したイギリスの経済学者で統計学者（一六二三―八七）。原注[四五]の引用は彼の『アイルランドにおける政治的解剖』（一六七二年）にある。）
⑤ イギリスの士官で経済学者、自由貿易論者、リカード理論の修正派（一七八〇―一八六四）。

① Natur 本性、天性。
② 「特定の労働種類」（仏）。紡績労働や機械操作労働など。
③ Geschick und Fertigkeit 熟練と巧妙さ。「能力、精密さ、敏捷さ」（仏）。
④ specifische 特殊な。「特殊な方向に発達した」（仏）。

働力の性格がどの程度媒介されたものであるかによって[5]、その養成費もちがってくる。だから、この修業費は、普通の労働力[6]についてはほんのわずかだとはいえ、労働力の生産に支出された諸価値[7]の範囲にはいっていく。

14 労働力の一日分の価値量の規定——その具体例

労働力の価値は、一定の総額の生活手段の価値に帰着する。[1] したがってまた、労働力の価値は、この生活手段の価値、すなわちこの生活手段の生産に必要な労働時間の大きさにつれて変動するのである。[2]

生活手段の一部分、たとえば食料や燃料などは、毎日新たに消費されて毎日新たに補充されなければならない。他の生活手段、たとえば衣服や家具などはもっと長い期間に補充されればよい。ある種の商品は毎日、他のものは毎週、毎三ヶ月、等々に買われるか支払われるかしなければならない。しかし、これらの支出の総額がたとえば一年間にいかに配分されようとも、それは毎日、平均収入によって賄われなければならない。かりに、労働力の生産に、毎日必要な商品の量をA、毎週必要な商品の量をB、毎三ヶ月に必要な商品の量をC、等々とすれ

⑤「より複雑か、複雑でないか」(仏)。
⑥「単純な労働力」(仏)。
⑦「労働力の生産に必要な諸商品」(初、仏)。労働力の価値を規定する、労働力の再生産に必要な諸生活手段商品、の価値のこと。第二版でわざわざ修正してあるが、初版の表現のほうがよいと思われる。

① auflösen]° resolve itself into 結局……になる(英)。仏語版の言い換え—「労働力は一定額の生活手段と価値が等しい」。
②「変動」と言っても価格の変動ではない。草稿「労働者の必需品の水準のこれらの運動についての問題は、この水準の上下への労働能力の市場価格の騰落についての問題と同様に、労賃論に属するのであって、一般的な資本関係が展開されるべきここに属することではない。」(三九)

(187) ば、これらの商品の一日の平均は（365A＋52B＋4C＋etc.）÷365であろう。この一平均日に必要な商品量に六時間の社会的労働が含まれているとすれば、毎日の労働力には半日の社会的平均労働が対象化されていることになる。③すなわち、労働力の毎日の生産のためには半労働日が必要である。労働力の毎日の生産に必要なこの労働量は、労働力の日価値、すなわち毎日再生産される労働力の価値を形成する。もしまた、半日の社会的平均労働が三シリングまたは一ターレルという金量で表示されるとすれば、一ターレルは労働力の日価値に相当する価格である。もし、労働力の所持者④がそれを毎日一ターレルで売りに出すとすれば、労働力の販売価格は労働力の価値に等しい⑤のであり、そして、われわれの前提によれば、自分のターレルの資本への転化を熱望する貨幣所持者は、この価値を支払うのである。

15 労働力の価値の最低限——労働力萎縮

労働力の価値の最後の限界または最低限は、その毎日の供給なしでは労働力の担い手である人間が自分の生活過程を更新することができないような商品量

③ 一日一二時間労働の場合。この一文の「社会的労働」と「社会的平均労働」は同義。

④ Besitzer。いままでも、労働力の「所有者 Eigentümer」とあり、使い分けはしていない。

⑤ 仏語版の言い換え―「正当な価値で売る」（仏）。

の価値、つまり肉体的に欠くことのできない生活手段の価値によって形成される。[①]もし労働力の価格がこの最低限まで下がれば、それは労働力の価値よりも低く下がることになる。なぜならば、それでは労働力は萎縮した形でしか維持されることも発揮されることもできないからである。しかし、どの商品の価値も、その商品を正常な品質で供給するために必要な労働時間によって規定されているのである。

16 労働力の価値は生活手段の価値から規定——それに対するロッシの感傷

このような事柄の本性から出てくる労働力の価値規定を粗雑だとして、ロッシなどといっしょに次のように嘆くことは、非常に安っぽい感傷である。「生産過程中の労働の維持手段を無視[①]しながら労働能力（puissance de travail）を描くことは、一つの妄想（être deraion）を描くことである。労働を語る人、労働能力を語る人は、同時に労働者と維持手段とを、労働者と労賃とを語るのである。[四七]」[②]労働力のことを言っている人が労働のことを言っているのではないということは、ちょうど、消化能力のことを言っている人が消化のことを言

① 以上は仏語版が分かりやすい―「労働力の価格は、それが生理的に不可欠な生活手段の価値に、すなわちこれ以下になれば労働者の生命そのものを危険にさらさざるをえないような商品総量の価値に、引き下げられるとき、その最低限に達する。」

① ロッシの主張は「無視せよ」ということである。

② 仏語版の挿入――「これにまさる誤りはない。」

(188)

っているのではないのと同じことである。③ 消化という過程のためには、だれでも知っているように、丈夫な胃袋以上のもの④が必要である。労働能力を語る人は、労働能力の維持のために必要な生活手段を無視しているのではない。むしろ、生活手段の価値が労働能力の価値に表現されているのである。もし労働能力が売れなければ、それは労働者にとってなんの役にも立たないのであり、彼は、むしろ、自分の労働能力がその生産のために一定の維持手段を必要としたということ、また絶えず繰り返しその再生産のために必要とするということを、残酷な自然必然性として感ずるのである。そこで、彼は、シスモンディとともに、「労働能力は……もしそれが売れないならば、無である」[四八] ということを発見するのである。

四七　ロッシ⑤『経済学講義』、ブリュッセル、一八四八年、三七〇、三七一ページ。

四八　シスモンディ『新経済学原理』第一巻、一一三ページ。

17 賃金が後で払われる理由——労働力の販売と現実の発現が時間的に分離

この独自な①商品、労働力の特有な②性質は、買い手と売り手とが契約を結んで

③ 「労働力は労働者の人格 Persönlichkeit のなかに存在するものであって、それがその機能である労働とは別のものであること は、ちょうど機械とその作業が別ものであるようなものである」(KⅠ五六一)。

④ 先立つもの、貨幣のこと。

⑤ イタリアの俗流経済学者・政治家(一七八七—一八四八)。

① specifische。

② eigentümliche。この段落も「独自な」と「特有な」はほぼ同義。

も、この商品の使用価値はまだ現実に買い手の手に移ってはいないということをともなう。労働力の価値は、他のどの商品の価値とも同じに、労働力が流通に入る前に規定されていたのであるが③、というのは、労働力の生産のためには一定量の社会的労働が支出されたからであるが、しかし、労働力の使用価値はあとで行われる力の発現④においてはじめて成り立つのである。だから、力の譲渡と、その現実の発現すなわちその使用価値としての定在とが⑤、お互い時間をおいて行われるのである。しかし、このような商品、すなわち売りによる使用価値の形式的譲渡と買い手へのそれの現実の引き渡しとが時間をおいて行われる商品の場合には、[四九] 買い手の貨幣はたいてい支払手段として機能する。資本主義的生産様式のあらゆる国では、労働力は、売買契約で確定された期間に機能して終わったあとで、たとえば各週末に、はじめて支払を受ける。だから、労働者はどこでも労働力の使用価値を資本家に前貸しするわけで、労働者は、労働力の価格を支払ってもらう前⑥に、労働力を買い手に消費させるのであり、したがって、どこでも労働者が資本家に信用貸しさせるのである。この信用貸しがけっして空虚な妄想でないということは、資本家が破産すると信用貸しされていた賃金の損失が時おり生ずるということによってだけではなく、[五〇] 一連のも

③「労働力の価値は一定総額の生活手段の価値に帰着する。」（本節14段落）そして生活手段の価値はそれを生産するに必要な社会的労働時間で計られる。

④ Kraftäusserung　力の発揮。労働すること

⑤ 仏語版の言い換え「換言すれば労働力の販売とその使用とが」。

⑥ 賃金をもらう。

っとあとまで残る影響⑦によっても示されている。[五一] とはいえ、貨幣が購買手段として機能するか支払手段として機能するかは、商品交換そのものの性質を少しも変えるものではない。労働力の価格は、家賃と同じように、あとからはじめて実現されるとはいえ、⑧契約で確定されているのであり、あとからはじめて代価を支払われるとはいえ、労働力はすでに売られているのである。だから、関係を純粋に理解するためには、しばらくは、⑨労働力の所持者はそれを売ればそのつどすぐに約束の価格を受け取るものと前提するのが、有用である。

四九 「すべての労働は、それがすんだあとで代価を支払われる。」（『近時マルサス氏の主張する需要の性質……に関する原理の研究⑩』一〇四ページ）。「商人的信用は、生産の第一の創造者である労働者が、彼の節約によって、彼の労働の報酬を一週間・二週間・一ヶ月・四半期とかの末まで待てるようになった瞬間に、始まったに違いない。」（C・ガニル⑪『経済学の諸体系について』、第二版、パリ、一八二一年、第二巻、一五〇ページ）

五〇 「労働者は自分の勤勉を貸す」が、しかし、とシュトルヒ⑫は抜け目なくつけ加える。彼は「自分の賃金を失う」ことのほかには「なにも賭けてはいない。……労働者は物質的なものはなにも引き渡しはしない。」（シュトルヒ『経済学講義』、ペテルブルグ、一八五一年、第二巻、三六、三七ページ）

五一 一つの実例⑬。ロンドンには二種類のパン屋がある。パンをその価値どおりに売る「フル・プライスド」と、この価値より安く売る「アンダーセラーズ」とであ

⑦ 「これほど偶然的ではない結果」（仏）。具体的には、原注五一にあるように労働者は後払い賃金のため必要品を信用買いしなければならず、それにつけ込まれて粗悪品を押しつけられること。
⑧ たとえば一ヶ月の貸家の家賃は前払が普通であるが、その使用価値は一ヶ月後にはじめて現実に受け取る。
⑨ 「しばらくはつねに stes」（初）。
⑩ 「リカード学派の著書である」（Mw Ⅲ 一一三）。
⑪ フランスの政論家で、新重商主義の経済学者（一七五八―一八三六）。
⑫ ロシアの経済学者、アダム・スミス批判者（一七六六―一八三五）。
⑬ 「無数の例のなかの一例」（仏）。

る。あとの方の部類はパン屋の総数の四分の三以上を占めている。(『製パン職人の苦情』に関する政府委員H・トリメンヒーアの『報告書』、ロンドン、一八六二年、別付け三二ページ)。このアンダーセラーズが売っているパンは、ほとんど例外なく、明礬や石けんや粗製炭酸カリや石灰やダービンシャ石粉やその他類似のうまくて栄養のある衛生的な成分の混入によって不純にされている。(前に引用した青書を見よ。また、『パンの不純製造に関する一八五五年の委員会の報告』、およびドクター・ハッスルの『摘発された不純製品』、第二版、ロンドン、一八六一年、を見よ)。サー・ジョン・ゴードンは一八五五年の委員会で次のように言明した。「この不純製造によって、毎日二ポンドのパンで暮らしている貧民は、いまでは実際には栄養素の四分の一も受けてはいないのである。彼の健康への有害な影響は別としても。」なぜ、「労働者階級の非常に大きな部分が、不純成分について十分によく知っていながら、しかもなお明礬や石粉などまでいっしょに買い込むのか」ということの理由として、トリメンヒーア(同前、別付け四八ページ)は、彼らにとっては「パン屋や雑貨屋がよこすパンを文句なしに受け取るのがやむを得ないからである」ということをあげている。彼らは一労働週間が終わってからはじめて支払を受けるのだから、彼らもまた「彼らの家族が一週間に消費したパンの代価をやっと週末に支払う」ことができるのである。そして、トリメンヒーアは証言を引用しながらつけ加えて次のように言っている。「このような混ぜ物をしたパンが特にこの種の客のために作られるということは周知のことである。」[14]「イングランドの多くの農業地方では」(だがスコットランドの農業地方ではもっと広く)「労賃は二週間ごとに、また一ヶ月ごとにさえ、支払われる。この長い支払間隔のために農業労働者はその商品を掛けで買わなければならない。……彼は、普通より高い価格を支払わなければならないし、実際上、借りのある店に縛られている。こうして、

⑭ 第二版原文は英語の原文もつけ加えてある。

たとえば賃金の月払いが行われているウィルトシャーのホーニングシャムでは、農業労働者は、よそでは一ストーン[15]あたり一シリング一〇ペンスで買える小麦粉に二シリング四ペンスも支払うのである。」（『公衆衛生』に関する『枢密院医務官』の『第六次報告書』、一八六四年、二六四ページ）。「ベーズリとキルマーノック」（西スコットランド）「の更紗捺染工は一八五三年にストライキによって支払期間の一ヶ月から二週間への短縮を勝ち取った。」（『工場監督官報告書、一八五三年一〇月三一日』、三四ページ）。そのほかにも、労働者が資本家に与える信用の感じのよい発展としては、イギリスの多くの炭鉱所有者の用いる方法をあげることができる。これによれば、労働者は月末になってはじめて支払を受け、それまでのあいだ資本家から前貸しを受けるのであるが、前貸しはしばしば商品で行われ、これに対して彼はその市場価格よりも高く支払わなければならないのである（現物支給制度[16]）。炭鉱主たちのあいだでは、彼らの労働者に月に一回支払、その中間の各週末に現金を前貸しするのが、普通の習慣である。この現金は店」（すなわちトミーショップ、つまり炭鉱主の持ち物である雑貨店）「で与えられる。労働者はそれを一方で受け取り他方で支払うのである。」（『児童労働調査委員会、第三次報告書、ロンドン、一八六四年』、三八ページ、第一九二号）

（189）

18 考察は労働力の消費過程へ――流通部面から生産部面へ

いま、われわれは、労働力というこの特有な[1]商品の所持者に貨幣所持者から支払われる価値の規定の様式と方法とを知った。この価値と引き換えに貨幣所

⑮「八ポンド」（仏）。
⑯ Trucksystem。

① eigentümliche。

持者のほうが受け取る使用価値は、現実の使用で、すなわち労働力の消費過程ではじめて現れる。この過程に必要なすべての物、原料その他を、貨幣所持者は商品市場で買い、それらに正当な価格を支払う。労働力の消費過程は同時に商品および剰余価値[2]の生産過程である。労働力の消費は、他のどの商品の消費とも同じに、市場または流通部面の外で[3]行われる。そこで、われわれも、この騒々しい、表面で大騒ぎしていてだれの目にもつきやすい部面を、貨幣所持者や労働力所持者といっしょに立ち去って、この二人に随いて、隠された生産の場所に[4]、「無用な者立ち入り禁止[5]」と入り口に書いてあるその場所に、行くことにしよう。ここではいかにして資本[6]が生産するかということだけでなく、いかにして資本が生産されるかということもわかるであろう。貨殖[7]の秘密もついにあばきだされるにちがいない[8]。

19 流通部面のイデオロギー——自由、平等、所有、功利主義

労働力の売買が、その限界のなかで行われる[1]流通または商品交換の部面は、じっさいは、天賦の人権のほんとうのエデンの園[2]だった。ここで支配している

② 「剰余価値」の定義はすでに、第四章第一節で、G—W—G′において「最初の価値を超える超過分」（KⅠ一六五）とある。
③ 生産部面のこと。
④ 「生産の秘密の実験室」（仏）。
⑤ 原語英語 No admittance except on business.
⑥ 「資本そのもの Kapital selbst」（初、仏）。独語第二版もそれを受け継いでいるが、マルクスの手用本で誤植として直され、第三版以降は「man es selbst, Kapital 人間がそれそのもの、つまり資本を（生産するか）」とされている。
⑦ Plusmacherei.
⑧ 以上の一文の仏語版—「剰余価値の製造という、近代社会のこの重大な秘密が、ついに暴露されることになる。」

① 生産と流通の資本主義的形態を捨象した第一篇「商品と貨幣」限界のなか行われる、の意。
② 神から追放される前の「天賦の人権と市民権」（仏）のエデンの園。

（190）

のは、ただ、自由、平等、所有、そしてベンサム[③]である。自由！　なぜならば、ある一つの商品たとえば労働力の買い手も売り手も、[④]ただ彼らの自由な意思によって規定されているだけだから。彼らは、自由な、法的に同等の人として契約する。[⑤]契約は、彼らの意思がそれにおいて一つの共通な法的表現を与えられる最終結果[⑥]である。平等！　なぜならば、彼らは、ただ商品所持者として互いに関係し合い、等価物と等価物とを交換するのだから。所有！　なぜならば、どちらもただ自分に属するものだけを処分するだから。ベンサム！　なぜならば、両者のどちらにとっても、関わるのはただ自分のことだけだから。彼らを結びつけて一つの関係のなかに置くただ一つの力は、彼らの自利[⑦]の、彼らの個別的利益の、彼らの私的利害の力だけである。そして、このように各人がただ自分のことだけを考え、だれも他人のことは考えないからこそ、みんなが、物の予定調和[⑧]の結果として、または全能の摂理のおかげで、[⑨]ただ彼らの相互の利益の、公益の、全体の利益になることだけをなしとげるのである。

③　功利主義のこと。功利主義とは役に立つことは善とする哲学。ベンサムはイギリスの法学・倫理学者で、功利主義の創始者（一七四八―一八三二）。
④　「強制によって行動せず」（仏語版の挿入）。
⑤　商品交換における「契約」についての同様の指摘は、詳注一〇六、KⅠ九九参照。
⑥　「自由な産物」（初）。
⑦　「エゴイズム」（仏）。
⑧　個人の営利活動と社会全体の福祉の増進が調和するように神によって予定されているとする説。ベンサムはスミスの「見えざる手」思想を資本主義の階級対立を抜いた個人主義的原理にすることで俗流化した。
⑨　「めいめい自分の家で働きながら、同時に」（仏語版の挿入）。今度は資本家の工場で、という含み。↓論点

[19]流通から生産過程へ——平等ではない従属関係の予感

(191)

この、単純な流通または商品交換の部面から、卑俗な自由貿易論者[①]は彼の見解や概念[②]をとってくるのであり、また資本と賃労働との社会についての彼らの判断[③]の基準をとってくるのであるが、いまこの部面を去るにあたって、われわれの劇的人物の人相は、すでにいくらか変わっているように見える。さっきの貨幣所持者は資本家として先に立ち、労働力所持者は彼の労働者として[④]後についていく。一方は意味ありげにほくそ笑みながら、仕事一途に。他方はおずおずと渋りがちに、まるで自分自身の皮を市場に運んだが、もはやなめし革になるよりほかになんの望みもない人のように。[⑤]

① バスティアらの「自由貿易外交店員」(詳注八七、KⅠ七五)。
② 契約絶対・交換正義論・自由放任主義などの観念。
③ 「観念、概念、観察方法、判断」(仏)。
④ 「資本家に属する労働者として」(仏)。
⑤ 旧約聖書の「創世記」に、アダムとイブがエデンの園を追放されたとき神が「皮の長い衣」を与えたとある。

第三節　段落ごとの論点

[1]段落——労働力商品の独自性と宇野の「労働力商品の特殊性」

この段落にあるように、労働力商品の独自な性格は、使用価値の消費そのものが「価値の源泉」である点にある。独自性は、労働力商品の価値ではなく、使用価値にある。これに対し［宇野４ｂ *123*］は、労働力商品の特殊性として「元来商品として生産せられたものでないものが、商品として売買せられ、しかもこの労働力の売買を基礎にして資本家的商品経済が確立せられるということは、資本家的商品経済の根本的性質を示すものである」と、労働力の存在そのものの特殊性を指摘する。宇野理論では、労働力だけは資本の生産物として生産され得ない、需給も資本自身が直接規制できない、「唯一のいわゆる単純商品をなすもの」とされ、「恐慌論で私が労働力商品をその機軸とした」［宇野４ｃ *151*］とあるなど、まさに宇野理論の根幹をなすものである。しかし、資本主義は、固定資本の存在や制約を考慮しても、その蓄積過程の内部の仕組みで産業予備軍を形成できるのであるから、〈資本が自ら生産することのできない商品労働力〉ということはできない。この点での宇野恐慌論批判としては↓［川合］。

[2]段落1——労働力商品規定は冒頭商品規定と矛盾するという平野厚生

商品章の最初に、商品とはさしあたり「外的対象、物」（詳注三、ＫⅠ四九）とある。［平野厚生 *11*］は、労働力は生きている人格のなかにあるから、労働対象物が商品になるのとは、「どうしてもちがったものを含んでこざるをえない」とし、「マルクスの理論を白紙の状態に戻し」て再検討することを主張する。しかし、労働力が外的対象ととらえられることは、マルクスの次の叙述で明らかである。「価値は、価値章標での単に象徴的なその表示を別とすれば、ある使用価値、ある物のうちにしか存在しない。（人間自身も、労働力の単なる定在として見れば、一つの自然対象であり、たとえ生命ある、自己意識のある物だとはいえ、一つの物 Ding である。そして、労働そのものは、あの力の物的な発現である」（KⅠ二一七）。例えば、電力は電線という物体を無視しては使用できない。普通電力会社の電線は会社設置で、時間決めで電力だけ売買している。同様に労働力は生きた人格の中にあっても時間決めで労働力を売買することはできる。後の原注㈣にあるように、［ヘーゲル2］がすでに時間決めでの売買は「人間の全体性や一般性の外に出たもの」の売買であることを指摘している。「生きた人格のなか」にあっても「外的対象」にできるものなら、商品になりうるのであり、冒頭商品の規定と労働力商品規定は少しも矛盾しない。平野説批判としては↓［佐武］。

2段落2——労働力一般と労働力商品とを区別する伊部正之

［伊部 *146*］は、この段落の労働力の規定は、商品としての労働力ではなく、労働力一般の規定であると指摘する。しかし、伊部が「労働力そのものが、年齢・性別等々にかかわりなく、本来的にはあらゆる『生きた人的存在のうちに実存し』ているからである」として、この段落での労働力の規定が、労働力の質をまったく問題にしていないかのように言っているのはおかしい。マルクスがここで与えている労働力は、G—W—G′を行う資本が「運よく流通部面のなかで発見した」労働力、すなわち商品としての労働力だからである。マルクスは第一章商品で、価値の実体になる労働は「労働の熟練及び強度の社会的平均度をもって何らかの使用価値を製造する」（詳注一六、KⅠ五三九）労働力の支出であることは、指摘している。この箇所もそれを当然の前提にした議論である。この段落での労働力の記述は労働力一般の規定ではなく、商品としての労働力の規定である。

③段落――労働力の商品化は仮象だとする宇野弘蔵

［宇野3a *495*］は、「労働力の商品としての規定は、いわば仮象に過ぎない。本来商品として生産せられたものでないものが、商品の規定を与えられているのである」という。その論拠の一つに、労働力そのものが人間の生きている人格とは不可分のもので、それは直接には資本によって生産されないからだとする。しかし、これは「商品」を固定的に極端に狭義に規定した上で、商品の規定が拡張適用されることを見逃した論難に過ぎない。『資本論』では、商品の規定は、KⅠ第一篇では「外的対象」としてもっぱら物的な「労働生産物」に適用され、ここ第二篇では生きた人格のなかある労働力という能力に適用される。これを受けてのちには、収入と交換される「労働」そのものがサービスとして商品になり、さらにKⅢにいくと、モノ・ヒト以外の利子生み資本でのカネや地代を生むトチも商品になるのであり、価値増殖の手段になるのである。商品生産の発展とともに「商品」の対象領域が拡大していくのであり、「商品」の定義も拡張される。

仮象＝外観は、マルクスも価値尺度論で、「それ自体としては商品でないもの、例えば良心や名誉など」が「価格を通じて商品形態を受け取る」例（KⅠ一一七）を挙げている。良心や名誉などは「売買」されるが、本来の商品売買とは異なる、派生的、例外的ものであるから「仮象」であると言ってよい。しかし、労働力の売買はそれに伴って商品生産がはじめて一般化されるような実在的なもので、その売買なしには労働者が生活できない基本的な商品だから、仮象的商品説は間違いである。

④段落――労働力は分業の産物ではないから擬制的商品だとする平野厚生

［平野厚生 *110*］は、労働力はマルクスの商品の規定である、「外的対象」や「社会的分業の産物」に当てはまらず、商品化にあっては人間の中の能力を物化して処理せざるを得ないから、「商品形態的擬制をほどこした

ものとして考えざるをえない」とする。平野の擬制的商品説のうち、外的対象や生きた人間のなかの能力という論点にはすでにふれてあるので、労働力は社会的分業の産物ではないという論点、つまり労働力は「生産物が商品形態を受け取るような生産関係に規定された商品と同一の概念内容にある、とはいえないもの」を取り上げると、平野説はこの4段落の観点を誤解している。平野の言う「生産物が商品形態を受け取るような生産関係」とはマルクスの「これまでにわれわれが知っている人間の経済関係は、商品所持者の関係の他にはない。それは、ただ自分の労働生産物を他人のものにすることによってのみ、他人の労働生産物を自分のものにするという関係である」（KⅠ一二三）のことであろう。たしかに社会的分業が商品生産の存在条件である。しかし、社会的分業が発達すれば、「自分の労働が対象化されている商品」を売ることができない大量の無産労働者も発生する。彼らは自らの労働や育成で「自分の生きている肉体」のうちに「能力」を作り出して来たのだから、「労働力」は立派な「労働生産物」である。大量の無産の労働者はそれを売ること以外生きていくすべはない。それを含めて社会的分業なのである。平野の論法を使えば、資本家も自分の労働ではなく他人の労働の対象化した労働生産物を売るしかないから、社会的分業の産物にならず彼らの前貸しした貨幣は商品でも資本でもない「擬制的商品」ということになる。平野は「労働力商品は労働による価値規定の基礎を欠き、それゆえに擬制的にしか労働による価値規定を受け取れない」［平野厚生 *11*］というとき、労働価値説を否定することに行き着く擬制論の結末を示している。なお、段落8の論点も参照。

5段落――労働力の商品化を「無理」だとする宇野説

［宇野1 *135*］は、資本主義の生産過程は、超歴史的な労働＝生産過程を「資本という特殊流通形態をもって実現するもので、最初からいわば無理がある」が、「単なる生産物でもなく、商品として生産されたものでもない労働力を商品とすることによって、その無理が通っている」とする。これに対し、見田石介は、労働力商品

化は奴隷制や農奴制に比べれば身分的束縛を脱却した「人類の進歩の一つの必然的な経過点」［見田２ *252*］であり、けっして「無理」ではないと批判した。見田は宇野の「無理」説が、あるべきものとあるべからざるものとに分ける「ブルジョア的な機械論的な歴史の見方」であると批判し、根底には、宇野説が資本主義の基本的矛盾を、〈労働力の無理な商品化〉に求める見解から発していることにあるとする。資本主義の基本的矛盾は、生産の社会的性格と取得の私的資本主義的形態との矛盾にある（↓ＫⅠ第二四章第七節）のだから、宇野説はそれを意識的にそらしたものであるとした。妥当な批判である。

6段落――労働力は労働者にとって非使用価値だとする河上肇説

［河上 *566*］は、労働力が商品として市場に現れる条件として、第一に、商品交換から発するもの以外の依存関係を含まないこと、第二に、労働力はその所持者にとって非使用価値でなければならない、ことをあげる。これはＫⅠ第二章の「すべての商品は、その所持者にとっては非使用価値であり、その非所持者にとっては使用価値である」（詳注一六四、ＫⅠ一〇〇）からの類推であろうが、おかしい。労働力所持者は、近代の植民地のように土地を容易に手に入れられれば、自分の労働力の使用価値を利用して自営農民になるのであるから、自分の労働力が自分にはつねに非使用価値であるとはいえない。労働力所持者が生産手段・生活手段から切り離されているからこそ自分にとっても使用価値である労働力を売渡さざるをえないのであり、河上は原因と結果を取り違えている。

7段落――なぜ「自然史」に言及したかに関する平田清明説

この段落でマルクスは「本源的蓄積」にふれながらも、それは「自然史ではない」としている。自然史にわざわざ言及した理由として、［平田清明 218］は貨幣所持者と労働力所持者との分裂は「先行する歴史的な発展の成果」であるが、「日々、貨幣による商品＝労働力の購入の事実によって、自然史の一過程に同化される」おそれがあるので、一言断っておいたのだとしている。平田は、「貨幣の資本への転化過程は、経済的形態諸規定の展開過程であるだけに、優れて歴史的である。そのような論理的な形態展開が、経済外的諸契機にまで浸透し、それを規定して、具体的な歴史過程を形成していく」［平田清明 197 傍線、傍点は山内］ととらえている。歴史＝論理説とも論理＝歴史説とも一線を画した、論理から逆に歴史を見る、すなわち第四章から逆に第二四章を見る方向性を出した参考すべき読みである。

8段落――『草稿』でいう商品の分析と商品生産の歴史的条件との関係

この段落で、商品生産の歴史的条件の「探求」は、「商品の分析には縁遠いもの」と言われている。『草稿』はその理由をあげている。「というのは、我々がこの分析（商品の分析―山内）でかかわりあったのは商品の形態で現れる限りでの諸生産物、諸使用価値であって、あらゆる生産物が商品として現れなければならないのは、どのような社会的経済的基礎の上でか、と言う問題ではないからである。われわれは、むしろ、商品がブルジョア的生産においては富のかかる一般的、要素形態として見いだされる、という事実から出発する。」（三四）

9段落1――労働力を「家庭内で再生産される単純な商品」とする毛利明子

［毛利 236］は、はマルクスの手法を、「単純な流通の領域」でG―W―Gを論理的に抽象し、それはG―W―G′でないと意味がないとし（第一節）、「単純交換を前提すればG―W―G′成立の根拠はない」（第二節）から、「単純な労働の生産物の相互交換が前提されているのだから、労働力も家庭で再生産される単純な商品として論

理的に抽象すること」で導入され、第三節を貨殖の秘密が生産過程にあることを「理論的に導入する契機」を与える場としてとらえ、第四章は「資本主義的生産過程はあくまで単純流通の法則にしたがって、その法則内において導入されてくる」と把握する。第四章では流通形態としての貨幣の資本への転化が論定されるだけで、本格的な転化は第五章以降で行われているとする。私の転化説も毛利説に学んだものであるが、「労働力も家庭で再生産される単純な商品」として第四章に導入されるとあるのには同意しない。この段落の原注四一にあるように、労働力は「労働が賃労働という形態をとっている」「資本主義時代を特徴づける」ものであり、第一篇の「単純な流通」世界のなかで存在の可能性は指摘できても、「単純な商品として論理的に抽象」されて登場したものではない。

9 段落2——原注四一は初版にはないのになぜ第二版で付加されたか

原注四一は初版にはなく、第二版で付加された注である。したがって、原注四一の観点は、その内容からして、第四章の論理展開の上で必要な注というより、『資本論』第一部を執筆した後で、後の展開上必要なことを、前もって言及しておく注である。『草稿』はこの点を次のように指摘している。「ところで、もしわれわれがさらに次の問題を、すなわち、どのような事情のもとで生産物が一般的に商品として生産されるのか、あるいはどのような諸条件のもとで商品としての生産物の定在が、すべての生産物の一般的かつ必然的な形態として現れるのか、という問題を追究したならば、それは、まったく特定の歴史的生産様式である資本主義的生産様式の基礎の上でのみ生ずることだ、ということがわかったであろう。しかし、そのような考察をしたとすれば、それは商品そのものの分析からは遠く離れてしまうことになったであろう。」（三三）

初版で原注四一の観点に言及しなかったのは、第四章の議論のこの段階では、労働生産物が商品になる条件の一つである資本の再生産の仕組みをまだ論じていないからである。労働力商品の価値量の規定は実は生きた人間の「再生産に必要」という観点がなくては、十全な論証を与えることはできない。原注四を第二版で付加したのは、労働力の価値を再生産の観点から説明していくことは、まだ論理の飛躍があるとして注意しておく必要があったからであろう。「こうして、資本主義的生産過程は、関連の中で見るならば、すなわち再生産過程としては、ただ商品だけではなく、ただ剰余価値だけではなく、資本関係そのものを、一方には資本家を、他方には賃金労働者を、生産し再生産するのである。」（KⅠ六〇四）

10段落――労働力の価値規定は一般商品の価値規定と異なるとする宇野説

［宇野4b *142*］は、労働力は、資本が生産できない唯一の単純商品であり、その供給も需要も資本では調整できないから、社会的必要労働時間による価値規定を与えられず、資本蓄積の周期的な循環運動過程での、「価格の運動」を通してしか与えられないとする。宇野独特の「労働力商品の特殊性」の行き着いた見解の一つである。この論点に関しては、本節の1段落の論点参照。

11段落1――資本家と労働者の関係を「買い戻し」関係だとする宇野説

［宇野3a *499*］は労働力の価値に基づく売買でも、それは買い戻し関係だとする特異な見解を示している。「労働力の価値なるものは、資本家にたいする労働者の関係を表現するものに外ならない。それは労働者が自ら生産したる生活資料を、資本の生産物たる商品として買い戻す関係をあらわすものである。」宇野はこの見解をのちの著作でも繰り返している。宇野は、資本の一般的定式G―W―G′の価格差関係を資本家と賃労働者の流通形態関係に適用し、同時に流通関係にとどまるかぎり価格差はいずれ解消するから限界があり、G―W―G′はその内部に労働・生産過程を組み込まざるを得ない、と展開したいようである。根底にはG―W―G′を貨幣

資本の循環G—W…P…W′—G′と捉え、労働力（A）の売買はそこの副次形式のA—G—W′の単純な流通であるが、A—G—W′の内部ではじめて価値増殖を説けば、商品という流通形態から出発した論理で資本を説明できるという考えがあるようである。しかし、このような「買い戻し」理解は、資本の説明をする前に、貨幣資本の循環を前提にせざるをえない。労働力所持者がまだ貨幣所持者に出会ったばかりのここで、とうていこれらを前提にするわけにはいかない。また、買い戻し関係は、暗黙のうちに賃労働者の必要労働部分は労働日の一部でしかないということを前提にしたものであり、その論証もないうちに剰余価値の成立を説明することにもなる。それは、宇野の流通形態論からも論証できない議論である。

11 段落2——自然的欲望と必要 notwendige 欲望との関係

草稿では、＊＊の箇所が次のようにある。「自然的 natürliche 欲望そのもの、たとえば食料、衣服、住居、暖房は、気候上の相違に応じて大小さまざまである。同様に、いわゆる一次的生活必需品 erster Lebensbedürfnisse の大きさとそれらの充足の仕方とは、その大半が社会の文化状態に左右される……。」これから判断して、マルクスは衣食住等のうち、それを欠くと「労働力の担い手である人間が自分の生活過程を更新することができない」ような「最低限度」の欲望を「自然的欲望」とし、同じ衣食住の範囲でも「最低限度」を超えるが、しかし時代の推移により正常な労働者として機能していく上で必要な「いわゆる一次的生活必需品」に属する欲望を「必要欲望」としたものではないか、と考えられる。たとえば、現代日本の大部分の地では、労働者住宅でもエアコンが必要になり、それは「暖房」の範囲が現代で拡大したものである。さらに、職住分離や公共交通手段の衰退による通勤用の自家用車、ストレス蓄積によるテレビ等の所持などは、「一次的な」自然的欲望とは言えないが、労働者にとって必要な快適衣食住条件に属する、必要欲望の生活必需品であろう。

12段落1——「労働力売買が労働の売買で現象」を否定する鈴木和雄

原注四六にあるように、マルクスは「労働」と「労働力」の区別を明確にし、労働力商品の売買と労働力の消費＝労働による価値生産とのちがいによって、剰余価値の発生を説明した。マルクス経済学の根幹の議論である。本質としての労働力の売買が現象的には労働の売買のように見えること、及び現象で理論を組み立てることがどれほど経済学的にまちがっているかに関しては、ＫⅠ第一七章の「労働力の価値または価格の労賃への転化」に詳しい。［鈴木和雄 *14*］は、これに対し、「(労働力という) 取引対象は、取引時点における取引当事者にとっては、可視的なものとしても、可触的なものとしても、可感的なものとしても、存在しない」と論断して、それを根拠に、労働力売買が実体としてあることを否定し、逆に〈「労働の売買」が「労働力の売買」という擬制的表現を許すように変容されていく〉と、マルクスと逆のことを主張している。しかし、鈴木の言うように労働力の売買が「擬制的表現」であるなら、そのように見える「可視的」なものから発するのであり、鈴木が可視的なものとして存在しない、と主張することと矛盾する。

12段落2——必要生活手段に家族繁殖の生活手段を含む意味

ＫⅠ第一三章第三節「機械経営が労働者に及ぼす直接的影響」に次のようにある。「労働力の日価値は、個々の成年労働者の生活維持に必要な労働時間によって規定されていただけでなく、労働者家族の生活維持に必要な労働時間によっても規定されていた。機械は、労働者家族の全員を労働市場に投ずることによって、成年男子の労働力の価値を彼の全家族のあいだに分割する。それだから、機械は彼の労働力を減価させるのである。」（ＫⅠ四一七）

12段落3——トレンズの引用の意味

原注四六で、家族の生活費の説明に、トレンズの「一国の気候や習慣に応じて必要になる生活手段と享楽手段の量」を引用しているのは大事である。必要生活手段には、家族のための「生活の享楽手段 comforts of life」も必要で、それを含めて広く必要生活手段といってよい。このことを「家族扶養費」で指摘した［平田清明 *220*］は慧眼である。

13段落——労働力の修業費とは

この段落での労働力の修業費は、単純労働・複雑労働でいう複雑労働力を言っているのではないことは、明らかである。「ほんのわずか」の修業費しか言及していないからである。「資本一般」で理論的に問題にするのは、商品としての（単純）労働力、すなわち「一般的・人間的性質」を持つ労働力である。それは、「平均的にだれでも普通の人間が、特別な発達なしに、自分の肉体のうちに持っている単純な労働力」（詳注三二、ＫⅠ五九）のことである。しかし、単純な労働力であるから、どの部門でも、直ちに「単純労働」ができるかといえばそうではない。機械制大工業の下での紡績労働や機械操作労働は単純労働であるが、そのためには、単純労働力に「熟練と技能を体得」させて、「発達した特殊な労働力」にする必要がある。現代では、企業が労働者に私費で資格を取らせたり、採用前の労働力に労働者の私費で普通運転免許を取得させたりと、一定の「熟練と技能」の「修業費」を義務づけるのが一般的である。そういう「修業費」＝「養成費」が商品としての労働力の価値の一部を構成するのである。

14段落――労働力一般の日価値と労働力商品の日価値を区別する伊部説

『草稿』で、マルクスは「一年を三六五日と計算すると、日曜日は五二日になり、三一三日の仕事日が残る。だから平均して三一〇仕事日として計算してもよい。」と言っている。[伊部 *160*]はこの記述を論拠の一つとして、本文で言う365A＋52B＋4C＋etc.を365で割ったものを「労働力一般の日価値」、310で割ったものを、「労働力商品の日価値」として、労働力には労働力一般と商品としての労働力との二つの範疇があるとする。365で割った労働力一般の日価値の方が当然少ないから、伊部は「資本は、労働の季節性の克服をはじめとするあらゆる努力によって……労働力商品の日価値を労働力一般の日価値に近づけようとする」と言う。

しかし、この議論は、おかしい。確かに、労働生産物の場合は、労働生産物一般と商品としての労働生産物が存在する。労働生産物一般は超歴史的に存在するが、商品としての労働生産物は商品生産社会においてのみ存在する。しかし、この観点をKⅠ第四章の労働力に当てはめることは問題である。超歴史的な労働力一般と「歴史的前提」を必要とする商品としての労働力があっても、この第四章で取り上げているのは、資本の一般的定式の対象となる商品としての労働力だけであり、この段落での対象もそうである。伊部のいう365で割るか、310で割るかで、労働力に範疇的な区別をつけることはできない。商品としての労働力の日価値の出し方は、一国の与えられた時代で決定されるもので、365で割ろうが、310で割ろうが、自由な労働者階級が出現した時の慣行の問題であり、範疇的な問題ではないのである。

15段落――労働力価値の最低限は本人生存費だけでなく家族繁殖費も含むか

右の論点に関しては、『資本論』だけでははっきりしないが、『賃金、価格、利潤』では、家族の繁殖費も含むことは明確である。なお、この本の元々は、一八六五年六月英文講演で、マルクスの死後、講演手稿に基づき、一八九八年ベルンシュタイン独語訳で発表された。そこに次のようにある。

「労働力の価値を形成するのは二つの要素である。一つは主として生理的な要素、もう一つは歴史的ないし社会的な要素である。労働力の価値の最低の限界は、生理的要素によって決定される。すなわち、労働者階級は、自分自身を維持し再生産し、その肉体的存在を代々永続させるためには、生存と繁殖に絶対に欠くことのできない生活必需品を受け取らなければならない。したがって、これらの欠くべからざる生活必需品の価値が、労働の価値の最低の限界となっているのである。」（全集⑯一四七）

なお、右では、労働力と労働の明確な区別をあえてしていない。これは『資本論』公刊前に、重要な論点を論敵に剽窃されるおそれがあったからである。それでマルクスは生存中に、小冊子として公表を勧められたが、同意しなかった。

⑯段落――ロッシの引用の意味――資本を生産用具のみとする

マルクスが「これにまさる誤りはない」（仏）としたロッシの引用の真意はわかりにくい。『草稿』には次のようにある。「ロッシが、資本の形態からしか説明できない構成部分――給養品すなわち労働能力と交換される部分――を、資本の必然的な構成部分ではない、およそ資本の概念的な構成部分ではない、と言明しているのは、つまり、一方では資本の必要な生産動因と説明しながら、他方では賃労働を必要な生産動因ないし生産関係ではない、と言明しているのは、少しも不思議なことではない。本当は、彼は資本を〈生産用具〉としてしか解していないのである。」（一二五）別の箇所では次のようにある。「（ロッシらが）事実上言っていることは、実際には、賃労働それ自体は労働過程の必要な条件ではないということでしかない。」（一一九）ロッシは労働者の生活手段の問題は労働者の個人的問題で、資本＝賃労働の問題ではないとしているのだ。

17段落――労働力の売買は商品売買ではなく使用権売買だとする小倉利丸

［小倉 18］は、この段落で指摘されている、労働力商品の「力の譲渡とその現実の発揮……が時間的に離れている」ことから、「労働力の売買ではなく労働力の一定期間に限っての一定の使用権の売買」と理解すべきだとする説を展開する。小倉は、資本主義とは「この資本家と労働者の関係を『モノ』として擬制化」して、「強引に商品経済的合理性の外観を与える」ものとする説である。たしかに、マルクスも、本節3段落で、労働力の買い手への時間決めの譲渡は「所有権を放棄しない」条件の下であると言っている。しかし、だからといって商品売買ではなく使用権売買とすることはおかしい。第一に、法的権利関係から経済関係を説明すべきではない。逆の立場がマルクス史的唯物論の立場である。第二に、所有権とは違う使用権が売買対象になることは、利子生み資本や借地農業資本などが解明されてから、はじめて問題にすべきで、単純な商品流通の領域の問題ではない。総じて商品流通を基盤にしているこの箇所で、所有権と区別された使用権を云々することが間違いである。小倉説は、宇野の労働力売買を「擬制」、「外観」とすることによって、資本主義は自分で作り出せない労働力を商品化する「無理」がある、とする理論の一変種になっている。

18段落――流通から生産へ考察対象の転換、それに関する平田清明説、大内力説

ここ第四章は第一篇「商品と貨幣」と同じ論理基盤から、G―W―G′の資本の定式と労働力の売買を導き出して、「貨幣の資本への転化」の足がかりをつけた。しかし、考察が単純流通部面の「商品と貨幣」に留まるかぎりこれ以上の前進は不可能である。下向の方法で「商品と貨幣」にたどり着き、生産と流通の資本＝賃労働の形態を捨象して考察してきた方法自体を転換させねばならない。考察対象自体も価値増殖ができないことがはっきりした流通部面を去って、労働力の消費過程、すなわち資本主義的な生産過程にすすまなければならない。

［平田 *222*］はこの労働力の消費過程に特異な解釈を付け加える。「個別具体的な労働力の消費＝発現であることによって、普遍的な社会的な労働力の発現」であり、そうであるからこそ「社会的歴史的な生産力として発現している」とする。「社会的労働に備わる相対的生産性。これこそ『価値増殖の秘密』なのである」という。しかし、ここで個別的＝社会的という観点や「社会的労働に備わる相対的生産性」という観点を持ち込むことは、後の絶対的剰余価値の生産や、相対的剰余価値の生産の論点を先取りしている点で問題である。この段落は、あくまでも「単純流通」の領域内で、〈生産と流通の資本主義的形態の捨象〉を解除し、考察を流通から生産に転換していく論理を追ったところであり、流通の「天賦人権のエデンの園」からなぜ「隠れた生産の場所」＝「生産の秘密の実験室」（仏）に考察を進めるかが問題なのである。〈生産と流通の資本主義的形態の捨象〉の方針を転換することの声明、これがこの段落の意義である。

［大内力 *208*］は、宇野の流通形態論の立場からではあるが、この節の叙述を「価値増殖＝剰余価値の生産までがある程度先取りする形で説かれることになっている。しかし、こういう方法は流通論と生産論との関連を不明確にするばかりでなく、実体的な関係としての労働＝生産関係と資本家的生産の形態としての価値形成＝増殖過程との関連をも不明確にしている」と批判する。しかし、これはさきのマルクスの方法論的理解を欠いたものである。この段落で言う「労働力の消費過程は同時に商品の生産過程である」は第五章への移行規定である。また商品の生産過程が「剰余価値の生産過程である」とあるが、ここの「剰余価値」は注②にあるように「最初の価値を超える超過分」くらいの意味である。第三篇以降の「剰余労働の対象化としての剰余価値」まで踏み込んだものではない。

⑲段落――仏語版の第二篇の意義

仏語版『資本論』はその第一部の表題が「資本主義的生産の発展」とあるように、いわゆる論理＝歴史説的な叙述変更が多いが、第二篇「貨幣の資本への転化」でも、独語版の第四章第一、二、三節が、四、五、六章の章別になっており、段落の切り方も独語版よりはるかに多い。しかし、第二篇までの変更は一言で言えば、「フランス語的な言い方で叙述を『平易化する』ことを余儀なくされた」(マルクスのダニエルソンあて一八七八年一一月一五日付手紙)結果である。ここもそうである。しかし、注⑨の挿入文言は第二篇の背後に小商品生産が想定されているように読める点で誤解を生む余地がある。

⑲段落――なぜこの記述をおいたか

前段にもあるように、貨幣所持者と労働力所持者が向き合う商品交換の場は、形式だけを見れば、「天賦人権の楽園」である。しかし、その売買契約には、もう一つ原則がある。「資本家は労働力をその日価値で買った。一労働日のあいだの労働力の使用価値は彼のものである」(KI二四七)。時間決めとはいえ、労働力所持者は貨幣所持者の労働者として彼に帰属する。本節③段落で労働力所持者と貨幣所持者は「法律上では平等」を指摘していたが、それは入り口にすぎず、労働力の消費過程が資本の生産過程となることを示された今では、形式的な平等の陰で実質的な支配−従属関係が発生していくことになる。それは同時に、本節①段落で、労働力という商品の「消費」に価値増殖の唯一の解決を求めたその締めくくりになっている。

補論──『資本論』の方法と「貨幣の資本への転化」

1　下向の道は捨象の道

『資本論』の方法とは、『経済学批判要綱』「序説」（一八五七年八月）の「3経済学の方法」に基づくもので、「現実的・具体的・混沌とした表象」から「抽象的・要素的・より単純な諸概念」へと下向し、「最も単純な諸規定」にたどり着き、今度は「後方への旅」をはじめて最初の表象を「多くの諸規定と諸関連の豊かな総体」として把握する、一言で言えば下向分析と上向総合の方法を統一した円環的論理のことである。

価格で言えば、資本主義は一般に生産価格での交換であるが、その生産価格は下向して到達した価値どおりの交換（等労働量交換）から上向展開されなければ無意味である。それを指摘したのが次の第三部の箇所である。

「生産価格の前提は一般的利潤率の存在であり、一般的利潤率はまた、それぞれの特殊的生産部面の利潤率を別々に見たものがすでに生産部面と同じ数だけの平均率に還元されていることを前提とする。これらの特殊的な利潤率はどの部面でもm/Cであって、この第三部の第一篇でなされたように、商品の価値から展開されなければならない。この展開がなければ、一般的利潤率は（したがってまた商品の生産価格も）無意味で無概念的な観念でしかない。」（KⅢ一六七）

この方法は二つの重要な方法を伴う。一つは、上位の概念から下位の概念に下向するということは、下位の概念の分析の際には上位の概念を特徴づけている要素を捨象するということである。たとえば、人口↓諸階級↓賃労働と資本↓商品と貨幣（交換・分業・価格・貨幣・価値）と下向し、そこから逆に商品と貨幣↓賃労働と資本↓諸階級↓人口と上向するということは、「商品と貨幣」を考察する場合には生産と流通における「賃労働と資本」の形態、すなわち生産と流通における資本主義的形態を捨象し、「賃労働と資本」の考察では、「諸階級」の分岐になる労賃の特殊研究あるいは「諸資本の競争」関係を捨象し、「諸階級」の分析にあっては「人口」の特徴である国家・財政・外国貿易等を捨象するということである。研究の対象をその純粋性においてとらえるためには、当面の分析対象とは直接に関係のないすべての契機を捨象しなければならない。マルクスは、「アドルフ・ヴァーグナー著『経済学教科書』への傍注」で次のように言っている。

「われわれが『商品』を――最も簡単な経済的具体物を――分析しなければならないときは、われわれは、この当面の分析対象と無関係なすべての連関を遠ざけておく必要がある。」（全集⑲三六九）

次のリカードの第一章（価値論）への方法論的批判はさらに具体的である。

「この第一章では、商品が想定されているだけでなく――価値そのものを考察する場合には、それ以上を想定するべきではない――さらに労賃、資本、利潤、われわれがのちに見るような一般的利潤率そのもの、流通過程から出てくる資本のいろいろな諸形態、また同じく「自然価格と市場価格」との関係も想定されている。」（MwⅡ一六五）

だから、第一篇「商品と貨幣」では、生産と流通における資本主義的形態、諸資本の競争を捨象して、商品所持者同士が自分の労働生産物を交換するとして、価値や価格が分析されることになる。

下向＝捨象の方法の第二の含意は、下向した箇所で論じられた概念は重要な関係を捨象された有限な範囲での概念であり、それだけでは総体的・具体的に考察した真理ではないということである。初発の概念は発達した次の概念に契機として保存され、同時にそこで初発の概念が豊富化される。たとえば、商品論での価値形態論の成果は交換過程論で実証され、「商品と貨幣とへの商品の二重化」（KⅠ一〇二）として総括されるようなものである。だから、商品概念の真理性＝総体的具体性は交換過程論で、交換過程概念の真理性は商品流通W―G―W論で、W―G―W概念の真理性は資本としての貨幣の流通G―W―G′論で、G―W―G′の真理性は資本の生産過程論で等々、のように明らかになるのである。篇別に言えば、「商品と貨幣」の真理性は「貨幣の資本への転化」で、「貨幣の資本への転化」の真理性は「絶対的剰余価値の生産過程」等々、と続いて行くことになる。さらに大きく言えば、第一部「資本の生産過程」の真理性は第二部「資本の流通過程」、特に第三篇「社会的総資本の再生産と流通」で、第一部と第二部の真理性は第三部「資本主義的生産の総過程」で、明らかになるのである。交換原理としては価値→生産価格→修正生産価格という転化のうちに、資本主義の推進動機としては、剰余価値→利潤→平均利潤→修正平均利潤という転化のうちに示されることになる。(注)

（注）この「真理性」の考え方は、許萬元『弁証法の理論（上）――ヘーゲル弁証法の本質』（創風社、一九八八年、初出青木書店版、一九七二年）に学んだ点が多い。

2　第一篇でも下向＝捨象は続く

下向は第一篇「商品と貨幣」にたどり着いても、その内部でさらに続けられる。同じ対象をさらにより単純な要素に分けて分析するのである。水平的下向である。第一篇全体では、単純な商品流通W―G―Wが表象され分析対象になる（第三章）。しかし、貨幣をすぐには説明できないので、W―G―Wは商品所持者同士の交換過程W―Wの表象に単純化される（第二章）。商品交換には商品所持者の欲望表示関係があり、W―Wの成立には固有の困難があるから、純粋にW―Wを考察するには、欲望合致の過程を捨象して、すでに成立した商品交換を分析しなければならない（第一章）。成立した交換関係は、たとえば二〇エレのリンネルと一着の上衣との交換比率で表されるが、量的考察の前に質的考察が必要であるから、交換価値等式として純化し、リンネルならリンネルだけの使用価値や価値に考察を限定してまず分析されなければならない。こうして表象としての「個々の商品」に最終的にたどり着く。こうして下向の作業は完成し、後方への旅の始発点が確定される。まさに「資本主義的生産様式が支配的に行われる社会の富は、一つの『巨大な商品の集まり』として現象し、個々の商品はその富の要素形態として現象する。それゆえ、われわれの研究は商品の分析から始まる。」（『資本論』冒頭）のである。そして、その商品も、「素材を細部にわたって我がものにする」（第二版後記、後出）ために、使用価値や価値、分業、価値形態、物神性などのさらに基礎的な概念に分析したうえで、ついで総合されて、商品概念として把握される。

3　第一篇「商品と貨幣」は資本主義的商品を前提

資本主義的生産様式の富を出発点にし、下向の方法で始発の商品を確定したのだから、冒頭商品が資本主義下の商品であることは明白である。それは原始的蓄積を経験し労働力まで商品になっている発達した資本主義下での商品であり、一般には生産価格で交換されている。しかし、下向＝捨象の過程で、タマネギの皮をむくようにしてたどり着いた芯としての商品であるから、それは資本主義的商品でありながら生産と流通の資本主義的形態を捨象された「平均見本」（KⅠ五四）としての商品である。そこでは商品の主要規定、一般的規定が問題となり、価値と生産価格は量的に一致するものとしており、当然に生産価格や労働力商品は問題にすることができない。逆に「商品と貨幣」の世界が、価値どおりの交換によりながら労働力商品や生産価格にどのようにして行き着くかが「後方への旅」の内容であり、理論的には「資本一般」の規定である。

4　冒頭篇「商品と貨幣」は最も抽象的な商品生産と流通

以上のように、冒頭商品を含む「商品と貨幣」篇は、「単純な流通」（『批判』の表題）の世界である。歴史的な小商品生産関係の商品流通ではなく、資本主義的商品生産から生産と流通の資本主義的形態を捨象した論理的な単純流通である。しかし、単純な流通であるからといって、宇野理論のいうような流通形態としてだけ把握すべきだとする商品、換言すれば労働次元の分析をしてはならない商品では決してない。下向の過程で捨象されたのは生産と流通における資本主義的形態の側面だけで、労働により商品生産があることは当然の前提である。ただ、分析対象は「資本主義的形態」を捨象した商品であって単純商品生産を対象にしているのではないから、生産面の規定は「商品で表示される労働の二重性」でふれておくことで十分である。分析はもっぱら「商品と貨幣」、「単純流通」ということになる。マルクスはこのことを第三章で次のように確認する。

「これまでのところでは、われわれの知っている人間の経済関係は、商品所持者たちの関係のほかにはない。それは、ただ自分の労働生産物を他人のものにすることによってのみ、他人の労働生産物を自分のものにするという関係である。」（KⅠ一二三）

5　後方への旅は「素材の生命が観念的に反映する」弁証法の旅である。

では、「商品と貨幣」から後方への旅はどのようにして行われるか。それを明示したのが、『資本論』第一部「第二版後記」である。マルクスは、カウフマンが次のように『資本論』の方法を論評したとき、我が意を得たりとして詳しく引用した。

「マルクスにとって、ただ一つのことだけが重要である。……彼にとっては、さらに何よりもまず、諸現象の変化や発展の法則、すなわち、ある形態から他の形態への移行、関連の一つの秩序から他の秩序への移行が重要なのである。……したがって、マルクスが苦心するのは、ただ一つのこと、すなわち、精確な科学的研究によって社会的諸関係の特定の諸秩序の必然性を論証し、彼のために出発点および支点として役立つ諸事実をできるだけ欠陥なく確定するということだけである。」（KⅠ二五）

これはマルクスが言うように「彼が述べたのは、弁証法的方法以外のなにものであろうか」である。マルクスの言う「弁証法的方法」とは、同じく「第二版後記」にある「合理的な姿での弁証法」に関する特徴付けに集約されている。

「現存するものの肯定的理解のうちに同時にまたその否定、その必然的没落の理解を含み、いっさいの生成した形態を運動の流れのなかでとらえ、したがってまたその過ぎ去る面からとらえ、何者にも動かされることなく、その本質上批判的であり、革命的である。」（KⅠ二八）

マルクスは弁証法的方法を対象自体の運動を分析・研究する際に応用しただけでなく、「叙述の仕方」にまで採用する。

「もちろん、叙述の仕方は、形式上、研究の仕方とは区別されなければならない。研究は、素材を細部にわたって我がものとし、素材のいろいろな発展形態を分析し、これらの発展形態の内的な紐帯を探り出さなければならない。この仕事をすっかり済ませてから、はじめて現実の運動をそれに応じて叙述することができる。これがうまくいって、素材の生命が観念的に反映することになれば、まるで先験的な apriori 構成がなされているかのように見えるかも知れない。」（KⅠ二七）

弁証法の旅では、「素材の発展形態」を素材自身にある矛盾の展開として把握することが重要になる。この矛盾の展開で「叙述」がなされると、発展形態に「素材の生命が観念的に反映し」、「まるで先験的な構成がなされているかのように見える」ことになる。だから、あたかも、商品↓商品交換↓貨幣↓資本の展開は、矛盾を原動力にした生命体の発展であるかのように見える。「叙述の仕方」は弁証法的な方法なのである。同時に「研究の仕方」と「叙述の仕方」とはちがうのだから、素材の内的紐帯・運動の研究とそれを認識し叙述することを同一視してはならないことにも注意しなければならない。さらにその両者を支える考察方法自体も、弁証法的発展をとげる。下向＝捨象の方法で、対象をある限度のもとに分析、叙述してきた方法は、その「捨象」の方法自体の矛盾によりそれが今度は制約となり、対象の認識に適合したものでなくなる。上向の過程で、「捨象」の矛盾が顕在化した場合には、捨象方法の制約を一歩一歩解除する必要がある。われわれは、研究対象が弁証法的発展をとげるならそれを分析・叙述する方法も弁証法的発展をとげることを『資本論』の叙述そのものから読み取る必要がある。

6　対象自体および叙述は「内在矛盾↓現実の矛盾↓運動」の展開で

では、対象および叙述の弁証法的展開はどのように特徴づけられるか。その点で明示的なのは次のマルクスの二つの記述である。

初版「諸商品の交換過程」は、冒頭「商品」の分析を受け、次のような考察に関する移行規定があった（第二版では削除)。

「商品は使用価値と交換価値との、したがって二つの対立物の、直接的統一体である。それゆえ、商品は一つの直接的な矛盾である。この矛盾は、商品がこれまでのように分析的に、あるときは使用価値の観点のもとで、あるときは交換価値の観点のもとで、考察されるのではなくて、一つの全体として現実に他の諸商品に関係させられるやいなや、発展せざるをえない。そして、諸商品の相互の現実の関係は、諸商品の交換過程なのである。」(初四四)

初版も第二版も流通手段論に次の記述がある。

「すでに見たように、諸商品の交換過程は、矛盾した互いに排除しあう諸関係を含んでいる。商品の発展はこれらの矛盾を解消しはしないが、それらの矛盾の運動を可能にするような形態を作り出す。これは一般に現実の矛盾が解決される方法である。」(KⅠ一一八)

以上は、対象それ自体に存在する「内在矛盾↓現実の矛盾↓運動」というとらえ方である。しかし、矛盾にもいろいろある。自己内の矛盾が旧の状態にとどまり得ないで自己を二重化し、新たに出現したものが旧のものを否定していくような闘争的な矛盾もあれば、二重化することで逆に「矛盾の運動を可能にし」旧のものは新のものの契機として温存される調和的矛盾もある。同様に、弁証法的発展といっても二種類ある。自己内部の矛盾が原動力になって否定性を繰り返して新規の事物・概念・領域を生み出して発展する発生的な弁証法もあれば、「価値概念に適応する価値形態」(初七七九)の追求のように、概念と形態との不一致が原動力になり、学問上、総体的認識に至る弁証法もある。(注)いろいろな矛盾・必然性・発展の段階を持ちながらこの「内在的矛盾↓現実の矛盾↓運動」という方法は、『資本論』のすべての研究対象および叙述に適用される。一般には各章内の研究対象の進展は認識的弁証法で、章や篇をまたいだ対象や概念の展開は発生的弁証法で叙述されている。

(注)マルクスの「概念 Begriff」とは、存在する事物を把握する begreichen ために、対象を分析し規定し表現する思考の総体のことで、「価値概念」(KⅠ一一九)、「貨幣概念」(KⅠ一五六)などがある。概念が正しいかどうかは概念規定とそれ

が取る形態内実とが一致するかどうかで判断される。

7　第一章「商品」それ自体は総体的認識の弁証法

以上のことを『資本論』商品・貨幣・資本転化章の範囲で詳しく見てみよう。ここでは、第二版の篇章別構成に従うが、方法的観点が全面にでている初版の叙述を引用しながら見ることにする。

第一章「商品」の対象は、すでに成立した交換比率をになう個別の商品である。第一節「商品の二要因」では、二商品の交換比率を等置関係として再設定した上で、価値実体としての労働、生産に必要な社会的労働時間による価値量規定を行う。このことを「もう少し詳しく」検討したのが、第二節「商品で表示される労働の二重性」部分である。第一節と第二節は価値の概念（実体・量的規定）を明らかにした、方法的には一体の箇所である。それを受けて、第三節「価値形態または交換価値」すなわち「価値の必然的な表現様式」（ＫⅠ五三）の考察に移るが、初版では次のような移行規定がある。

「これまではただ価値の実体と価値の大きさとが規定されただけなので、今度は価値の形態のほうに方向転換することにしよう。／まず第一に、再び商品価値の第一の現象形態に立ち帰ってみよう。」（初一三）

価値形態論の叙述では、価値形態の最高の発展形態である「貨幣形態」（初版本文では「一般的価値形態」）を念頭にいれ、その最も単純な形態を、「相対的な価値の単純な形態」と「等価形態」に二重化させて、後者を「貨幣の細胞形態、または、ヘーゲルならば言うであろうように、貨幣の即自態Das Ansich」とみて、その価値形態の発展を「形態Ⅱ」を経て「形態Ⅲ」や初版本文独自の「形態Ⅳ」まで追求したものである。その発展を支える論理は「その一般的な性格によって価値形態は価値概念に照応する」（初七七九）ものである。価値形態の発展の必然性は、価値とは労働という社会的実体が対象化したもの、という概念規定に、形態がいかに照応的に発展していくかにある。価値概念に何か矛盾があって価値形態に発展していくものではない。しかも、価値形態論だけでは貨幣形態には到着しない。初版本文の、形態Ⅰ↓形態Ⅱ↓形態Ⅲ↓形態Ⅳの発展は、「逆の連関」論理を採用したもので、形態Ⅱの多数の特殊的等価形態商品に、一挙に同時に「逆の連関」を適用すれば一般的等価物の発生に至る形態Ⅲが、形態Ⅱの特殊的等価形態の一つずつの等価物に「逆の連関」を適用し並列させれば一般的等価物に至らない形態Ⅳ、が生まれるように、むしろ価値形態だけの論理では一般的等価物を必然的にするとはいえない構成になっている。価値形態は必ず貨幣形態に発展するとはいえないのである。だから、価値形態論に、商品を貨幣に発展させる動力はない。価値形態論はあくまで認識を深化させる叙述上の弁証法なのである。したがって第一、二節の価値概念から第三節の価値形態への移行は認識的・観念的性格をもつ。「観念的に表現すれば、価値形態は価値概念から発生 entspringen している」（初三四）のである。

第三節価値形態論から第四節「商品の物神的性格とその秘密」への移行は、第二版は叙述を大幅に書き換えたので明確ではないが、初版本文の価値形態論は、原注二四（第二版は原注三二の位置に移動）を移行規定にして、物神性論と展開していた。そこでは、「なぜ労働が価値で、そしてその時間的継続による労働の計測がなぜ労働生産物の価値の大きさで表示されるのか」（ＫⅠ九五）という問題、すなわち「労働生産物の価値形態」↓「貨幣、一般的等価物の発展した姿」（初版注二四）という、いわば労働↓商品↓（貨幣）のタテの関係が分析される。そして「私的生産者たちは彼らの私的生産物たる諸物象に媒介されてはじめて社会的接触にはいる」（初三九）のだから、労働生産物の商品形態は私的生産者に商品交換という「社会的接触」＝運動を強いることになる。交換は物と物との交換であるから、実体は労働と労働との交換であることが目に見えない。それにより、商品にまとわりつく物神的性格は商品生産では自明なことのように見えるが、それを原始共同体制や封建制などでとる労働と物との比較で見ると、労働生産物の価値形態は「社会のどんな経済形態とでも一様に一致する」（初四二の注二八、ＫⅠ九六の注三三）ものでないことは明白である。商品生産の歴史性は明らかである。物神性論は、価値形態、特に等価形態のもつ「矛盾」が私的生産者に「交換」を強いる運動を引き起こす論理を詰めたものである。

以上の商品に内在する矛盾の発展は、のちに第三章流通手段論で次のように総括されている。

「商品に内在する使用価値と交換価値の対立、私的労働が同時に直接に社会的労働として表示されなければならないという対立、特殊な具体的労働が同時に抽象的一般的労働としてのみ意義をもつという対立、物象の人化と人の物象化との対立――この内在的な矛盾は、商品変態の諸対立においてその発展した運動形態を受け取る」(初七三、KⅠ一八二)。

ここでいう「対立」はすべて初版付録の価値形態論の等価形態の四つの特色をまとめた表現である(↓本書六四頁の注参照)。したがって、第一章「商品」における矛盾は、第一、二節の「内在的矛盾」が第三節価値形態論でより具体化され、第四節物神性論で「交換」を指向する運動を描く点で、「内在的矛盾↓現実の矛盾↓運動」の展開である。それも「人の物象化」とあるように物神化された形での「内在的矛盾↓現実の矛盾↓運動」の展開である。しかし、商品論は、その中から今までの論理にはない新しい事物・概念・領域を析出することはなく、「商品変態の諸対立において発展した運動形態を受け取る」ように、実際の運動は商品流通を待たねばならない。商品論自身の「矛盾」は商品を否定する闘争的矛盾ではなく、商品論を完成させる運動を導く調和的矛盾であるから、商品論の叙述は総体的認識の弁証法である。

8　第一章↓第二章↓第三章の展開は発生的弁証法

第一章商品論は、章をまたいだ第一篇「商品と貨幣」全体の流れのなかで見るとまた別の意味合いをもつ。第二章「交換過程」は、今まで商品所持者を捨象して分析的・抽象的に見てきた「商品」を、交換の担い手である商品所持者およびその欲望表示の観点を入れて「諸商品相互の現実の関係」として考察した章である。再掲になるが初版の「諸商品の交換過程」の最初は次のような移行規定で始まっている。

「商品は使用価値と交換価値との、したがって二つの対立物の、直接的統一体である。それゆえ、商品は一つの直接的な矛盾である。この矛盾は、商品がこれまでのように分析的に、あるときは使用価値の観点のもとで、あるときは交換価値の観点のもとで、考察されるのではなくて、一つの全体として現実に他の諸商品に関係させられるやいなや、発展せざるをえない。そして、諸商品の相互の現実の関係は、諸商品の交換過程なのである。(注)」

（注）『批判』では次のようになっていた。

「今まで商品は、二重の観点で、使用価値として、また交換価値として、いつでも一面的に考察された。けれども商品は、商品としては直接に使用価値と交換価値との統一である。同時にそれは、他の諸商品に対する関係でだけ商品である。諸商品相互の現実的関係はそれらの交換関係である。それは互いに独立した個人が入り込む社会的過程であるが、しかし彼らは、商品所持者としてだけこれに入り込む。」（批二八）

また、『批判』の交換過程論の最後には次のようにある。

「交換過程は同時に貨幣の形成過程である。様々な過程の一つの経過として表されるこの過程の全体が流通である。」（批三七）

ここでは、第一章の商品における使用価値と価値との関係が「あるときは使用価値の観点のもとで、あるときは交換価値の観点のもとで」、「分析的に」考察されたものに対し、第二章では、使用価値と価値との対立、「直接的な矛盾」が、「一つの全体として現実に他の諸商品に関係させられるやいなや発展せざるをえない」もの、すなわち運動を始めていく「商品の内在的矛盾」（初四八）として捉えられている。したがって、先の移行規定は、「内在的矛盾→現実の矛盾→運動」の一環として把握する必要がある。

まだ貨幣を析出していない諸商品の交換過程は、その内部では解決できない「矛盾」を持っている。商品所持者が、一商品と一商品を交換しようとして片思いに終わる交換形態Ⅰ、自分の一商品の社会性の主張が多数の他の商品の社会性の主張とぶつかる交換形態Ⅱ、多数の商品所持者同士が向かい合いお互いに相手を特殊的等価物にし自分だけは一般的等価物であろうとする交換形態Ⅳは、それぞれに解決できない「矛盾」を抱えている。交換過程論はそれを明らかにした。その解決は、価値形態論が示した「一般的等価物」の論理を商品所持者たちが実践すること、すなわち金を一般的等価物として商品世界から共同して排除し、貨幣として骨化させる「社会的行為」（初四七、ＫⅠ一〇一）しかない。

それを明確にしたのが、初版交換過程論にだけある次の箇所である。

「貨幣結晶は、諸商品の交換過程の必然的な産物である。使用価値と交換価値との直接的な統一としての、すなわち、諸有用労働の一つの自然発生的な総体系すなわち分業のただ個別的な一分肢であるにすぎない有用な私的労働の生産物としての、そしてまた抽象的人間労働の直接的に社会的な体化物 Materiatur としての、商品の内在的な矛盾——この矛盾は、それが商品と貨幣とへの商品の二重化という形態をとるまでは、少しも休もうとしない。それゆえ、労働生産物の商品への転化が行われるのと同じ程度で商品の貨幣への転化が実現されるのである。」（初五四(注)）

(注) 第二版＝現行版は次のようになっている。

「貨幣結晶は、種類のちがう労働生産物が実際に等置され、したがって実際に商品に転化される交換過程の、必然的な産物である。交換の歴史的な広がりと深まりとは、商品の本性に眠っている使用価値と価値との対立を展開する。この対立を外的に表そうという欲求は、商品価値の独立形態に向かって進み、商品と貨幣とへの商品の二重化によって最終的にこの形態に達するまでは、少しも休もうとしない。それゆえ、労働生産物の商品への転化が実現されるのと同じ程度で、商品の貨幣への転化が実現されるのである。」（KＩ一〇二）

第二版改訂はつぎのような仏語版への翻訳過程で必要になったものと考えられる。

「貨幣は、交換——この交換によって、様々な労働生産物が実際に互いに同等とされ、まさにそのために、商品に転化されるのである——のなかで自生的に spontanément に形成される結晶である。交換の歴史的な発展は、ますます労働生産物に商品の性格を押しつけ、同時に、商品の本性に眠っている rec è le 対立、使用価値と価値との対立を発展させる。商業の必要性そのものは、このアンチテーゼに体躯を与えることを強制し、手で触れることのできる価値形態を産むことを目指し、商品を商品と貨幣とに二重化することによってついにこの形態に達するまでは、少しも休もうとしない。それゆえ、労働生産物の商品への一般的転化が実現される s'accomplit のと同じ程度で、商品の貨幣への転化が実現されるのである。」（仏三五）

右の傍線部の箇所の変遷でわかるように、第二版＝現行版では、仏語版の副題「第一部資本主義的生産の発展」的な「交換の歴史的な広がりと深まり」という観点に引っ張られて、初版の「内在的矛盾」の発展という観点が叙述から見えにくくなっている。しかし、マルクスの真意はむしろ初版の記述にあることは間違いがない。

第二章「交換過程」は、以上のように商品のもつ内在的矛盾の現実化を追ったものである。しかし、その矛盾は次章にいかないと解決しない。たしかに、交換過程の矛盾の解決は、「商品と貨幣とへの商品の二重化」することで行われる。商品交換から、貨幣という新しい事物、領域、概念が生み出される。でもそれによって、商品交換W—Wは商品と貨幣との交換W—GとG—Wに分裂するだけで商品が流通する運動W—G—Wはしていない。商品を価格付けする過程がまだないからである。それで第二章の考察は第三章に移行することになる。交換過程論最後の「貨幣の謎」や「貨幣の物神性」の箇所は事実上の移行規定である。

「一商品は、他の商品が全面的に自分の価値をこの一商品で表示するのではじめて貨幣になるとは見えないで、逆にこの一商品が貨幣であるから、他の諸商品が一般的に自分たちの価値をこの一商品で表示するように見える。媒介する運動は、運動そのものの結果では消えてしまって、何の痕跡も残してはいない。」（KＩ一〇七）

商品の価値は貨幣で表示され価格をもつ。価格さえ与えられれば、交換過程のW—GとG—Wの外的対立は内的統一を回復して商品流通W—G—Wで行われる。交換過程の「現実の矛盾」がW—G—Wの「運動」を生み出すのである。だから、第二章は、それを第一篇「商品と貨幣」全体のなかに位置づけた場合、「商品」の内在的矛盾が、「商品交換」の現実の矛盾に発展し、それがさらに「商品流通」として運動する、発生的弁証法の媒介環の章となる。

9　第三章「貨幣または商品流通」それ自体は総体的認識の弁証法

第三章は商品の変態W—G—Wの総体である商品流通を対象にし、その準備過程、本過程、超出過程の順に考察する。第一節では、商品流通の「理論的な準備過程」（批四九）としてのW—Gにおける商品への価格付与の貨幣が価値尺度機能として分析される。それは観念的機能でも果たしうるが、商品が譲渡されるには現実の貨幣が必要で、その貨幣が商品の変態を媒介する機能が流通手段貨幣であり、それは独自の運動である「貨幣の通流」を経て、鋳貨・価値章標で代行される。流通に必要な最低の金量は、絶えず流通に住んでおり、金が独立した姿態で存在するのは瞬間的契機にすぎず、すぐ流通に戻るのであるから、紙幣でも代用されるのであるが、流通手段貨幣の瞬間的契機が否定されて、貨幣が流通から超出ししばらく流通外で存在する機能が発生する。それで、第三節では、商品流通を超出する貨幣蓄蔵・支払手段・世界貨幣という「流通に対して独立した価値の定在としての貨幣(注)」の機能が分析される。しかし、この三機能はいずれもW―G―Wを前提にし、それを超出ししばらく流通外にいてもまたGをもってW―G―Wに復帰するしかないもので、「商品流通」を補足し、完成する機能にすぎない。この第三章は、最後の世界貨幣が「貨幣の定在様式はその概念に適合したものになる」（KⅠ一五六）と総括されているように、総体的認識の弁証法の叙述である。

（注）マルクスのエンゲルスあて一八五八年四月二日付け手紙。

では、第三章を第二篇（第四章）との関連で位置づけるとどうか。たしかに、W―G―Wを乗り越えた貨幣蓄蔵・支払手段・世界貨幣は商品流通に復帰する場合には貨幣Gから出発しなければならないから、G―W―Gの流通を描く可能性はある。しかし、それはあくまでもW―G―Wの補足や完成であり、G―W―Gは自己更新し、独自の領域を拡大していく原理をもたない。また、第一篇の「商品」の分析対象は「外的対象、物」であり、生きた人間のなかに実在している「労働力」は捨象されている。たしかに「人間自身も、労働力の単なる定在として見れば、一つの自然対象であり、たとえ生命のある、自己意識のある物だとはいえ、一つの物である。そしてその労働そのものは、あの力の物的な発現である」（KⅠ二一七）とはいえる。その意味では、冒頭商品概念と労働力商品概念とが矛盾するわけではない。生産と流通の資本主義的形態を捨象した「商品と貨幣」篇では、労働力商品は部分的、一時的に存在するとしても継続的な商品ではないから、分析対象になれないのである。第一篇全体は、あくまで「商品と貨幣」世界に、その内部にG―W―Gと労働力商品が発生していく可能性があることだけを、それも暗示するだけの篇である。

10　第四章では単純流通のなかから単純流通を越えるものが追求される

第二篇（第四章）の方法は第一篇と同じ「内在矛盾↓現実の矛盾↓運動」である。

まず第四章第一節で、商品流通W―G―Wに「見出される」G―W―Gが考察される。考察対象は第一篇と同じ「商品と貨幣」部面である。G―W―Gは、流通では量的な区別だけが意味を持つにすぎないから、G―W―G′でなければならないことが指摘される。G―W―Gがそれ自体として意味を持たずG―W―G′にならなければならないということは内在的矛盾である。しかし、G―W―G′は高利貸資本や商業資本を含んで、「資本の一般的定式」であるから、G―W―Gは流通部面そのもののなかでG―W―G′にならなければならない。

第二節ではG―W―G′が「商品や価値や貨幣や流通そのものの性質についての以前に展開されたすべての法則に矛盾する」（KⅠ一七〇）ことが指摘される。流通の原則である等価交換では当然に剰余価値はあり得ないし、非等価交換を考えても社会的に剰余価値は生じない。また、流通で買ってきた商品の価値に着目して、たとえば革を買ってきて自分で長靴を作るように、新規の労働を付加しても、定式はG―W―W′―G′になるだけで、価値の付加ではあっても剰余価値の創造ではない。投下したGの「価値の増殖」はできない。しかし、Gは流通を利用して価値増殖しなければ資本にならないのである。「資本は流通のなかで発生しなければならないと同時に流通のなかで発生してはならない」（KⅠ一八〇）。ここに一般的定式の矛盾がある。これは現実の矛盾である。解決は流通部面のなかから展開されなければならない。弁証法的方法ではそれ以外にはあり得ない。あくまでも流通の内部にあって同時に流通を越えるものを見つけ出すことによってである。そこで分析対象を物品商品に限る制約をこえて労働力商品が見出される。

すでに第一節でG―W―GをW―G―Wと比較した時に、G―W―Gの片割れであるW―G―Wの循環は「消費、欲望充足、一言で言えば使用価値が、この循環の最終目的である」（KⅠ一六四）と指摘されていた。第二節でG―W―G′を検討する際にもこのWの「消費」の要素を検討する余地が実はあったのだ。それにぴったりなのが、「価値の源泉であるという独特な性質をその使用価値そのものが持っているような一商品」、すなわち労働力商品である。これを売買することで、資本の一般的定式の矛盾は解決される足がかりをもつ。G―W―G′という資本の定式が労働力商品の消費過程を内部に組み込む運動をすることで、G―W―G′のもつ矛盾は商品流通の法則に反することなく解決されるのである。しかし、第二篇（第四章）それ自体は特に新しい事物・概念を生み出していないことにも注意しなければならない。商品概念にも貨幣概念にも、商品流通概念にも何らの変化もない。その意味で第二篇（第四章）それ自体は、あくまでも単純な流通領域における資本定式の「内在的矛盾→現実の矛盾→運動」を完結させた認識上の弁証法の篇（章）である。

11　第一篇→第二篇→第三篇では方法自体が弁証法的に発展

第二篇は、第二篇内部の議論としてだけでなく、第一篇から第三篇までの流れのなかでみると、違った様相を表す。先に、下向＝捨象の方法をとるかぎり、当該箇所の真理は次の箇所で明らかになることを指摘した。このことを第一篇→第二篇→第三篇で取られた方法を回顧することで確認しよう。

第一篇は「資本主義的生産様式が支配している社会」の「富」としての「商品」が分析対象である。商品は当初から資本主義的な致富手段、それも交換や流通を経ることによる致富手段として設定されていた。しかし、〈下向＝生産と流通における資本主義的形態の捨象〉の方法で「商品と貨幣」を分析するかぎり、その原理は等価交換であるから、商品と貨幣はそもそも資本主義的致富手段ではあり得ない。第一篇の方法は資本主義的生産様式の基礎である「単純流通」を論じながらその限度にとどまるかぎり資本に至ることができないという「内在的矛盾」をもっているのである。しかし、その矛盾は第一篇に留まるかぎり顕在化しなかった。その矛盾は第二篇にいくと現実化する。本来の研究対象である資本主義的生産様式の解明のために、「単純流通」の方法から導かれた資本の定式G—W—G′は、「資本は流通のなかから発生しなければならないと同時に流通のなかで発生してはならない」ことを意味する。解決は、「単純流通」という原理内部で行われ、労働力商品の売買が導かれた。しかも、本来商品論の考察対象外の商品の「消費」で示された。しかし労働力の売買の恒常的存在は〈生産と流通の資本主義的形態の捨象〉という方法と矛盾する。今まで考察を進めてきた方法は、限界にぶつかり、これ以上の考察の制約となっている。これは方針転換なしには解決に至らないという現実の矛盾である。今や、資本主義的生産様式を考察するためにも、〈生産と流通における資本主義的形態の捨象〉という方法のもつ制約を一つ一つ解除し、考察領域を労働力の消費過程すなわち生産過程へと広げる必要がある。その第一の解除が、第二篇（第四章）第三節での「労働力の売買」の導入であり、第二の解除は第三篇（第五章）における資本主義的形態での商品生産の導入である。貨幣の資本への転化は、実は資本家が生産手段の他に労働力商品を購入し、その持つ価値以上に長く消費する＝労働させる過程を経てはじめて、行われる。だから、マルクスも第五章ではじめて「手品はついに成功した。貨幣は資本に転化された」（ＫⅠ二〇九）といっているのである。第二篇（第四章）の真理性＝総体的具体性は第三篇第五章で解明されたのである。第一篇→第二篇→第三篇の展開は、〈生産と流通における資本主義的形態の捨象〉という方法自体のもつ矛盾を乗り越えて、方法自体が弁証法的発展をとげていることを示している。第二篇はその方法発展の中間環にあたる。

この点では、第二篇は方法的に第二章「交換過程」に似ている。交換過程は、第一章から第三章の流れのなかで発生的弁証法の媒介環として意味を持つ。交換過程はそれ自体のもつ矛盾により商品世界から新たに貨幣を析出するが、まだ価格規定がないのでＷ―ＧとＧ―Ｗの並存にすぎず、動き出すには、第三章のＷ―Ｇ―Ｗの運動を必要とした。同じように第二篇では、Ｇ―Ｗ―Ｇ′のもつ矛盾は労働力商品の消費により解決されることを示したが、それだけでは解決の糸口にすぎず、考察領域の拡大と方法の制約解除を指示するものとなり、第三篇で実行された。

以上、第二篇（第四章）は二重の弁証法で叙述されている。すなわち第四章は、第三章と同じく「商品と貨幣」領域の議論としては認識上の弁証法で叙述されているのであり、「より高次の見地から」（『要綱』五四三）第一篇→第二篇→第三篇の流れのなかで第二篇（第四章）を見た場合は、考察領域と方法の発展を必然とする発生的弁証法の叙述なのである。「貨幣の資本への転化」篇は以上のように篇それ自体であると同時に前後の篇とつながっている「環」として展開される。そしてこれは『資本論』全体の方法と軌を一にしているのである。

引用・参照を指示した文献の略記一覧

［遊部］　遊部久蔵『インフレーションの基礎理論―俗流インフレ論の総括的批判』思潮書林、一九四八年。

［飯田１］　飯田繁「貨幣の理論的序章―マルクス貨幣理論の方法」（一）『岐阜経済大学論集』５－２、一九七一年。

［飯田２］　飯田繁『インフレーションの理論』日本評論社、一九六八年。

［飯田３］　飯田繁『マルクス紙幣理論の体系』日本評論社、一九七〇年。

［伊部］　伊部正之「労働力商品の価値・価格および労賃」米田康彦編『講座資本論の研究』第二巻、青木書店、一九八〇年、所収。

［今宮］　今宮謙二「価値尺度と価格標準の関連について」『商学論纂』13－６、一九七二年。

［井村］　井村喜代子『恐慌・産業循環の理論』有斐閣、一九七三年。

［ヴァルガ］　E. Varga "Goldproduction und Teurung", Die Neue Zeit, 30-1-7, 1912、「金生産と物価騰貴」笠信太郎編訳『金と物価―貨幣価値論争』同人社、一九二七年、所収。

［宇野１］　宇野弘蔵『経済原論』（上下版、一九五〇、五二年初出）、『宇野弘蔵著作集１』岩波書店、一九七三年、所収。

［宇野３］　宇野弘蔵『価値論』（一九四七年初出）、『宇野弘蔵著作集３』岩波書店、一九七三年、所収。

［宇野３ａ］　宇野弘蔵「労働力なる商品の特殊性について」（一九四八年初出）、『宇野弘蔵著作集３』岩波書店、一九七三年、所収。

［宇野４］　宇野弘蔵「マルクスの価値尺度論」（一九五八年初出）、『宇野弘蔵著作集４』岩波書店、一九七四年、所収。

［宇野４ａ］　宇野弘蔵「マルクスの価値尺度論について」（一九六四年初出）、『宇野弘蔵著作集４』岩波書店、一九七四年、所収。

［宇野４ｂ］　宇野弘蔵「労働力の価値と価格――労働力商品の特殊性について」（一九五八年初出）、『宇野弘蔵著作集４』岩波書店、一九七四年、所収。

［宇野４ｃ］　宇野弘蔵「恐慌の必然性はいかにして論証されるべきか」（一九五九年初出）、『宇野弘蔵著作集４』岩波書店、一九七四年、所収。

［宇野６］　宇野弘蔵『資本論入門』（一九四八年初出）、『宇野弘蔵著作集６』岩波書店、一九七四年、所収。

［宇野9］　宇野弘蔵『経済学方法論』（一九六二年初出）、『宇野弘蔵著作集9』岩波書店、一九七四年、所収。
［宇野・筑摩］　宇野弘蔵編『資本論研究Ⅰ』筑摩書房、一九六七年。
［大内力］　大内力『大内力経済学大系・第二巻・経済原論（上）』東京大学出版会、一九八一年。
［岡橋1］　岡橋保『貨幣流通法則の研究』日本評論社、一九六八年。
［岡橋2］　岡橋保『信用貨幣の研究』春秋社、一九六九年。
［小倉］　小倉利丸「『労働力』商品の特殊性について―売買形式と階級関係―」『富大経済論集』第二七巻第一号、一九八一年。
［尾崎］　尾崎芳治『経済学と歴史変革』青木書店、一九九〇年。
［鎌倉］　宇野弘蔵編『資本論研究Ⅰ』、筑摩書房、一九六七年、第二部問題点、所収の鎌倉孝夫執筆部分。
［川合］　川合一郎「実現論なき恐慌論」『思想』一九五七年一一月号。
［河上］　河上肇『資本論入門』（全5分冊）青木書店、一九三二年初出、引用は一九五二年青木文庫版による。
［櫛田］　櫛田民蔵「わが国小作料の特質について」『大原社会問題研究所雑誌』第八巻一号、一九三一年。
［久留間2］　久留間鮫造「マルクスの価値尺度論―宇野教授の『マルクス価値尺度論』への反批判を通して―」（一九六三―四年初出）、久留間鮫造『貨幣論』大月書店、一九七五年、所収。
［久留間3］　「マルクス経済学レキシコンの栞12」『マルクス経済学レキシコン13』（貨幣Ⅲ）、大月書店、一九八二年、所収。
［久留間健］　久留間健「独自な物価騰貴としてのインフレーションの概念規定の確立のための一試論」渡辺佐平教授還暦記念論文集『金融論研究』法政大学出版局、一九六四年。
［小林］　小林威雄『貨幣論研究序説』青木書店、一九六五年。
［佐武］　佐武弘章『「資本論」の賃労働分析』新評論、一九七七年。
［鈴木和雄］　鈴木和雄『労働力商品の解読』日本経済評論社、一九九九年。
［鈴木鴻1］　鈴木鴻一郎編『経済学原理論（上）』東京大学出版会、一九六〇年。
［鈴木鴻2］　鈴木鴻一郎「貨幣の資本への転化―とくに第一篇との関連を中心として―」玉城肇・末永茂喜・鈴木鴻一郎編『マルクス経済学大系　上巻』岩波書店、一九五七年。
［高須賀1］　高須賀義博『現代資本主義とインフレーション』岩波書店、一九八一年。

［高須賀２］　高須賀義博『現代のインフレーション―構造的接近―』新評論、一九八一年。
［竹村］　竹村脩一「休息貨幣の問題点」『大分大学経済論集』第一〇巻第四号、一九五四年。
［田中］　田中菊次『「資本論」の論理』新評論、一九七二年。
［塚本］　塚本健『経済学原論』東京大学出版会、一九八〇年。
［富塚］　富塚良三『恐慌論研究』（増補版）未来社、一九七五年。
［長谷部］　長谷部文雄訳『資本論』第一部、青木書店、一九五四年。
［花井］　花井益一『価値と貨幣』ミネルヴァ書房、一九六一年。
［日高］　日高晋『経済原論』全訂版、時潮社、一九七四年。
［平田清明］　平田清明『コンメンタール「資本」１』日本評論社、一九八〇年。
［平野喜一郎］　平野喜一郎「『貨幣の資本への転化』論批判」見田石介他監修『マルクス主義経済学講座（上）』新日本出版社、一九七一年、所収。
［平野厚生］　平野厚生『労働力商品の基本問題』高文堂出版社、一九八四年。
［ヒルファディング］　R. Hilferding, "Das Finanzkapital" erste ed. 1910. ヒルファディング『金融資本論』林要訳（Dietz, 1955 版による）、大月書店、一九六一年改訳版。
［降旗１］　宇野弘蔵編『資本論研究Ⅰ』筑摩書房、一九六七年、第二部問題点、所収の降旗節雄執筆部分。
［降旗２］　降旗節雄「商品流通と貨幣」鈴木鴻一郎編『貨幣論研究』青木書店、一九五九年。
［ヘーゲル２］　ヘーゲル『法哲学講義』長谷川宏訳（一八二四―二五年、グリースハイム聴講生版による）作品社、二〇〇〇年。
［ヘーゲル３］　ヘーゲル『精神現象学』（一八三一年版）長谷川宏訳、作品社、一九九八年。
［松石１］　松石勝彦『マルクス経済学』青木書店、一九九〇年。
［松石２］　松石勝彦『資本論の方法』青木書店、一九八七年。
［見田１］　見田石介『価値および生産価格の研究』新日本出版社、一九七二年。
［見田２］　見田石介『資本論の方法』（弘文堂、一九六三年初出）『見田石介著作集４』大月書店、一九七七年、所収。
［見田３］　見田石介『宇野理論とマルクス主義経済学』青木書店、一九六八年。
［宮川］　宮川実『資本論論争①方法について』学習の友社、一九八〇年。

[三宅1]　三宅義夫『貨幣信用論研究』未来社、一九五六年。
[三宅2]　遊部久蔵他編『資本論講座』（全七巻）青木書店、一九六三年。その第一分冊における三宅義夫の執筆分。
[三宅3]　久留間鮫造他編『資本論辞典』青木書店、一九六六年、三宅義夫執筆「計算貨幣」項目。
[村岡]　村岡俊三「変動相場制は金を『廃貨』したか―マルクス経済学と変動相場制」『経済』二〇〇七年八月号。
[毛利]　毛利明子「貨幣の資本への転化」渡辺多恵子・毛利明子『「資本論」の根本問題』駿台社、一九六七年。
[山内4]　山内清『価値形態と生産価格』八朔社、一九九九年。
[山内5]　山内清「ヒルファディング紙幣論の再検討」『鶴岡高専研究紀要』二九号、一九九四年。
[山口2]　山口重克『価値論・方法論の諸問題』御茶の水書房、一九九六年。
[山口3]　大内秀明・桜井毅・山口重克編『資本論研究入門』東京大学出版会、一九七六年、山口執筆「第Ⅱ章貨幣・資本」。
[山口4]　山口重克「鋳貨論の問題と貨幣論の方法」『電気通信大学学報』人文社会編、第一五号、一九六三年。
[吉岡昭彦]　吉岡昭彦『インドとイギリス』岩波新書、一九七五年。
[渡辺昭]　渡辺昭「価値尺度としての貨幣」（一九六四年初出）渡辺昭『マルクス価値論の研究』白桃書房、一九八四年、所収。

（著作の略記名は拙書『資本論商品章詳注』草土文化、一九八七年、との連続性を考慮した。）

[著者略歴]

山内　清（やまうち　きよし）

1947年　山形県に生まれる
国立平工業高等専門学校（現福島工業高等専門学校）を経て
1971年　東京教育大学文学部国語国文学科卒業
神奈川県立高等学校教諭（71〜75年）を経て
1977年　東京大学経済学部経済学科卒業
1984年　東京大学大学院経済学研究科博士課程修了
1984年　国立鶴岡工業高等専門学校助教授（経済学）
2001年　博士（経済学）号取得
現　在　国立鶴岡工業高等専門学校教授
主　著　『資本論商品章詳注』草土文化，1987年
『価値形態と生産価値』八朔社，1999年

コメンタール資本論　貨幣・資本転化章

2009年9月15日　第1刷発行

著　者　山内　清
発行者　片倉和夫

発行所　株式会社　八《はっ》朔《さく》社《しゃ》

東京都新宿区神楽坂2-19　銀鈴会館内
振替口座・東京 00120-0-111135番
Tel.03-3235-1553　Fax.03-3235-5910

組版・アベル社／印刷製本・藤原印刷
ISBN 978-4-86014-042

大村泉／宮川彰・編
マルクス／エンゲルス著作邦訳史集成
新MEGA第Ⅱ部関連内外研究文献
六三〇〇円

大村泉著
新MEGAと《資本論》の成立
七二八二円

大村泉／宮川彰／大和田寛編著
『学説史』から始める経済学
剰余価値とは何か
二四〇〇円

宮川彰著
再生産論の基礎構造
理論発展史的接近
六〇〇〇円

市原健志著
再生産論史研究
六〇〇〇円

山内清著
価値形態と生産価格
六〇〇〇円

八朔社

定価は本体価格です